我的中学作文教学主张

余映潮　著

中国轻工业出版社

图书在版编目（CIP）数据

我的中学作文教学主张／余映潮著．—北京：中国轻工业出版社，2024.3（2025.5重印）

ISBN 978-7-5184-4601-8

Ⅰ．①我…　Ⅱ．①余…　Ⅲ．①作文课－教学研究－中学　Ⅳ．①G633.342

中国国家版本馆CIP数据核字（2023）第228613号

责任编辑：牟　聪　　责任终审：张乃柬
策划编辑：吴　红　　责任校对：刘志颖　　责任监印：吴维斌

出版发行：中国轻工业出版社（北京鲁谷东街5号，邮编：100040）
印　　刷：三河市鑫金马印装有限公司
经　　销：各地新华书店
版　　次：2025年5月第1版第2次印刷
开　　本：787×1092　1/16　印张：16
字　　数：180千字
印　　数：3001—5000
书　　号：ISBN 978-7-5184-4601-8　定价：52.00元
读者热线：010-65181109
发行电话：010-85119832　010-85119912
网　　址：http://www.chlip.com.cn　http://www.wqedu.com
电子信箱：1012305542@qq.com

250554Y1C102ZBW

自　序

作文教学研究，犹如无限广阔深远的壮丽海洋、神秘天地。

我对作文教学的研究，特别是初中作文教学的专题研究，起步其实是很早的，所撰写的文字可以用“大量”来形容。2002年，我的一部20余万字的专著《中考作文过关技法》由湖北教育出版社出版；2006年，我的另外一部20余万字的专著《初中生就这样写满分作文》由语文出版社出版；2019年10月，我的《余映潮谈写作艺术》由山西教育出版社出版。但谈到“中学作文教学主张”这个话题，我仍然觉得，在作文天地的满眼风光之中，我很难将最适合一线语文教师借鉴、参考、探索的一些精美内容提炼出来。

我最切实的感受就是，如果要提升中学作文课堂训练的质量，那就一定要让语文教师的专业背景更加厚实，并科学地提高大部分语文教师的作文教学水平。

怎样在教学中进行质量较高的作文训练呢？我有几点基本的看法。

（1）一线语文教师，要丰厚自己的作文教学资料的积累

作文教学资料的积累，一直是一线语文教师在教学实践中的短板。

语文教师必须要在资料的广泛积累和研究利用中提高自身作文教学的水准；自己要有一池水、一湖水，才能给学生足够的滋润。

语文教师的积累，不论是从阅读教学还是从写作教学来说，都应该是一种职业习惯；在日常教学中，可以从八个方面进行作文教学资料的“大量积累”：

①大量积累用于作文指导的范文；

②大量积累有关作文的教学设计、教学方案；

③大量积累作文指导中要用到的写作知识；

④大量积累从课文中提炼出的作文构思技法；

⑤大量积累能显现表达规律的语言片段；

⑥大量积累有关作文训练的学术文献的参考目录；

⑦大量积累与中考、高考作文训练有关的文献或材料；

⑧大量积累教师自己写作的作文评改文字、作文指导文字。

这些积累，是语文教师在日常浏览、阅读、备课中着意的、随手的分类积累。久而久之，语文教师就能形成储存丰富的资料仓库。丰厚的作文教学资料的积累，是语文教师翱翔在作文教学天地中坚实的翅膀。

（2）一线语文教师，要练就优异的文章研读能力

优异的文章研读能力，能够让我们精于美文赏析、范文提炼、课文发现。于是，我们就能见微知著、一语中的，在小小的方寸之中发现本质的、规律的、精华的写作艺术，从而大大丰厚自己的专业背景，提升作文指导能力。

如，我对于《背影》一文的研读与提炼。

《背影》，是一个表达艺术的大宝库。它的整体构思，表现出一种高妙的“五笔”技法，也表现出“起、承、转、合”的结构艺术。

文章的立意角度超常——人物的背影。文中有三条线索：背影、泪、父亲的话语。三条线索均运用了虚实笔法。

文中综合运用了记叙、描写、议论、抒情等表达方式，全文整体上运用了白描手法。

抒情方式表现在：既有直接抒情，又有间接抒情；首段直抒胸臆，末段深沉抒情，首尾照应。

作者用最自然的表述反复点染家境，形成叙事的情感基调背景；逐层铺垫，一次又一次的铺垫，直至高潮段第六段的叙述。

反复手法的运用，不仅表现于全文的整体构思，还更多地表现于词语。

详略的安排，不但重点突出，还形成了全文的形态美。

照应的手法、侧面映衬的手法、细节分解描写的手法、对比的手法、直抒胸臆的手法、语言风格变化的手法、精妙用字用词的手法，都让人叹服。

还有一种绝妙的“省略”手法，如省去了父亲怎样买橘子的细节描写，而代之以作者自己流泪的描写，此中之妙，不可言喻。

《背影》的语言，整体上是一种抒情的语言，这也应该是一种很高境界的手法……

仅仅是对于一篇文章的表达艺术的赏析，就可以有如此精致、丰富的发现与收获；如果有10篇、20篇、50篇、100篇这样的提炼……那就真可谓是拥有了教学能力的绿水青山、金山银山了。

（3）一线语文教师，要习惯于“范文引路”的教学方法

确保课堂作文指导教学成功的要素是：有科学的训练系列，有细节化的指导方案，有创新的教法设计。

其中“细节化的指导方案”的关键之一是精选、运用范文。

可惜大量的日常课堂作文教学，并没有关注到“范文”的利用与运用。这既表现出语文教师教学资料积累的单薄，又表现出教学理念的落后。

所谓“范文引路”的教学，就是在每一次的作文训练课中，运用几篇精选的范文，利用其表现出来的构思规律或特点，引导学生观察、感受、提炼、学用。

范文的重要作用在于显现形态、表现结构规律。

普通的事物都有形态，人们一般都很讲究形态之美。学写文章，除了学习语言以外，重要的恐怕就是学习如何用精美的形态来表现文章的思想内容了。

文章的形态一般是通过结构模式表现出来的。熟悉了文章的一些写作模式，习作者就可以进行模仿，进行化用，进行改进，进行创造。所以，要想训练学生尽快地学会写文章，就应该做到构思训练先行。我们之所以要注意对经典范文的学习，就是因为它们主要在语言与形式两个方面闪耀着光彩。

在作文教学中，范文的作用非常重要。范文所表现出来的，是表达的规律，是写作的经验，对学生而言是有效的濡染。范文能够表现出选材之美、谋篇之美、形态之美、铺展之美、线索之美、描叙之美、抒情之美、特别手法之美等。所以课堂作文教学不能是无米之炊，不能老是靠教师对学生的“激趣”，不能偏激于所谓尊重学生的“个性”而不对所有学生进行细致的写作指导。俗话说，口说无凭；世界上凡是与技能有关的个人素养都需要眼见为实的训练，学生学习写作也不能回避这个规律——在范文的面前，学生才可能知道构思的技巧与展开的方法。所以，

利用范文所表现出来的思维规律对学生进行写作指导，就是切实地让学生耳濡目染、心领神会的写作训练。

日常作文教学中的“范文引路”，有着明明白白的好处：能够丰厚教学设计的内容，使之不再粗糙、空洞、单调；能够使课堂教学有具体分析、欣赏、提炼的抓手、美感与乐趣；能够让语文教师更加关注对课文本身“读课文、学写作”资源的开发；能够在表达的范式上给予学生直观可见的示例与启发；更加重要的是，语文教师在撷取美文、精选范文、品析美文的写作技法的过程中，能够丰富自己的资料积累，提高鉴赏能力与教学能力。

大部分的语文教师有了“范文引路”的教学习惯，课堂作文教学就有了涓涓不息的泉流。

（4）一线语文教师，要让学生得到审美的教学滋润

审美，是一个宏大的话题，同时多角度地、立体地表现在教学细节上。作文教学中的审美，重在让学生得到美的教育、美的濡染、美的欣赏、美的感受与美的表达，在潜移默化之中提高学生审美的品位。

语文教学的审美高度是，关注发展学生的思维能力，提升其思维品质，使其形成自觉的审美意识，培养高雅的审美情趣，具有初步的感受美、发现美和运用语言文字表现美、创造美的能力。

除了美的教学形式与内容之外，在语文教师的教学语言中，可以常常有美的火花闪现，如：

作文，是心灵的诗；

作文，是大世界中的小窗口；

写作文，是用文学之泉，去滋润爱美之心。

有七彩的视野，便有晶莹的文章；

用童稚的眼光观察生活，用成熟的思想表现生活。

学写作文需要三“心”：童心，爱心，恒心。

用“心”去观察与思考，用“情”去构思与表达。

善读书，增长知识，陶冶情操；多练笔，表现生活，表达心声。

诗化写作，让作文成为满载青春的小船，成为珍藏青春的绿叶。

优良的写作能力，是语文核心素养的精彩结晶……

语文教师对学生的指导，可以常常点示美的方向。如：

多写短文章。重点练习写得“实在”，写得“清楚”，写得“灵活”，写得“精巧”；一事一叙，一事一议，一事一感，一事一情。

多写点小事。关注身边小事，提炼身边小事；写亲情，写友情，写师生情，写家乡情，写地方风情；写爱家情，写爱校情，写爱国情。

多写好文章。好作文，是富有生活情趣的作文，是情感真挚的作文。写真事，说真话，抒真情，议真事；不说假话、空话、套话，不说平俗的话。

多写些美文。追求文章立意美，讲究结构形式美，琢磨语言表达美，优化、细化情致美；有独到的视点，有流畅的文笔，有雅致的语言，有新颖的角度。

多关注语言美。美在选词炼字，美在句式运用，美在段的写作，美在形容修饰，美在修辞方法，美在顺畅通达，美在渗透于其中的情感情趣……

作文教学中的审美教学，同样能够表现出一线语文教师的教学素养，需要每一位语文教师提升理念，勤于积累与运用，提升自己的审美修养，让我们的作文训练成为培育学生核心素养的美好园地。

这部作品的写作，考虑到其实用的价值，主要突出了它的资料性，特别突现对中小学教材、课文中作文教学资源的利用；全书六章，由76个“点”构成，不论文章长短，都在“资料”上着力。这部作品完稿的时候，我恰好满76岁，这也算是写作中的一个巧合。

以上所谓的中学作文教学主张，笔者不揣浅陋，写出来与语文教师们共享，谢谢各位读者朋友，期盼得到您的指导和指教。

余映潮

2023年11月8日

于武汉映日斋

目　录

第一章

梳理整合，领会课标精神

本章导读

教育部于2022年颁布的《义务教育语文课程标准》强化了课程的育人导向，体现着立德树人的国家意志，给我们带来了丰富的教学新理念、新知识。它特别强调，学生语文核心素养的培育需要“以语言运用为基础”，从全新的角度阐释了对学生写作训练的新要求。本章中的10篇短文，将对此进行粗浅的阐释。

1. 关注语文学科的课程性质

《义务教育语文课程标准》(2022年版)强化了课程的育人导向，休现着国家在学科教学上立德树人的意志，对于学生语文能力的训练也有着十分明确的新要求。

新课标中关于语文教学的新要求有：

立足于学生核心素养的发展，将语言运用能力放在教学与训练的首位，让学生在课堂学习中建立“任务”意识，增强课程实施的实践性，促进学生学习方式的变革，让学生掌握终身受用的学习方法，丰富课程实施的情境性，注意培养与训练学生在社会生活与未来生活中的语文能力。

在学生的写作训练上，我们需要首先关注新课标对语文课程性质的定义：

语文课程是一门学习国家通用语言文字运用的综合性、实践性课程。工具性与人文性的统一，是语文课程的基本特点。

在定义了课程性质之后，新课标又进行了反复的强调：

语文课程应引导学生热爱国家通用语言文字，在真实的语言运用情境中，通过积极的语言实践，积累语言经验，体会语言文字的特点和运用规律，培养语言文字运用能力。

热爱国家通用语言文字，感受语言文字及作品的独特价值，认识中华文化的丰厚博大，汲取智慧，弘扬社会主义先进文化、革命文化、中华优秀传统文化，建立文化自信。

这里所说的“国家通用语言文字”，根据《中华人民共和国国家通用语言文字法》的阐释，指的就是“普通话和规范汉字”。

什么是“普通话”呢?

普通话，是中华人民共和国通用的现代标准汉语，是以北京语音为标准音，以北方官话为基础方言，以典范的现代白话文著作为语法规范的通用语。

这就让我们想到课文《叶圣陶先生二三事》中所写到的叶先生：

其时他刚到北方来，跟家乡人说苏州话，跟其他地方人说南腔北调话。可是他写文章坚决用普通话。

原来叶圣陶先生在写作上是坚持运用国家通用的“现代标准汉语”的。

在“语文课程是一门学习国家通用语言文字运用的综合性、实践性课程”的教学背景下，语文教师需要提升理念，在对学生的写作训练中，关注如下细节。

培养学生热爱国家通用语言文字的真挚感情，引导学生感受祖国语言文字的音美、形美、意美、简洁美、情感美、意蕴美、表达艺术美等丰富的美感。

指导、引导学生在写作中进行规范的表达，规范汉字的书写，在词语运用、句子表达上合乎普通话的表达习惯，标点符号的运用、数字用法等也需要按照相关要求进行规范使用。

丰富和增加学生的语言积累，形成正确的语感，在积累语言的经验之中，体会祖国语言文字的特点和运用规律，以利于准确流畅的表达。

引导学生学会对语言文字的主动积累、梳理和整合，形成个体的语言经验，增强正确、规范运用语言文字的意识和能力。

在阅读教学中增加语言学用训练的比重，使学生更多地体味到“典范的现代白话文”作品的表达魅力，并在实践中学习、运用。

指导学生语言简明地表达，行文精练生动，表意明确，不重复，不啰唆，不堆砌，不旁生枝节，不颠来倒去。

在写作中指导学生文从字顺地表达，词语搭配得当，语句连贯，语序清晰，意思清楚明白，行文通顺流畅。

还要指导学生不生造词语，不写繁体字，不过多使用方言口语，少随意穿插外语单词及网络用语等。

当我们牢固地建立了学习、运用“国家通用语言文字”的理念并形成习惯之后，对学生的写作训练就会更加细腻。

2. 从核心素养的角度看学生的写作训练

2022年版《义务教育语文课程标准》明确地定义了学生的语文核心素养：

义务教育语文课程培养的核心素养，是学生在积极的语文实践活动中积累、建构并在真实的语言运用情境中表现出来的，是文化自信和语言运用、思维能力、审美创造的综合体现。

新课标强调了“语言运用”在核心素养中的核心作用：

在语文课程中，学生的思维能力、审美创造、文化自信都以语言运用为基础，并在学生个体语言经验发展过程中得以实现。

从上述文字中可以感受到，在学生的语文核心素养中，“语言运用”是核心之中的核心。

对于“语言运用”，新课标已经进行了解释。我们再把它说得简洁一点：

语言运用是指学生能够正确规范地运用国家通用语言文字，进行得体、简洁、生动、富有情感的口头及书面表达的语言实践过程。

既然“语言运用”是学生语文核心素养中最重要的因素，那么对学生写作训练的细节化研究就应该成为语文教师探究与实践的关键性内容。

总的来说，可以着眼于三个方面进行日常作文教学指导的研究。

第一个方面，不打折扣地、认真地完成统编教材设置的学生在整个初中学段应该进行的36次写作训练。

七年级上册：热爱生活热爱写作　学会记事　写人要抓住特点　思路要清晰　如何突出中心　发挥联想与想象

七年级下册：写出人物的精神　学习抒情　抓住细节　怎样选材　文从字顺　语言简明

八年级上册：新闻写作　学写传记　学习描写景物　语言要连贯　说明事物要抓住特征　表达要得体

八年级下册：学习仿写　说明的顺序　学写读后感　撰写演讲稿　学写游记　学写故事

九年级上册：尝试创作　观点要明确　议论要言之有据　学习缩写　论证要合理　学习改写

九年级下册：学习扩写　审题立意　布局谋篇　修改润色　对演出进行评议　有创意地表达

只有经历如此系统、综合、全面、立体的写作实践的训练，学生才有可能形成真正的写作能力，否则，提高学生"语言运用"的核心素养基本上只能是空话。

第二个方面，语文教师要善于指导学生发现与运用语言表达规律，从而形成学生个体的语言经验。

作文的构思与表达，有着丰富多彩的规律。"叙议结合"是一种，如《走一步，再走一步》；"夹叙夹议"是一种，如《故乡》；"首尾照应"是一种，如《植树的牧羊人》；"起承转合"是一种，如《纪念白求恩》；"春夏秋冬"是一种，如《雨的四季》；"引出事物，描述事物，托物寄意"是一种，如《紫藤萝瀑布》；"三的思维"是一种，如《精神的三间小屋》；"主题句穿插"是一种，如《安塞腰鼓》；"欲扬先抑"是一种，如《永久的生命》；"正面描写，侧面烘托"是一种，如《"飞天"凌空》；"一晚一早，叙写故事"是一种，如《驿路梨花》……

提炼、发现文章的构思与表达的规律，既是层次很高的思维训练，又让学生对写作现象有了理性的思考，同时增加了学生积累的厚度；最为关键的是学生知道了如何"运用规律"。

第三个方面，坚持对学生进行润物细无声的审美熏陶，争取让学生对语言文字的审美形成习惯。

在师生的交流之中，在教师的作文指导之中，在对学生的习作评改之中，教师可自然地表达诸如立意美、结构美、章法美、选材美、意境美、描写美、语言美、情感美、手法美、开头美、结尾美、详略美、虚实美、动静美、色彩美、画面美、线索美、照应美等丰富的审美知识，培养学生的审美能力，提升学生的审美品位。

学生的审美意识增强了，审美习惯养成了，审美品质提升了，"语言运用"的素养也就更加有质量了。

系统的训练、规律的运用、审美的品位，此三者是学生精美写作的奠基石。

3. 提高学生独立写作的能力

“独立”一词在2022年版的语文新课标中出现了16次，用于强调学生的独立识字，独立阅读，独立写作。“提高独立写作的能力”是新课标中关于写作训练的一项重要要求。

怎样提高学生独立写作的能力？要先看看新课标中所阐释的学生需要重点训练的写作项目。

写记叙性文章，表达意图明确，内容具体充实；写简单的说明性文章，做到明白清楚；写简单的议论性文章，做到观点明确，有理有据；能根据生活需要，写常见应用文。

能从文章中提取主要信息，进行缩写；能根据文章的基本内容和自己的合理想象，进行扩写；能变换文章的文体或表达方式等，进行改写。

尝试诗歌、小小说的写作。

能从书刊或其他媒体中获取有关资料，讨论分析问题，独立或合作写出简单的研究报告。

尝试改编名著中的精彩片段；结合自己的阅读体会，尝试撰写文学鉴赏文章。

学习撰写并分享观察、实验研究报告。

开展校园调查，学习设计问卷、访谈、统计、分析，撰写并发布调查报告。

能利用图书馆等多种渠道获取资料，整理相关学习内容，完善自己的认识，撰写活动总结。

能记录探究过程，归纳概括自己的发现，条理清晰地呈现问题解决的过程，并汇集学习成果。

粗略统计一下，学生需要得到重点训练的内容是：记叙文、说明文、议论文、常见应用文、诗歌、小小说；研究报告、调查报告、活动总结、学习成果汇集；文学鉴赏文章；缩写、扩写、改写；名著片段改编等。还有不少实际上需要动笔写作的内容，如分享、推荐、介绍、策划、制作、记录等。项目很多，覆盖面大，难度不小；除了“研究报告”等个别的项目外，其他都是需要学生独立地进行写作的。

怎样提高学生独立写作的能力？可以考虑如下方法与措施。

在写作习惯和基本功的训练上，要注重对学生写作过程中搜集素材、构思立意、列纲起草、修改加工等环节的细致指导。

在基本文体（记叙文、说明文、议论文）的写作上，要进行凸显体裁特点和语言运用特点的训练，特别是要创新训练的手法，对学生进行“构思训练”。

在基本文体（记叙文、说明文、议论文）的写作上，还要进行凸显重点、克服难点的写作训练，如提供针对新闻特写、科学小品、读后感、短评和随笔的写作指导。

在常用应用文的写作训练上，要指导学生会写条据、海报、启事、短信息、简单书信等日常应用文，重点训练称谓语运用、基本格式、行文规范和语言的简洁表达。

在研究报告、调查报告、活动总结等内容的写作上，重点训练学生把握行文格式、安排逻辑层次、表达简明规范的能力。

学生尝试诗歌、小说的写作，需要教师精讲写作的要领、提供相当数量的范文、创设一定的情境，使学生在潜移默化中感受到动笔的可能。

为了提高学生独立写作的能力，我们还得努力：提高教学指导能力，增加学生小练笔的机会；坚持在日常作文教学中运用“范文引路”的手法，引导学生提炼构思规律，使学生对文章的构思与写作有直接的观感和深切的体会。

4. 重视对学生口头表达能力的训练

重视对学生口头表达能力的训练，可以提升学生的说话能力、复述能力、演讲能力，有助于学生书面表达能力的提高，可以训练学生思维的敏捷性，培养学生大方得体的气质。

新课标在学生口头表达能力的训练上，提出了一些很重要的教学要求；几乎所有这样的要求都是我们在平时教学中忽视的或根本不予理睬的，例如以下要求。

“总目标”中的要求：

学会倾听与表达，初步学会用口头语言文明地进行人际沟通和社会交往。

“学段要求”中的要求：

能对作品中感人的情境和形象说出自己的体验；品味作品中富于表现力的语言。

自信、负责地表达自己的观点，做到清楚、连贯、不偏离话题。注意表情和语气，根据需要调整自己的表达内容和方式，不断提高应对能力，增强感染力和说服力。

讲述见闻，内容具体、语言生动。复述转述，完整准确、突出要点。能就适当的话题作即席讲话和有准备的主题演讲，有自己的观点，有一定说服力。讨论问题，能积极发表自己的看法，有中心，有根据，有条理。能把握讨论的焦点，并能有针对性地发表意见。

“课程内容”中的要求：

学习活动可以采用朗读、复述、游戏、表演、讲故事、情景对话、现场报道等学生喜闻乐见的形式，将识字、写字、阅读、写作、口语交际、搜集处理信息等融为一体。

注意整合听说读写，引导学生综合运用朗读、默读、诵读、复述、评述等方法学习作品。

鼓励学生在口头交流和书面创作中，运用多样的形式呈现作品，发挥自己的创造性。

开展多样的读书活动，丰富、拓展名著阅读。借助多种媒介讲述、推荐自己喜欢的名著，说明推荐理由。

“学业质量”中的要求：

在讨论问题过程中，能积极发表自己的看法，做到有中心，有根据，有条理；能耐心专注地倾听，复述、转述完整准确，要点突出；能就适当的话题作即席讲话和有准备的演讲，有自己的观点，有一定说服力。

广泛阅读古今中外的诗歌、小说、散文、戏剧等文学作品，在阅读过程中能把握主要内容，并通过朗读、概括、讲述等方式，表达对作品的理解。

能通过口头或书面方式，向他人推荐中华优秀传统文化经典、革命文化和社会主义先进文化作品。

……

上述这些训练要求，表现出了不同的能力层次要求。

①比较容易做到的："用口头语言文明地进行人际沟通和社会交往""说出自己的体验""采用朗读、复述、游戏、表演、讲故事、情景对话、现场报道等学生喜闻乐见的形式"组织学习活动，"通过朗读、概括、讲述等方式，表达对作品的理解"等。

②有一定难度的："讲述见闻，内容具体、语言生动。复述转述，完整准确、突出要点""讨论问题，能积极发表自己的看法，有中心，有根据，有条理""借助多种媒介讲述、推荐自己喜欢的名著，说明推荐理由"等。

③难度比较大的："能就适当的话题作即席讲话和有准备的主题演讲，有自己的观点，有一定说服力""自信、负责地表达自己的观点，做到清楚、连贯、不偏离话题"等。

在日常的教学中，我们可以常规性地训练学生朗读、复述、概说、讨论、交流、评说、推荐等口头表达的能力，可重点训练学生的即席讲话能力和有准备的演讲能力。

重视对学生口头表达能力的训练，对提高学生的书面写作能力也能够起到促进作用，更重要的是，能为学生面对未来生活打下良好的基础。

5. "梳理"一词的美妙作用

新课标中，出现了一个很有"分量"的词——"梳理"。

这个词，在原来的课标中是"杳无身影"的，在新课标中却高频出现。在整个新课标中，"梳理"出现了近40次。

这不能不引起我们的深思，特别是从学生写作训练的角度来深思。

现在来看看2022年版新课标中的几处"梳理"：

义务教育语文课程围绕立德树人根本任务，充分发挥其独特的育人功能和奠基作用，以促进学生核心素养发展为目的，以识字与写字、阅读与鉴赏、表达与交流、梳理与探究等语文实践活动为主线，综合构建素养型课程目标体系。

这里说的是，义务教育阶段的每个学段所共有的学习内容与语文实践活动。

语言运用是指学生在丰富的语言实践中，通过主动的积累、梳理和整合，初步具有良好语感，了解国家通用语言文字的特点和运用规律，形成个体语言经验。

这里说的是，学生的语言运用能力形成的重要因素之一是“积累、梳理和整合”。

按照一定的标准分类整理学过的字词句篇等语言材料，梳理、反思自己语文学习的经验，努力提高语言文字运用能力，增强表达效果。

这里说的是，初中学段的“梳理与探究”是一种与思维方式密切关联的学习方法。

义务教育语文课程按照内容整合程度不断提升，分三个层面设置学习任务群，其中第一层设“语言文字积累与梳理”1个基础型学习任务群……

这里说的是，“梳理”是基础型学习任务群的一个重要的组成因素。

诵读、积累与梳理，重在培养兴趣、语感和习惯。引导学生增强语言积累和梳理的意识，教给学生语言积累和梳理的方法，注重积累、梳理与运用相结合。诵读材料要选择脍炙人口的千古名篇和名言名句，既要有文化内涵，又要短小精悍，朗朗上口。提倡日积月累，不要贪多求快；提倡熟读成诵，不要死记硬背。引导学生借助信息技术等多种方式汇总、梳理自己积累的材料，建立自己的创意语言资料库，并能学以致用。

这段话中有一连串的“梳理”要求，这是对教师的教学建议。

……

在新课标中，“梳理”一词时时出现，处处出现，似乎已经成为一条特别的线索。它们告诉我们：

“梳理”是一种实践任务，“梳理”是一种学习方式，“梳理”是一种学习意识，“梳理”是一种阅读技能，“梳理”是一种思维方式，“梳理”是一种整合过程，“梳理”是一种积累手法，“梳理”是一种良好习惯……

“梳理”的重要目标之一，就是分类整合、积累语言材料，帮助学生形成语言资料仓库。如：梳理、整合大量的生字难词、二字雅词、四字短语及成语、优美的句式、精粹的名言警句、让人目不暇接的各种精美语言片段、优秀作品语言表达技巧的例证、课本中的各类写作素材，以及可用于构思写作实践的若干“表达规律”等。

“梳理”让学生精致地积累课文中的优美词语、精彩句段，以及在课外阅读和生活中获得的语言材料。

“梳理”这一活动方式的出现，实属高瞻远瞩之举，对学生的学习能力与思维方式可产生深远的影响，使学生终身受用；特别是“梳理”之中的发现、分类与整合，都有助于学生形成高阶思维能力。

这对于学生写作兴趣的激发和写作能力的提高，是十分有益的帮助。

6. 训练学生“跨媒介表达”的能力

2022年版新课标的颁布，给我们带来了有关新知识的丰富信息，“媒介”就是其中的一种。与“媒介”密切相关的内容，在新课标中还有几种提法，如“多种媒介”“不同媒介”“跨媒介”“跨媒介阅读与运用”“跨媒介阅读与表达”“跨媒介阅读与交流”等。

从学生写作与表达的角度看，“跨媒介表达”“跨媒介交流”需要引起我们的关注、思考与探究。

在新课标中，与“媒介”和“跨媒介”相关的最长的一段话出现在“实用性阅读与交流”这个学习任务群中，是对七至九年级的学习要求：

学习跨媒介阅读与交流。通过多种媒介关注国内外政治、经济、社会、科技、文化等方面的新鲜事，比较不同媒介的表达效果，尝试探究不同媒介的表达特点；阅读新闻报道、时事评论等作品，关注社会主义建设新成果，就感兴趣的话题与同学进行线上线下讨论，根据目的与对象选择合适的媒介进行交流沟通。

在这段话中，有阅读训练方面的要求，也有表达方面的训练要求。

“媒介”一词，好像缺少十分确切的定义。一般的说法是，媒介是起着信息传递作用的桥梁；媒介就是信息传播过程中，用以扩大并延伸信息传送的工具。从日常生活及语文教学的角度看，简单的说法是，传播信息并让人们有效获得信息的方法、手段或事物就是媒介。如报刊、广播、电视、网络等，就是不同的媒介；在学校内，校报、校广播台、校电视台、校宣传栏、校电子屏幕等，也是不同的多种媒介；在日常生活中，我们熟悉的博客、微博、短信、微信、网络直播等，同样是传播信息的媒介。

于是我们就可以知道，学生们的所谓“跨媒介表达”“跨媒介交流”，就是运用形式不同、手段不同的多种媒介来交流沟通、表达见解、宣示看法、阐释活动创意、分享学习成果、共享美文习作等。

训练、锻炼学生的“跨媒介表达”“跨媒介交流”的能力，有诸多的好处。例如，学生能够贴近并熟悉真实的生活情境，激发表达的兴趣，提升创意的水平，增强实践的能力等，特别是能提高学生的媒介运用能力，逐步增强他们语言表达的准确性、生动性和规范性。

日常教学中的“跨媒介表达”训练，除了对学生普及“媒介”及“跨媒介”的知识之外，重要的是有创意地设计学生的实践活动，也可设计专门的训练课，让学生有实际运用媒介的经历。

学生媒介运用实践活动的设计，应尽可能在真实的生活情景中进行。

如在课文《三峡》的学习过程中，组织一次“美文《三峡》简介”的“跨媒介表达”课中实践活动。

任务：请从“表格设计”“旅游广告”“风景短片”“网络播讲”“景点导游”“手机短信谈观感”等不同媒介的角度任选一种进行表达。

教师给学生点示基本的表达要求，学生自选内容，进行富有创意的表达，在这样的活动中，学生要设计表格、拟写广告、设计短片画面内容、写出播讲内容的脚本、撰写导游词等。

于是，“跨媒介表达”对学生而言就不再陌生。

7. 引导学生在更广阔的范围内观察与体味

2022年版语文新课标，着眼于“立德树人”，立意高远；语文课程突出内容的时代性，关注数字时代语言生活的新发展，对于学生的成长寄予厚望，对学生的训练标高更是有所提升。

从学生的写作来看，如果不引导学生在广阔的范围内观察与体味，极有可能在某些写作对象面前只能望洋兴叹、束手无策。

看看新课标的一些要求。

新课标“总目标”中的一项表达：

关心社会文化生活，积极参与和组织校园、社区等文化活动，发展交流、合作、探究等实践能力，增强社会责任意识。感受多样文化，吸收人类优秀文化的精华。

新课标在七至九年级学段“表达与交流”中的要求：

多角度观察生活，发现生活的丰富多彩，能抓住事物的特征，为写作奠定基础。写作要有真情实感，表达自己对自然、社会、人生的感受、体验和思考，力求有创意。

新课标在七至九年级学段“梳理与探究”中的要求：

自主组织文学活动，在办刊、演出、讨论等活动过程中体验合作与成功的喜悦。关心学校、本地区和国内外大事，就共同关注的热点问题搜集资料，调查访问，相互讨论，能用文字、图表、图画、照片等展示学习成果。

新课标在“跨学科学习”中规定的七至九年级的学习任务：

结合数学、物理、化学、生物学等学科学习，或者自己参与的科技活动，学习撰写并分享观察、实验研究报告。

在心理健康、身体素质等方面，选择师生共同关心的问题，组织小课题组，开展校园调查，学习设计问卷、访谈、统计、分析，撰写并发布调查报告。

在环境、安全、人口、资源、公共卫生等方面，选择感兴趣的社会热点问题，查找和阅读相关资料，记录重要内容，列出发言提纲，参加班级讨论。

……

从上述表述中，我们清晰地知道，从“写作”的角度而言，要引导学生在更广阔的范围内观察与体味，其内容丰富多彩：社会文化生活，校园和社区的文化活动，自主组织的文学活动，社会事件方面的热点问题，其他学科的学习活动，科技活动，心理健康和身体素质等方面的问题，环境、安全、人口、资源、公共卫生等方面的社会热点问题……而且，上述所有的内容，都相应地伴随着写作方面的要求。

在新课标中，从“语文素养”的角度看，“写作”似乎比“阅读”表现出了更加宽广的视野，这对于学生成长和核心素养的形成有深远的意义；同时，写作教学与训练的难度、宽度、深度也是每位语文教师需要考虑的。

语文教师应该怎么办？

第一，要扩展自己观察生活的面并细化观察与体味的角度，要提高自己在写作指导方面的专业能力，以便胸有成竹、有的放矢地引导和指导学生。

第二，尽可能地为学生提供认真观察与深入体味的机会，尽可能地伴随着学生进行此方面的活动，并指导学生养成“将思想所得变成文字”的好习惯。

第三，有选择地设计若干“专题指导课”，指导学生如何观察与思考，如何将自己的体会撰写成文。

以生活为基础，以语文实践活动为主线，以学习主题为引领，以学习任务为载体，整合学习内容、情境、方法和资源等要素，设计学生的学习任务——这是新课标的新理念，也应是我们在写作教学中的全新理念。

8. 面向未来训练学生的表达能力

新课标真正做到了面向未来对学生的教育进行顶层设计，特别是“核心素养”的界定以及“学习任务群”的设置，都是高屋建瓴的教育思想与理念的呈现。

在学生的表达能力上，新课标中的很多细节要求我们关注对学生未来生活中所需要的表达能力的训练。

下面这些对学生的训练要求，让我们非常惊叹。

①学会用口头语言文明地进行人际沟通和社会交往。

②能根据需要，用书面语言具体明确、文从字顺地表达自己的见闻、体验和想法。

③辩证地思考问题，有理有据、自信、负责任地表达自己的观点，做到清楚、连贯、不偏离话题。

④能借助不同媒介表达自己的见闻和感受；运用跨媒介形式分享研学成果。

⑤能就适当的话题作即席讲话和有准备的主题演讲，有自己的观点，有一定

说服力。

⑥讨论问题，能积极发表自己的看法，有中心，有根据，有条理。能把握讨论的焦点，并能有针对性地发表意见。

⑦自主组织文学活动，在办刊、演出、讨论等活动过程中体验合作与成功的喜悦。

⑧能用文字、图表、图画、照片等展示学习成果。

⑨能制订简单的研究计划，独立或合作写出简单的研究报告。

⑩在阅读中能结合生活经验和阅读材料，阐述自己的感悟和观点。

⑪学习关于科学探究方面的文本，能围绕问题提出、探究过程、解决方法等进行专题式的研讨、演讲和写作。

⑫阅读诗话、文论、书画艺术论的经典片段，尝试运用其中的观点欣赏、评析作品。

⑬围绕社会热点问题，以口头和书面方式参与讨论。

⑭学习搜集和选择信息的基本方法，关注信息的可靠性和权威性。分清原始资料与间接资料，学会注明所援引资料的出处。

⑮在问题研究的过程中产生文字、表格、统计图、思维导图等学习成果。

⑯在跨学科学习中学习撰写并分享观察、实验研究报告；学习设计问卷、访谈、统计、分析，撰写并发布调查报告。

⑰在参与相关文化活动的过程中写出策划方案，制作海报，记录活动过程，运用多种媒介发布学习成果。

⑱在阅读、参观、访问过程中，能用多种方式记录、分享阅读、参观、访问的经历、见闻和心得体会。

⑲能用流程图、文字等形式呈现活动设计方案；能整理相关学习内容，完善自己的认识，撰写活动总结。

⑳能有条理地列出发言提纲，用策划书、调查报告、小论文等形式发表研究成果。

……

以上从新课标中梳理、整合出来的教学训练的要求或建议，全都与学生在未来生活中的表达能力有关，不少的内容处于学生表达能力训练的盲区与空白之中。它们不仅给研究初中语文教学的有志之士提供了极好的有战略意义的研究话题，还影响了今后的教材编写、中考命题以及日常教学。

面向未来，训练学生的表达能力，是每一位语文教师都要了解、熟悉、思索并着手探究的光荣的教学任务。

9. 指导学生写文学鉴赏的文章

关于让学生写文学鉴赏的文章，只是在新课标中“整本书阅读”这一部分出现过一次：

开展多样的读书活动，丰富、拓展名著阅读。借助多种媒介讲述、推荐自己喜欢的名著，说明推荐理由；尝试改编名著中的精彩片段；结合自己的阅读体会，尝试撰写文学鉴赏文章。

“尝试撰写文学鉴赏文章”，简短的10个字，打开的却是一扇学生写作训练的大门；“尝试”一词用得很委婉，但可以给我们掷地有声的启迪。

语文教师可以且应该指导学生写文学鉴赏的文章。

因为，关于“文学鉴赏”，新课标中其实已经多次表达过对阅读训练的要求，如：了解诗歌、散文、小说、戏剧等文学样式；能对作品中感人的情境和形象说出自己的体验；品味作品中富于表现力的语言；体会作者通过语言和形象构建的艺术世界；学习欣赏、品味作品的语言、形象等，交流审美感受，体会作品的情感和思想内涵；能用文字、结构图等方式梳理作品的行文思路；能品味作品中重要的语句和富有表现力的语言；能借助与文本相关的材料，结合作品关键语句评价文本中的主要事件和人物；通过圈点、批注等多种方法呈现对作品中语言、形象、情感、主题的理解；在文学体验活动中涵养健康向上的审美情趣；等等。

有了文学的、审美的阅读鉴赏训练，也就有了文学的、审美的作品鉴赏文章的写作。

指导学生尝试撰写文学鉴赏文章，可关注如下教学设计的要领。

①可在落实课后训练题的过程中顺势进行。如八年级下册《〈诗经〉二首》，课

后练习一要求学生“选择本课中的一首诗”，就“重章叠句”的表达效果进行“具体分析”。

②可结合教材中的“活动·探究”单元的教学要求自然进行。如九年级上册第一单元就有“任选一首你喜欢的诗，写一段赏析文字”的要求，九年级下册第五单元就有“写一段人物分析”的动笔任务。

③可在学生文学作品阅读以及整本书阅读之中，给学生渗透一些“文学鉴赏”方面的知识、角度以及语言表达的特点等内容。

④着眼点要小，要有“范文”的具体运用以及教师的细致指导。

如文学作品鉴赏一法——“美点赏析法”的教学指导：对一篇文学作品进行美点赏析、妙点寻踪，是鉴赏短文写作的美妙角度与常用方法。其着眼点就是对整篇作品或作品片段的表达之美、技法之妙进行品析与欣赏。

其欣赏的内容与角度相当丰富，如人物形象之美、故事情节之美、细节描写之美、字词运用之美、表现手法之美、语言风格之美、起笔收笔之美等；还可以细化到结构之美、层次之美、思路之美、线索之美、详略之美、顺序之美、音韵之美、抑扬之美、穿插之美、铺垫之美、照应之美、映衬之美、伏笔之美、转折之美、波澜之美等。

教师出示“美点赏析”的简洁范文，学生研读有关作品，尝试写鉴赏文章。

唯有动笔实践，才能让学生得到真实的训练。

10. 让学生尝试小小说的写作

新课标的“学段要求”七至九年级的“表达与交流”学习任务中，出现过一次“尝试诗歌、小小说的写作”的教学建议；在“文学阅读与创意表达”这个学习任务群中，又出现过一次“尝试写诗歌、小小说等”的训练要求。

“尝试”二字，没有表现出硬性的写作规定，这是基于初中学生普遍的写作能力的稳妥表达。但“小小说”的写作指导，倒是对语文教师的专业水平和文学素养提出了很高的要求。

怎样指导学生尝试小小说的写作？

第一，要给学生指点有关知识：

小说是一种虚构的文学作品；以刻画人物形象为中心，通过完整的故事情节和环境描写来反映社会生活。

小小说，又称微型小说、袖珍小说、一分钟小说、超短篇小说等。

第二，在具体的语境中引导学生进行品析、鉴赏，切实地感受小小说的构思特点。

我们可利用小学统编教材中一则优秀的微型小说，引导学生进行构思技法的分析提炼。

桥

谈歌

黎明的时候，雨突然大了。像泼。像倒。

山洪咆哮着，像一群受惊的野马，从山谷里狂奔而来，势不可当。

村庄惊醒了。人们翻身下床，却一脚踩进水里。是谁惊慌地喊了一嗓子，一百多号人你拥我挤地往南跑。近一米高的洪水已经在路面上跳舞了。人们又疯了似的折回来。

东面、西面没有路。只有北面有座窄窄的木桥。

死亡在洪水的狞笑声中逼近。

人们跌跌撞撞地向那木桥拥去。

木桥前，没腿深的水里，站着他们的党支部书记，那个全村人都拥戴的老汉。

老汉清瘦的脸上淌着雨水。他不说话，盯着乱哄哄的人们。他像一座山。

人们停住脚，望着老汉。

老汉沙哑地喊话："桥窄！排成一队，不要挤！党员排在后边！"

有人喊了一声："党员也是人。"

老汉冷冷地说："可以退党，到我这儿报名。"

竟没人再喊。一百多人很快排成队，依次从老汉身边奔上木桥。

水渐渐蹿上来，放肆地舔着人们的腰。

老汉突然冲上前，从队伍里揪出一个小伙子，吼道："你还算是个党员吗？排到后面去！"老汉凶得像只豹子。

小伙子瞪了老汉一眼，站到了后面。

木桥开始发抖，开始痛苦地呻吟。

水，爬上了老汉的胸膛。最后，只剩下了他和小伙子。

小伙子推了老汉一把，说："你先走。"

老汉吼道："少废话，快走。"他用力把小伙子推上木桥。

突然，那木桥轰的一声塌了。小伙子被洪水吞没了。

老汉似乎要喊什么，猛然间，一个浪头也吞没了他。

一片白茫茫的世界。

五天以后，洪水退了。

一个老太太，被人搀扶着，来这里祭奠。

她来祭奠两个人。

她丈夫和她儿子。

在对其表达技法的提炼之中，教师可以让学生感受到小小说创作的细节性的写作构思技法：

有正确的立意，有完整的情节，有背景的点示，有人物的设置，有场景的安排，有细节的描写，有悬念或伏笔，有实写与虚写，有情节的陡转，有精巧的结构。

然后可引用若干篇微型小说，印证上述表达的规律。

有了教师这样精致的引导，学生就可以"尝试"动笔了。

关于指导学生写现代小诗，大致上也是这样的训练思路。

第二章

探索研究，提高教学技能

本章导读

日常作文教学、中考作文指导，对语文教师的专业素养和教学能力都提出了很高的要求。为了确保作文教学与训练的质量，语文教师需要把握学段作文训练的要求，需要有丰厚的积累，需要有归纳提炼能力，需要提高教学技能。本章的10篇短文，将从10个角度，点示语文教师作文教学能力的提升路径。

11. 整体把握教材的作文训练要求

整体把握统编教材中的作文训练要求，是对语文教师教学能力的基本要求。

作文教学与研究，十分忌讳“一叶障目，不见泰山”的微小格局。只有从整体的角度把握教材中的作文训练要求，我们才有可能胸有全局，才有可能知晓学段作文训练的深度与难度，才有可能瞻前顾后、左右勾联，才有可能知道自己努力的方向。

现行统编初中语文教材，设计了一套七至九年级的作文训练体系，有助于我们循序渐进地进行日常作文教学。它们照应着阅读教学单元，共有36个训练点。

七年级上册：热爱生活热爱写作　学会记事　写人要抓住特点　思路要清晰　如何突出中心　发挥联想与想象

七年级下册：写出人物的精神　学习抒情　抓住细节　怎样选材　文从字顺　语言简明

八年级上册：新闻写作　学写传记　学习描写景物　语言要连贯　说明事物要抓住特征　表达要得体

八年级下册：学习仿写　说明的顺序　学写读后感　撰写演讲稿　学写游记　学写故事

九年级上册：尝试创作　观点要明确　议论要言之有据　学习缩写　论证要合理　学习改写

九年级下册：学习扩写　审题立意　布局谋篇　修改润色　对演出进行评议　有创意地表达

观察这36个训练点，进行分类整合，可以发现其内在的训练类型大致如下。

表达方式训练：学会记事　学习抒情　学习描写景物

实用表达训练：新闻写作　学写传记　学写读后感　撰写演讲稿　学写游记　学写故事　对演出进行评议

文体写作训练：写人要抓住特点　写出人物的精神　说明事物要抓住特征　说明的顺序　观点要明确　议论要言之有据　论证要合理

语言表达训练：文从字顺　语言简明　语言要连贯　表达要得体

写作思维训练：学习仿写　学习缩写　学习改写　学习扩写

基本技能训练：思路要清晰　如何突出中心　发挥联想与想象　抓住细节　怎样选材　审题立意　布局谋篇　修改润色

特别项目训练：热爱生活热爱写作　尝试创作　有创意地表达

可以看出，统编教材的作文训练体系基本上是比较合理的，尽管在实用文章写作的训练上欠缺力度，但毕竟有了这36个训练点的出现，在作文训练体系的建立上迈出了一大步。

所以，从整体上把握教材的训练要求，于每位教师都有重要意义，全局在胸，细部到位；彼此关联，相互渗透；前后照应，逐步提升，于教学大有好处。

在此基础上，我们还要关注统编教材中的四个“自主”学习单元的学生写作指导。

八年级上册新闻单元：学生的新闻写作分为三类任务。必做任务，每位学生写一则新闻；自选任务，撰写新闻特写或通讯；拓展任务，整理班、组的新闻作品，编辑制作成报纸或新闻网页。

八年级下册演讲单元：在把握演讲稿特点的基础上，学习演讲稿的写法，自己撰写一篇演讲稿。不少于600字。

九年级上册诗歌单元：尝试创作——自拟题目，参照《怎样写诗》的“技巧点拨”，创作一首诗，可以发挥想象，借助一些意象，表达你的情思。

九年级下册戏剧单元：自由写作——结合演出情况，自选话题，写一篇作文。

以上四个单元的写作训练，从知识背景、个人实践与写作指导方面，都对一线语文教师提出了很高的专业素养方面的要求。

除了对上述内容的整体把握之外，我们还需要细节化地观察课文阅读教学中安排的学生动笔活动。如，教材课后练习中随课设计的一部分练笔训练，种类之多，难度之大，出乎我们的意料。

七年级上册——《济南的冬天》：借鉴课文写法，就家乡冬天的风景写一个片段。《从百草园到三味书屋》：仿照课文第2段，用200字左右的篇幅，描写一处景物。《寓言四则》：任选课文中的一则寓言，重新设计情节，赋予新的寓意，把它改写为一篇新的寓言。

七年级下册——《邓稼先》：小组合作，搜集并整理我国“两弹一星”科学家的资料。《孙权劝学》：将课文翻译为现代汉语。《伟大的悲剧》：结合课文及有关补充材料，写一篇阅读笔记。

八年级上册——《白杨礼赞》：选取你熟悉的某个事物，赋予它一定的象征意义，完成一次片段写作。《苏州园林》：写一段文字，介绍你曾游览过的一座公园或建筑。《诗词五首》：结合《雁门太守行》中表现色彩的词语，发挥想象，用自己的话描绘作者呈现的画面。

八年级下册——《阿西莫夫短文两篇》：对恐龙灭绝的原因，写一篇小短文阐述你的认识。《壶口瀑布》：品味课文第3、4段语言的妙处，试着写一段赏析文字。《马说》：写一段文字，谈谈你对人才问题的看法，不少于300字。

九年级上册——《故乡》：发挥想象，续写宏儿和水生长大后见面的情景，300字左右。《我的叔叔于勒》：假如菲利普夫妇遇到百万富翁于勒会怎样，写300字左右的片段。《智取生辰纲》：结合本文，写一篇《杨志小传》。

九年级下册——《海燕》：试以《海燕的宣言》为题写一段话。《山水画的意境》：运用课文中有关意境的论述，选择一首自己喜欢的古诗词进行赏析。《天下第一楼（节选）》：阅读全剧，参考示例，写一段人物分析，300字左右……

以上约40次的课后写作练习，角度丰富。从标题拟写、文句翻译、补充资料、短语概括、词句评点、想象微写、变诗为文到阐释观点、评价人物、表达赏析、编写剧本等，极好地给予我们设计课中动笔活动的启迪。

像这样整体而详尽地知晓了教材中的作文训练要求及细节性练笔的内容之后，每位语文教师才能感受到教学中的压力与钻研教学的动力——我能够胜任如此丰富而有难度的作文教学的任务吗？

12. 在资料的研究中提高学术水平

这里所说的“资料”的研究，指的是作文教学中的资料研究。

任何学科领域里的科学研究，都离不开资料研究，优质的作文教学也是一样。

语文教师的作文教学资料的研究，涉及两项重要的内容：一是长期坚持作文教学资料特别是范文的积累，二是对作文教学资料进行科学的分析研究。

在作文教学中，利用中小学语文教材中的课文、中小学语文教材中作文训练点的设计、文学名著中的精彩篇章、作文教学专业书籍、日常报刊中的精美文章、中小学生优秀作文、考场满分文等资料，对文章写作所进行的形式与手法的研究，就是作文教学中的资料研究。其好处是能从有关资料中提炼出精巧实用的句、段、篇的写作形式，能收集、整理、收藏大量的范文并欣赏其精妙之处，能从文体的角度，对写作技法进行综合的研究。

作文教学资料的研究，重在表达规律的发现。如下面这篇短文。

阳 光

阳光像金子，洒遍田野、高山和小河。

田里的禾苗，因为有了阳光，更绿了。山上的小树，因为有了阳光，更高了。河面闪着阳光，小河就像长长的锦缎了。

早晨，我拉开窗帘，阳光就跳进了我的家。

谁也捉不住阳光，阳光是大家的。

阳光像金子，阳光比金子更宝贵。

它是人教版小学一年级的阅读课文，但经过抽象与提炼，可以发现它表现出来的是咏物类文章构思与表达的一种规律：即“先引出事物——再描述事物——最后托物寄意”的写作“三部曲”。小学语文课文中，《白鹭》《丁香结》《珍珠鸟》是这样；中学语文教材中，《紫藤萝瀑布》《荷叶·母亲》，乃至《白杨礼赞》《陋室铭》也是这样，都表现出“三部曲”式的结构与手法的规律。这种规律一经点示给适当年级的学生，便可以让他们由一篇知一类，带给他们一定的语感与文感，从而使他们能够在规律的影响下进行自由而比较规范的写作。

“规律”二字非常重要，作文指导教学，在“规律”的点拨上着眼，无疑是比较科学而高效的；有研究能力的语文教师，都可以在此方面进行尝试，以发现更多更实用的写作规律，对学生进行有效、科学的指导。

作文教学资料的研究，要有比较集中的视点。如：

①一般记叙文的章法特点与大致规律的研究；

②一般说明文的章法特点与大致规律的研究；

③一般议论文的章法特点与大致规律的研究；

④与生活密切关联的写作能力训练如“读后感”“短评”的构思方法研究；

⑤某种特别有用的大众化的构思规律如“横式结构”的研究；

⑥某种学生必须经历的写作训练如“我的一天”的构思形式研究；

⑦中考、高考作文复习备考中的作文训练点的研究；

⑧文章特别部位如“开头”“结尾”的多种形式的提炼研究；

⑨文章特别手法如“倒叙”“插叙”的形式研究；

⑩各种段落结构及展开形式的研究；

⑪各种不同句式的表达形式及实际运用的研究；

⑫对现实生活中创新的短文构思形式与手法进行发现与研究。

……

如果我们用资料说话，从大量的资料中提取有用的写作指导的精华材料，那么教师就能有丰富的积累，学生就能有直观的范本。

作文教学资料的研究，要运用省时高效的好方法。

最需要的是“专项研究”的方法。

所谓“专项研究”，就是视点小内容深、例证丰富而不离学术的专门话题的研究。如我们所说的“开门见山”开头形式的研究，就是“专项研究”。因为视点集中而材料丰富，就可以表现出规律或经验的普遍适用性。

“专项研究”操作的方法大致为四个步骤：

第一步，对某种写作现象产生研究的兴趣；

第二步，有意识地大量积累同类写作现象的例文；

第三步，对所积累的丰富材料进行大致的分类；

第四步，在此基础上进行精华的提取或规律的抽象。

如关于“我的一天”写作指导的研究，就是很有味道的专项研究。

“我的一天”的构思指导，如果有下面的一系列细节，那可真是美不胜收了。

第一种，按序简洁记叙，如《难忘的一天》；

第二种，详写一段过程，如《信任》；

第三种，展开对话瞬间，如《落花生》；

第四种，精心安排详略，如《掌声》；

第五种，大段议论结尾，如《钓鱼的启示》；

第六种，拉开时间距离，如《老师领进门》；

第七种，穿插景物描写，如《那片绿绿的爬山虎》；

第八种，运用插叙手法，如《窃读记》。

以上“我的一天”，表现出来的是“某一训练项目”，8篇范文，就是8种不同章法的结构形式。这种专项研究能够让我们将某项作文指导的细节研究做到极致，让学生得到角度灵动、形态多姿、表达优美的综合构思训练，并由此具备很强的变通、创新的表达能力。

作文教学资料的研究，有三个重点：一是对“写作思维”的研究，二是对“写作范式”的研究，三是对“写作类别”的研究。

所谓“写作思维”，就是从大量文章中表现出来的表达习惯及表达规律。对“写作思维”的研究，可以帮助我们解决写作规律方面的一些问题。

如“起承转合”“先总后分”就是写作思维。在我的研究中，“三”是一种写作思维，“四”是一种写作思维，“叙议结合”是一种写作思维，“横式结构”是一种写作思维，“春夏秋冬”是一种写作思维，“山水相依”是一种写作思维，“宕开一笔”是一种写作思维，“抒情句反复穿插”是一种写作思维……寻觅到写作思维的规律，发现了写作思维的形式，我们指导与训练学生，就能达到“规范”的标高。

所谓“写作范式”，就是能够给学生的作文写作以示范的文章形式。“写作范式”的研究，因为有范文的直观启示，可以规范地、具体地解决作文指导方面的一些问题。作文指导教学，比较好的方法是“范文引路”。“范文”所表现出来的，是规律，是经验，是意美、语美、形美的高效濡染。“范文”正是因为表现出构思写作的规律而具有示范性。

如原人教版四年级下册的课文，杏林子的《生命　生命》，就是一篇好范文。

生命　生命

我常常想，生命是什么呢？

夜晚，我在灯下写稿，一只飞蛾不停地在我头顶上飞来飞去，骚扰着我。趁它停下的时候，我一伸手捉住了它。只要我的手指稍一用力，它就不能动弹了。但它挣扎着，极力鼓动双翅，我感到一股生命的力量在我手中跃动，那样强烈！那样鲜明！飞蛾那种求生的欲望令我震惊，我忍不住放了它！

墙角的砖缝中掉进一粒香瓜子，过了几天，竟然冒出一截小瓜苗。那小小的种子里，包含着一种多么强的生命力啊！竟使它可以冲破坚硬的外壳，在没有阳光、没有泥土的砖缝中，不屈向上，茁壮生长，即使它仅仅只活了几天。

有一次，我用医生的听诊器，静听自己的心跳，那一声声沉稳而有规律的跳动，给我极大的震撼，这就是我的生命，单单属于我的。我可以好好地使用它，也可以白白地糟蹋它。一切全由自己决定，我必须对自己负责。

虽然生命短暂，但是，我们却可以让有限的生命体现出无限的价值。于是，我下定决心，一定要珍惜生命，决不让它白白流失，使自己活得更加光彩有力。

这篇课文，开门见山，一句话引出话题，接着撷取生活的实例，用叙议结合的方法展开，收笔照应全文。全文脉络清晰，结构单纯，顺序合理，情趣盎然，我将其构思方法命名为“叙议结合、叠加反复”，指导初中的学生学习这种构思技法，颇有效果。

对教材、课文中的范文提取研究，扩大了教材的应用面，可以让我们发掘出让人意想不到的奇珍异宝。如下面这些有趣的发现。

童年色彩　《从百草园到三味书屋》：从一个地方写到又一个地方。

少年世界　《走一步，再走一步》：从细腻的“叙述”写到大段的“议论”。

生活感悟　《生命　生命》：叙议结合，少叙多议，反复进行。

怀念亲情　《背影》：从略写到详写，从记叙到抒情。

往事依依　《我的老师》：铺垫，铺垫，再铺垫，然后铺叙高潮部分。

青春抒怀　《行道树》：拟人自述，警句穿插。

歌吟山水　《三峡》：春、夏、秋、冬，一种表达的思维。

奇美镜头　《小石潭记》：移步换景，镜头特写，融景于景。

所谓“写作类别”的研究，就是研究学生在一定的学段中最好进行哪些文体文类的写作训练，以开拓我们的训练视野。目前义务教育阶段的作文教学研究，在“写作类别”上，视野还显得比较狭窄。往往只是按照教材规定的训练点，组织

“大作文”的写作训练，或者只是让学生写写日记。

其实从学生适应未来社会和生活需要的角度来看，从学生写作能力的全面发展来看，我们非常需要对学生学习写作的类别进行探究。很多让学生终身受用的写作训练目标还没有进入我们的视线，例如微格简叙、凡人趣事、观景短文、微型报道、随感随笔、图书短评、微型说明、袖珍议论、人物写真、活动报道、事物短论、知识趣说、精短时评、活动侧记、读书笔记、新闻采访、人物小传、现场瞬间、发言摘录、简明统计、活动综述、科普微文，甚至节目串词等，都是可以依凭丰富的资料进行一些研究的。

进行作文教学方面的资料研究，是一种积累研究，是一种发现研究，是一种创新研究。它需要毅力，需要坚持，需要心有所系。当这种研究有了一点发现，有了一点在发现基础上的教学实践后，那一定是一种很幸福的感觉。

希望更多的一线语文教师在作文教学资料性研究方面，创造出新颖丰富的成果。

13. 夯实赏析章法与手法的基本功

从大量的课堂观察看，作文教学指导课一般有三个“缺少”：一是缺少教师提炼整合的精致优美的范文，二是缺少学生对范文的研读感受，三是缺少教师的精要讲析。

作文指导课需要有合理数量的范文，没有范文的作文指导课是务虚的课。这样的课往往只是让学生说一说，悟一悟，谈谈对生活的感受，然后让学生写作。在这样的教学中，教师的作用只是“激趣”，教学的目的只是让学生“进入情景”，而没有“规矩”与“方圆”的指导。从本质上来看，这样的课是没有运用语言训练教学资源的课，是一种好像很时髦、好像理念很新而实际上是很偷懒的课。

似乎可以说，教师的辛勤劳动是与学生收获成正比的，教师只有“采得百花成蜜后”，才有可能让学生真有收获、大有收获。这里面的浅显而深刻的道理是：提炼的过程就是酿“蜜”的过程。

发现、赏析、提炼文章写作的规律，是语文教师作文教学最重要的基本功。没有这种基本功，语文教师对学生的作文指导则讲不出章法，讲不出文法，讲不出手法，讲不出一篇文章的表达之妙，讲不出一类文章的规律之美；讲不出表达特点和表达规律的语文教师，则难以发挥范文的指导作用。

所以，夯实语文教师赏析文章章法与手法的基本功特别重要，每位语文教师对此都需要坚持不懈的自我训练。

即使是很短的课文或文章，我们也要能够进行精细的品读与赏析。

如对寓言《赫耳墨斯和雕像者》章法与手法的赏析。

赫耳墨斯和雕像者

赫耳墨斯想知道他在人间受到多大的尊重，就化作凡人，来到一个雕像者的店里。他看见宙斯的雕像，问道："值多少钱？"雕像者说："一个银元。"赫耳墨斯又笑着问道："赫拉的雕像值多少钱？"雕像者说："还要贵一点儿。"后来，赫耳墨斯看见自己的雕像，心想他身为神使，又是商人的庇护神，人们对他会更尊重些，于是问道："这个值多少钱？"雕像者回答说："假如你买了那两个，这个算添头，白送。"

这故事适用于那些爱慕虚荣而不被人重视的人。

这篇课文整体上运用了"叙议结合"的章法形式，第一段是"叙"，第二段是"议"。如果单看第一段即寓言故事这一部分，我们还会有更加惊喜的发现。

这是一则完整的、有曲折故事情节的故事。

这是一则以"神"为主要人物形象的故事。

这是一则先"概写一笔"，再"细写几笔"的故事。

这是一则主要运用"对话"手法来展开情节的故事。

这是一则在写对话时运用了"三"的手法的故事。

这是一则运用了"白描"手法，寥寥几笔就勾勒出人物形象的故事。

这是一则运用了"意外结尾""情节陡转"手法的故事。

这是一则运用了"空白"手法，让我们想象人物尴尬结局的故事。

这是一则细节生动的寓言故事，文中有语言的描写、动作的描写和神情意态的描写。

这是一则写"出人意料"之事、写"事与愿违"之事的故事。

它带给我们的写法借鉴是：

场景设置，人物出场，

概写细写，对话展开，

文中波澜，情节陡转，

意外结尾，戛然而止。

再如对微型小说《在柏林》的品读欣赏。

在　柏　林

一列火车缓慢地驶出柏林，车厢里尽是妇女和孩子，几乎看不到一个健壮的男子。在一节车厢里，坐着一位头发灰白的战时后备役老兵，坐在他身旁的是个身体虚弱而多病的老妇人。显然她在独自沉思，旅客们听到她在数着“一、二、三……”，声音盖过了车轮的咔嚓咔嚓声。停顿了一会儿，她又重复起来。两个小姑娘看到这奇特的举动，指手画脚，不假思索地嗤笑起来。一个老头狠狠扫了她们一眼，随即车厢里平静了。

“一、二、三……”这个神志不清的老妇人又重复数着。两个小姑娘再次傻笑起来。这时，那位灰白头发的后备役老兵挺了挺身板，开口了。

“小姐，”他说，“当我告诉你们这位可怜的夫人就是我的妻子时，你们大概不会再笑了。我们刚刚失去了三个儿子，他们是在战争中死去的。现在轮到我上前线了。走之前，我总得把他们的母亲送进疯人院啊！”

车厢里一片寂静，静得可怕。

这篇短文具有微型小说最基本的特征。抽象一下，可知它的10“有”的特点：有简单的人物关系；有具体场景的安排；有人物出场的描写；有人物的外貌、语言、神态的细节描写；有故事的情节波澜；有整篇小说的开端、发展、高潮与结局；有悬念的设置；有正面的描写与侧面的映衬；有实写与虚写；有故事情节的陡转。另外，它还运用了“伏笔”手法和“渲染”手法。

它带给我们的写法借鉴是：

场景设置，人物出场，

设置悬念，埋下伏笔，

处处照应，虚实有致，

情节陡转，意外结尾。

只有有了像这样的品读与欣赏，对学生的作文指导，才可能说在实处，点在美处；教师才有可能说出一点内行的话，否则，连纸上谈兵的资格都没有。所以说，作文教学，写作训练，最需要教师提升对文章章法与手法的赏析能力。

又如从更加细微的角度，对段落展开精美形式——“段式”进行提炼。

下面是不同课文中的6个语段。

(1) 登上万寿山，站在佛香阁的前面向下望，颐和园的景色大半收在眼底。葱郁的树丛，掩映着黄的绿的琉璃瓦屋顶和朱红的宫墙。正前面，昆明湖静得像一面镜子，绿得像一块碧玉。游船、画舫在湖面慢慢地滑过，几乎不留一点儿痕迹。向东远眺，隐隐约约可以望见几座古老的城楼和城里的白塔。

(2) 那天，是他们离家以来所遇到的最恶劣的一个天气。一早上，天就阴沉下来。天黑，河水也黑，芦苇荡成了一片黑海。杜小康甚至觉得风也是黑的。临近中午时，雷声已如万辆战车从天边滚动过来，不一会儿，暴风雨就歇斯底里地开始了，顿时，天昏地暗，仿佛世界已到了末日。四下里，一片呼呼的风声和千万枝芦苇被风折断的咔嚓声。

(3) 一捶起来就发狠了，忘情了，没命了！百十个斜背响鼓的后生，如百十块被强震不断击起的石头，狂舞在你的面前。骤雨一样，是急促的鼓点；旋风一样，是飞扬的流苏；乱蛙一样，是蹦跳的脚步；火花一样，是闪射的瞳仁；斗虎一样，是强健的风姿。黄土高原上，爆出一场多么壮阔、多么豪放、多么火烈的舞蹈哇——安塞腰鼓！

(4) 盘古倒下后，他的身体发生了巨大的变化。他呼出的气息，变成了四季的风和飘动的云；他发出的声音，化作了隆隆的雷声。他的双眼变成了太阳和月亮；他的四肢，变成大地上的东、西、南、北四极；他的肌肤，变成了辽阔的大地；他的血液，变成了奔流不息的江河；他的汗毛，变成了茂盛的花草树木；他的汗水，变成了滋润万物的雨露……

(5) 这座桥不但坚固，而且美观。桥面两侧有石栏，栏板上雕刻着精美的图案：有的刻着两条相互缠绕的龙，前爪相互抵着，各自回首遥望；还有的刻着双龙戏珠。所有的龙似乎都在游动，真像活了一样。

(6) 这山中的一切，哪个不是我的朋友？我热切地跟他们打招呼：你好，清凉的山泉！你捧出一面明镜，是要我重新梳妆吗？你好，汩汩的溪流！你吟诵着一首首小诗，是邀我与你唱和吗？你好，飞流的瀑布！你天生的金嗓子，雄浑的男高音多么有气势。你好，陡峭的悬崖！深深的峡谷衬托着你挺拔的身躯，你高高的额头上仿佛刻满了智慧。你好，悠悠的白云！你洁白的身影，让天空充满宁静，变得更加湛蓝。喂，淘气的云雀，叽叽喳喳地在谈些什么呢？我猜你们津津乐道的，是飞行中看到的好风景。

上面段落所描写的内容各不相同，但它们表现出来的思维方式是一样的，表现出来的笔法也是一样的，每个段都是先“概写一笔”，然后“细写几笔”；它们所显现的，就是构思与表达的规律之一。不仅“写作”如此，“说话”也是如此。以它们为例，指导学生进行片段写作的实践，一定准确高效，同样富有美感与力量。

这样的赏析与提炼，从横向联系的角度，运用“辐集”的方法，将精致的写作现象多角度地展现于我们的面前。如果不观察大量的文章，不花大量的时间，难以有这样的收获。课堂上随意的指点说教，永远不能像它们一样具有美感和示范的力量。

14. 要加强记叙文写作训练的研究

记叙文的写作训练研究，永远是美好的语文园地。

不论是从一个人一生的表达能力来看，还是从中小学作文教学的重点来看，关于记叙文的写作训练研究，是任何一位语文教师在教学业务上的一个重点。

加强初中记叙文写作训练研究，主要有五个关注点：一是初中三年的作文训练点的安排，二是文章写作与构思规律的提炼，三是作文训练资料的积累与编纂，四是记叙文写作训练中难点的突破，五是阅读教学中记叙性微写作的形式探究。任何一个“关注点”的研究都并非易事，同时能给我们带来研究的乐趣。

这里面，最重要的是加强对写作训练点的研究。

比如，河北省中语会1987年编写的一套初中作文指导书籍中，就三年的记叙文写作训练设计了22个训练点：

记叙的要素，记叙的顺序（顺叙），记叙的顺序（倒叙），记叙的顺序（插叙），记事写人（选取典型材料），记事写人（正面描写和侧面描写），记事写人（记叙的详略），记事写人（细节描写），记事写人（前后一贯，首尾一致），写事记人（选好记叙的角度），写事记人（叙事抒情），写事记人（环境的描写），记叙的线索，记叙描写议论抒情，新闻，记事写人（场面描写），托物言志，夹叙夹议，人物描写（语言描写和行动描写），人物描写（肖像描写和心理描写），人物描写（综合训练），记叙文写作的综合训练。

这个训练序列布点精细，覆盖周全，重视技能训练，能力层次清晰，很有实用价值。直到现在，对于一线的教研、教学活动依然有启迪、借鉴的作用。

比如：人民教育出版社曾经编写过一套阅读与写作“分家”初中语文教材，对记叙文的写作训练，三年中安排了20个训练点：

交代清楚记叙的要素，生活中的见闻（观察　选材），写一次参观、访问活动，描写景物，叙述事情谈点看法，选用片段材料写人（围绕中心），写一件新事，写一篇游记（详略），写童话故事（想象，记叙，描写），写一个熟悉的人，报道先进人物或有意义的事，写一个意志坚强的人，写物寄意，记叙自己深受感动的事，记叙比较复杂的事情，一事一议，写借景抒情的记叙文，用几件事写一个人，在记叙中穿插议论，在记叙中抒情。

这套训练序列，覆盖的能力层面比较宽广，重视与生活的紧密关联，综合性强，有一定的训练高度，而且显得科学有序。

我曾经建议过，初中三年记叙文写作训练安排如下18个点：

写好身边一件事（含：要素　顺序　详略），写好“我的一天”，写好“我的家”，写好我的一个故事或几个故事，通过一件事写一个人，通过一件事写几个人，通过几件事写一个人，记叙文的开头（15种方法），记叙文的结尾（15种方法），叙议结合（含记叙文中的议论与抒情）（夹叙夹议），记叙文的横式结构，游记（参观、访问记），在记叙文中穿插景物描写，在记叙文中穿插细节描写（外貌、语言、心理），记叙文的语言美，记叙文的手法美（含“抑扬”“线索”），记叙文的外观形态美，写托物言志或即景抒情的文章。

这个训练序列重视写作技法的训练，在“点”的安排上注意创新，有比较好的训练效益。

又如我就曾经畅想过，七年级整个年级，全用来训练记叙文的基础写作能力，于是有了如下的安排。

七年级上学期：

第一单元 展开丰富的想象

第二单元 记叙的要素

第三单元 从自我写起

第四单元 写好身边一件事

第五单元 写好身边几件事

第六单元 记叙顺序（一）顺叙

第七单元 记叙顺序（二）倒叙

第八单元 记叙顺序（三）插叙

七年级下学期：

第一单元 记叙的开头

第二单元 写人记事技巧训练（一）选取典型材料

第三单元 写人记事技巧训练（二）正面描写与侧面描写

第四单元 写人记事技巧训练（三）记叙的详略

第五单元 写人记事技巧训练（四）细节描写

第六单元 写人记事技巧训练（五）一事一议

第七单元 写人记事技巧训练（六）新颖的构思

第八单元 记叙文的结尾

这种探索带有一点苦心孤诣的味道，其实也是对记叙文写作训练内容的思考与探索。即使将它们分散到七、八年级，对学生的作文训练而言，也会因为其科学性而表现出训练的效果。

我们再看看统编教材中对于初中记叙文写作训练点的设置：

学会记事，写人要抓住特点，写出人物的精神，抓住细节，怎样选材，新闻写作，学写传记，学习描写景物，学写游记，学写故事。

从七年级到九年级，真正明确地要求进行记叙文写作训练的，大约只有10多个点。

这就告诉我们，加强记叙文的写作训练研究，在统编教材已经安排出36个训练点的背景之下，我们仍然要在研究、创新与务实上多下功夫。统编教材中有些内容如仿写、缩写、改写、扩写训练的层次不高，还有一些比较重要的写作训练点难以顾及，这些都需要我们观察与思考，尽可能地提高记叙文写作训练中的“性价比”。

在对记叙文写作训练点的研究的基础上，语文教师要着力提高专业水平的重点内容，就是苦练自己对文章写作和构思规律的发现与提炼能力。

如，中小学作文教学中，有一项重点内容，是我们常常提及但没有很好地进行规律提炼的，那就是记叙文写作中的“叙议结合”。

“叙议结合”，指的是“记叙与议论相结合”，也可以是“记叙与抒情相结合”。它是文章的一种章法结构形式，也是一种写作手法的运用。“叙议结合”的写作技法是任何人写文章的基本技法，每一名中小学生都必须经受“叙议结合”写法的反复训练。

如果我们进一步进行细致的观察与提炼，就可以发现“叙议结合”记叙文的结构特点主要有如下10种。

(1) 先议后叙，首尾照应。如《植树的牧羊人》《说和做》《叶圣陶先生二三事》都有这样的行文特点。

(2) 叙议结合，精巧点题。如《狼》《赫耳墨斯和雕像者》《蚊子和狮子》都是“故事 + 点题”的结构形式。

(3) 叙后抒情，大段直陈。如《背影》《散步》《回忆我的母亲》《邓稼先》都运用了“大段议论抒情结尾”的方法，以深化主旨、浓郁情致。

(4) 叙后之议，升华哲理。如《行路难》《岳阳楼记》《茅屋为秋风所破歌》的结尾部分，都有警句格言式的表达，从而显得哲理动人。

(5) 夹叙夹议，章法美妙。如《纪念白求恩》《壶口瀑布》《少年闰土》，都有边叙边议、夹叙夹议的特点，《壶口瀑布》中的重要段落，基本上都是有叙有议的两个层次。

(6) 反复穿插，抒发深情。如《白杨礼赞》反复穿插“我赞美白杨树”这样的抒情句，《安塞腰鼓》反复穿插了“好一个安塞腰鼓”句。它们明晰了结构，强化了抒情。

(7) 叙议结合，叠加反复。如杏林子的《生命 生命》连用三个事例赞叹生命的力量，每个事例之后都进行了大段的议论抒情，其章法、主旨显得特别鲜明。

(8) 优美表达，深化意境。如《驿路梨花》《海燕》《一棵小桃树》的结尾，都讲究手法的艺术性和语言的优美，以美化、深化文章的意韵、意境。

(9) 角度创新，以叙为议。如《湖心亭看雪》《曹刿论战》《周亚夫军细柳》等三篇文章，结尾之处都是人物的语言描写，其实这就是一种“以叙为议、巧妙点题”手法的运用，看似叙事，实则议论。

(10) 还有更加高妙的一种，就是随文点示，穿插抒情议论。如余秋雨的《信客》，叙述故事之中，常常点示一两句议论的话，以宣示自己的看法，点出问题的实质。

如果一位语文教师能够像这样把握“叙议结合”写法的基本构思规律，那么，记叙文的写作现象就不再给他“乱花渐欲迷人眼”的感觉，他对学生的指导就清晰明朗起来，就精致准确起来。

然而仅此还不够，我们还需要继续深化研究。记叙文“叙议结合”的写法中，其最好用、最常用的形式是“先叙后议”。初中语文教材中经典的古代文学作品，如《岳阳楼记》《茅屋为秋风所破歌》《记承天寺夜游》《答谢中书书》等，都是叙议结合、先叙后议的；初中语文教材中精美的现代文课文，如《纪念白求恩》《走一步，再走一步》《散步》《背影》《壶口瀑布》《白杨礼赞》《回忆我的母亲》《植树的牧羊人》《说和做》《故乡》等，也都是叙议结合、先叙后议的。它们都可以印证规律，优化写作的思维。

我们还可以探究，叙后之“议”的表达形式与表达角度……，真可谓“路漫漫其修远兮”！

15. 养成范文引路的良好教学习惯

在指导语文教师发展专业能力、提高教学技艺方面，我曾经提出过8“用”策略：用“整体反复”法提升教材研读的能力，用“一课多案”法提升教学设计的能力，用“优化细节”法提升课堂教学的能力，用“积累范例”法提升训练指导的能力，用“专项研究”法提升教学科研的能力，用“读书笔记”法提升坚持治学的能力，用“千字短论”法提升文章写作的能力，用“教学实验”法提升教学创新的能力。其中的“用‘积累范例’法提升训练指导的能力”，就与作文教学有关。

一位语文教师，如果能够长期坚持披沙拣金，积累大量作文范文并分类积聚，那么就有可能在对学生的每一次作文指导教学中都运用范文引路的教学策略，以使学生对文章的构思有特别明晰的观察与感受，从而确保作文指导课的质量。

可以说，语文教师在作文教学方面需要养成的最好习惯，便是“范文引路”。

所谓范文引路，就是在某次作文训练中，用两篇、三篇、四篇或五篇经过细心挑选的精短美文作为本次作文的范文，重点让学生感受其构思特点与展开角度，从而让学生能够进行比较规范的构思与写作。

或者说，范文引路，就是在教学中运用优质的选文，在某个单元的作文指导训练中，以三五篇佳作为范例，指导学生的写作，影响学生的写作。

日常作文教学中的“范文引路”，有着明明白白的好处：能够丰厚教学设计的内容，使之不再粗糙、空洞、单调；学生在课堂上能够面对具体的语言材料，有显性的活动抓手，能真正参与阅读、分析与欣赏的富有美感与乐趣的活动；能够让语文教师更加关注对课文本身的“读课文学写作”资源的开发；能够在表达的范式上给学生以直观可见的示例与启发；更加重要的是，语文教师在撷取美文、精选范文、品析美文的写作技法的过程中能够丰富自己的资料积累，提高鉴赏能力与教学能力，并且因为要做到教学中的范文引路而细心备课。

将“范文引路”的思想与方法用于作文构思指导，主要有两种角度。

第一种角度，是用多篇范文证明同一种构思的形式是规范的、通用的、可行的。

如我执教的《学一点“咏物”技巧》的作文构思指导课，选用了《蝉》《贝壳》

《紫藤萝瀑布》《荷叶·母亲》四篇范文，引导学生体味到这四篇文章的展开思路是基本一样的：先简洁地引出事物，再细腻地描叙事物，最后进行抒情或议论。这叫作“咏物抒情”文章构思与表达的三部曲，即这四篇范文印证了咏物短文的一种规律性的表达——引出事物，描述事物，因物抒情。

在此基础上，我进一步阐释：

①选择自己的一种心爱之物、美好之物或熟悉之物，展开联想，思考怎样在它身上融入并抒发指向明确的情感，然后在文章的开篇用生动简洁的语言“引”出它；

②运用拟人化的写法或比喻式的写法，对所托之物进行精细的描写，努力表现出它的外貌形态之美及内在精神之美，并使这种描写向着自己的抒情意图贴近；

③在足够的描写之后，顺势进行符合自己立意方向的抒情，表达自己的赞美之情或真切感受。

有意思的是，如果我们将“咏物抒情”文章中的“抒情”在写作中再特意地强调一下，由“情”向“理”升华，那么我们就运用了“托物寄意”的写法，即通过抒写事物的方式点明或者抒发一个道理，乃至升华出一个哲理。

有了这样切实的指导，学生进行“咏物抒情”文章的构思是不会有方向模糊之感的。

第二种角度，是用多篇范文点示：对某一种写作对象的构思形式是多样的、变化的、可行的，而且是规范的。

如我提炼出来的写“我”的故事的20种构思角度：

写“我”一天里的生活	《今天我很忙》(《难忘的一天》)
写“我”的童年爱好	《风筝》
写“我”的一次观察或实践	《看松鼠做巢》
写“我”的想象或幻想	《我的房间》
写“我”的一件往事与启迪	《钓鱼的启示》《十六年前的回忆》
写“我”的一件做错了的事	《我为你骄傲》
写“我”的班级（或学校）小故事	《掌声》

写“我”的一个亲情小故事	《落花生》
写“我”和家人与别人的故事	《梦中的花裙子》
写“我”的读书生活	《我的“长生果”》《窃读记》
写“我”的亲人的一个故事	《心中那盏灯》《散步》《慈母情深》
写“我”的亲人的很多故事	《父亲的爱》《我的伯父鲁迅先生》
写“我”的老师的几件事	《我的老师》
写“我”与大人的一次交往	《那片绿绿的爬山虎》
写“我”的一次游历	《鸟的天堂》《爬天都峰》
写“我”和动物的故事	《麻雀》
写“我”的一次偶遇	《这条小鱼在乎》
写“我”的一次奇闻	《深山射鱼》
写“我”的一种思念之情	《怀念母亲》
写“我”的生活感悟	《生命　生命》《和时间赛跑》

有时候，即使只用一篇范文，也比教师什么都不讲或空讲几句好得多。如对范文《图书馆里的小镜头》的运用。

图书馆里的小镜头

我热爱生活，热爱生活中那一个个精彩的小镜头。然而，我更偏爱图书馆里一个个小镜头。

清晨，图书馆的大门敞开了，各种各样的人便争先恐后地涌进了图书馆。留披肩发的，梳辫子的，剃平头的，梳分头的，黑发的，白发的……穿皮鞋的，穿布鞋的，穿球鞋的，鞋跟高的，鞋跟矮的……宽敞的图书馆似乎显得拥挤了些。

人们进了图书馆，深深地吸了一口气，欣慰地笑了笑，似乎这封闭了一夜的图书馆空气很清新似的。紧接着，那双眼皮，那丹凤眼，那眼角布满鱼尾纹的眼睛，都各自盯上自己的目标；那粗糙的手，细腻的手，宽大的手，纤细的手，都小心翼翼地拿下书，极温柔地抚摸着，就像抚摸着孩子光滑的脸蛋儿……

图书馆里骚动了一阵之后，又恢复了往日的平静，偶尔听到翻书的声音，显得极小，极短。人们完全沉醉在书的海洋里了……

一个戴眼镜的小伙子，一边看着，一边伏案疾书，有时，还停下来皱紧眉头想着什么，时不时地扶扶那已滑落到鼻梁上的眼镜；一位梳披肩发的姑娘，此时已顾不得去整理那有些散乱的长发，只是用大眼睛在书上贪婪地扫着，不时地甩一下那束垂到额前的刘海儿，看那神情，要是有把剪刀的话，她一定要把那束刘海儿铰了；一位头发花白的老人，鼻梁上架着老花镜，眯着眼睛，把书拿得远远的，显得很费力，但仍旧舍不得把书放下；几个孩子趴在桌上，用手指着字，一个字一个字地念着，很吃力，却很专注……

我没有打扰任何人，悄无声息地离开了图书馆。但这生活中的小镜头，我却怎么也忘不了。它似乎告诉了我什么，到底是什么呢？

这篇美文，曾是沪教版的小学语文课文；它带给初中学生的"场面""镜头"之类文章的写作启迪如下。

①选择一个具体的场景，从"我"的视角，描写其中的几个画面，表现生活中一种美好的、特定的情境氛围。

②按时间的顺序，依次描绘了早上人们进图书馆、寻找读物、用心阅读等三个生动的画面，表现了到图书馆读书的人数之多、身份之众、读书之专注的动人情景。

③对每个画面的描写，都运用简笔勾画的白描手法，一个短语或一个句子都表现着一类人物或一种状态；于是，行文流畅，富于情致，文字不多但内容丰厚。

④给文章拟一个简明的标题，突现其关键词，并在行文中关注到对标题及"关键词"的照应。如本文标题中的"小镜头"三个字就显得别具匠心。

⑤注意文章首尾的密切照应，还可以运用一点小小的技巧。如本文的开头，运用了"点题扣题"的技巧；本文的结尾，运用了"留有余味"的技巧……

范文引路的作文教学理念，真正将教学指导落到了实处，真正让作文指导课的内容饱满起来，让学生的活动充分起来。

教师在精选、运用范文的过程中，需要品读鉴赏、分析对比、及时提取、分类整合，既有选文方面的收获，又有资料积累习惯的养成。试想，如果一位语文教师收集、积累了百十来篇作文指导范文，那么这位教师的作文教学指导是不是一定可以锦上添花？

反过来说，日常作文课中随意讲授式的教学，有的名师展示活动中聊天式的

"作文指导"，基本上都没有关注到利用范文对学生进行构思思维的训练，不说其疏懒，起码也是随意。

16. 关注课中动笔训练活动的设计

不论是2022年版语文新课标中的要求，还是统编教材中的练习设计，都对学生的课中动笔活动提出了角度丰富的训练要求。

在阅读教学中经常性地、适当地设计、安排学生的课中动笔活动，无疑能够健全对学生进行写作训练的又一有效形式。

为了学生的课堂写作活动，教师必须提升自己的教学理念，让学生在课堂上有更多的动笔活动、课堂实践活动、语言学用活动；为了学生的课堂写作活动，教师必须提高课文品析能力，对课文中的教学资源进行多角度的提炼与整合；为了学生的课堂写作活动，教师还需要有设计活动的意识与真正地设计学生动笔活动的本领。

下面的一些形式都是可行的。

（1）句段学用

句段学用，指的是在阅读欣赏的过程中学用文章中实用的、优美的句式，或者学习运用文中段落的结构方式与表达技巧，通过这种训练目标明确的读写实践活动，达到既阅读文章，又进行写句构段表达基本功训练的目的。这就叫作句段读写，语言学用。

（2）形式仿写

文章的形态是通过篇、段、句的形式表现出来的。教师透析了某种文章的写作模式，解析了课文中段落结构的美妙，提炼出文中的优美句式，就可以指导学生进行模仿，进行化用，进行改进，进行创造。这就是，学会写文章，做到形式先行。我们之所以要注意对经典范文的学习，就是因为它们主要在语言与形式两个方面闪耀着光彩。

（3）课文集美

课文集美，指的是以语言学习为重头戏，通过学生创造性的劳动，将所读文章中比较美的内容“浓缩”“集中”，使之形成新的短文。形象地说，就是从原文中抽取精华的内容，用原文中的话来“写”新的文章。可以说，文中集美，是一种以对文章中美好的语言材料进行细致的组合为过程，让学生在活动中得到审美教育、语言教育、学习技能教育以及思维训练的读写活动。“课文集美”适用于语言生动优美的散文、说明文或者议论文。最基本的活动：第一是抽取，第二是组合，第三是润色。

（4）内容提要

“提要”，就是“集中要点”。文章内容提要，就是根据一定的角度提炼、浓缩、组合文中的重点信息。这种读写结合的实践方法，与平时课堂阅读及写作训练中的复述、缩写不大相同。其练习的角度很丰富，如：用文章中的语句，浓缩而不是概括课文内容；用摘要或读书笔记的方式撷取课文中的妙要，如“警句集锦”之类；用分类罗列的方式集中文章中对自己有益的知识性内容；用提纲、表格、卡片的形式表现全文的内容纲要，或者梳理出课文的结构图等。

（5）变体创编

变换文章体式，将一篇文章、文段进行改写的方式叫作“变体创编”，如诗歌可以改写为散文、散文诗、故事、小小剧本等。故事也是可以改写为诗歌、散文、电视剧本的。像这样又读又写的创编活动，既能解决读的问题，又能促进学生的动笔写作，可谓一石二鸟，一箭双雕，一举两得。

（6）读后随感

读后感：有读有感，边读边感。表达读后之感的过程就是读写结合的过程。指导学生写微型读后感的角度是：或者通过“感”来陈说一种认识，或者通过“感”来证明一个观点，或者通过“感”来发表一种评议，或者通过“感”来表达一种情感，或者通过“感”来批评一类现象。指导学生展开微型读后感的方法是：可以先叙后议，也可以先议后叙，或者边叙边议；从语言上讲，要形象、具体，能够耐人品读。

（7）补说续写

阅读文章的时候，文中的内容有时会调动读者的知识积累，让读者也想说点什么；阅读文章的时候，文中的内容有时会让学生进行置疑，于是他们会提出新的看法；阅读文章的时候，有时文章的结尾会让人感到意犹未尽，还想表达一点感受；阅读文章的时候，可能会感到，作者是从某一个角度点的题，自己可从另一个角度来点题……以上种种，都会带来写作的冲动，都可以让学生在阅读之中进行补说续写。

（8）多向假设

多向假设，是可以在阅读记叙类文章之后使用的一种读写结合的学习方法。这种方法要求在阅读选文之后，用多个“假如”来设想与文章有关的人物的活动，借此让学生在多个假设之中充分发挥想象，进行多次的写作构思或者多次的写作。多向假设，融阅读、写作、思维训练于一体，既是一种“读文写文”的形式，也是一种“创境作文”的形式。从学习要求上看，“多向假设”式学习方法要求学生进行多向思考，在写作过程中不重复原文，不违背原文，不脱离原文，不拘泥于原文，对于学生创造性思维能力的训练很有好处。

（9）科学短论

在阅读之中，特别是在阅读科学小品的过程之中，我们会发现很多的问题需要进行“迁移拓展”，需要进行深入的论说或者进行一定的证明，这样学生动笔的机会就来了。在阅读科普文章之后进行科学短论的写作，是非常有趣而快乐的一件事。它让学生深入研读原文、查阅资料、弄清原理，进行论说与阐释。此时的写作不可能只是几句话、一句话，而是表达着理解、说明、论证、分析、欣赏的一段话或一“篇”话，“写作”二字引出的是学生的内容广泛、形式自由、带有自己创见、带有自己思想与情感特点的作品，其“意义”是让人十分欣喜的。

（10）定义特征

定义特征，就是根据文章的内容给事物下一个定义，简洁准确地点示事物的本质特征。定义特征，就是从最准确的点示事物特征的角度，从原文中提炼出一种精确说明的内容。这种写作要求先从原文中“抠”出可供下定义的若干内容，然后用下定义的方式进行表达，最后还要看看是否合乎下定义的要求、定义下得是否准确。“下定义”要求根据文章内容进行定向的语言材料组合。其目的是通过对语句的撷取、组合，以表现事物的本质特点。这种写作很有趣，好像大家都能动笔，而实际上在语言材料的组合上难度不小，它表现出来的是对思维的严密性训练。

（11）作品欣赏

作品欣赏是学生必须具备的高层次的阅读能力。

在阅读中，往往要对所读的作品进行评说或者表达自己的阅读感受。如果将这种阅读感受定位于作品的思想内容与写作技法，就有了“作品欣赏”的味道。此时的动笔，就是通过读写结合的方式，对文章内容进行分析、赏析和评析。力求在品味、赏析和评析的过程之中，理解所读文章的思想内蕴以及它在写作上的美点妙要，乃至“语言艺术评说”“人物特点评说”“写作风格评说”等高层次内容的表达。

（12）专项探究

要对学生进行专项内容的发现与整合的训练。

一是就一篇课文的内容进行纵向观察与整合，如“《春》中的叠词品析”“欣赏《春》中的精妙用字”“《春》中的反复句”“《春》的短句观察”等。二是在多篇文章中进行横向的发现与整合，如“《中国石拱桥》和《苏州园林》的段落美”“《愚公移山》和《周亚夫军细柳》中的映衬手法”等，这种横向联系的观察范围可以扩大到教材的全册、几册或整套。

这样的动笔活动训练学生观察与发现的能力，训练学生提炼与整合的能力，从而激发兴趣，习练本领，优化学习方法。

课堂上的动笔活动，如果设计得更加精致，那就是形态各异的“微写”活动。如，句式学用，段式仿写，课文信息提取，写课文概说文，写语言赏析短文，写人物评析短文，用自己写的段替换课文中的段，给课文增写一个段，缩写课文内容，写文言诗句的描述文、文言诗歌教学中的“以诗译诗”，引用课文语句写励志小诗文，写成语故事、典故故事等。

它们都能够让我们的阅读教学的课堂表现出灵动、深入的“写作”美感。

17. 用心地写好学生作文的评点语

作文评改，批阅学生的作文，对于语文教师而言，是需要付出大量时间与精力的细节工作；在批阅学生作文的时候，写下教师的评点语，也是最能直接影响、启迪、点拨学生的充满教师智慧的辛勤劳动。

作文评改对语文教师而言，有比较高的要求；写下作文评改的文字，远比阅读教学的随口而问要困难得多。所以我们在指导学生作文、评改学生作文时，要做到以下几点。

第一，要做到“胸中有丘壑”。

这里指的是，语文教师要对记叙文、说明文、议论文、叙事散文的文体表达的特点与技巧，有着深刻的了解与研究；对各种不同的章法形式、段落结构，有一眼洞穿的水平；对各种修辞手法、句式运用要有很好的语感。只有这样，在批阅学生作文时才能表现教师的专业水平，才能真正有效地指导学生的写作。

第二，要做到“笔下重技法”。

作文评改，有一个重要的要求，就是要多从写作技法的角度肯定学生作文中的优点。作文是讲究表达技巧的，评改就要重视学生个体的表达技巧与表达特点。教师在作文评改的过程中，要重点肯定学生作文中技法的运用，使学生有感受，有收获，让学生能在其他的作文中延续教师肯定的这种写作技法，久而久之，潜移默化，学生的进步就能自然显现。

给学生的作文写评语，重在尾批；重在善评、美评；重在肯定学生作文的美点，并顺势进行作文指导。

下面以我的若干作文评点语（尾批）为例，简明点示一下其表达的要求。

①写简洁而厚重的作文评点语。如：

《我的快乐与烦恼》评点

［简评］

这篇文章在很多“细节”上处理得好：

开头写得好，情感丰富，入题快捷。

小标题设计得好，七言句式，对比手法；先说“快乐”，再说“烦恼”，层次明晰。

过渡语安排得好，“可是，烦恼也来叩门……”，可谓“碧水东流至此回”。

诗句穿插得好，两个部分都引用了诗句，都焕发出文采。

结尾写得好，好像是不经意的一句，其实在全文结构、情感、主旨的表达上都有作用。

②在作文评点语中表现出教师的喜欢之情。如：

《良师》评点

［简评］

此文的美点不少。

你看，标题多美。三个小标题，形成反复式排比句，带有抒情的意味，又清晰醒目地标示出文章的层次。

你看，文面多美。三个段落，用差不多的字数，组成篇幅大致相等的板块，给人一种匀称之感、清爽之感。

你看，情感多美。三个段落，每段都是先咏物，再抒怀，“我把……视为良师”反复出现，既显现结构之美，又能点题扣题。

更重要的是，你看，角度多美。在大家都以“人”为良师的时候，你却别出心裁地以“物”为良师。这样的新意，怎能不会迅速跃入老师的眼帘？

③教师的作文评点语要表现出行文的章法之美。如：

《让我再说一声：老师好！》评点

［简评］

文章通篇运用了“第二人称叙写”的表达角度。

第二人称叙写，表达了对老师的爱戴之情：“您的声音真好听……”

第二人称叙写，表达了对老师的担忧之情：“您的声音如何变得嘶哑无力了……”

第二人称叙写，表达了对老师的感激之情：“在此刻，请原谅我难以自抑地向您再说一声——老师好！”

所以，第二人称叙写在此文中发挥了优势，作者直接“面对”老师，先“呼告”，接着用“您”进行称呼，尽量抒发亲近之情、爱戴之情、怀念之情，全文表达自然，情感丰富。

④教师的作文评点语要将学生作文的表达之美提炼得清清楚楚。如：

《美，在我们中间》评点

［简评］

文中表现出如下方面的写作技巧。

一是环境设置的技巧。小作者将故事放在“雨境”中进行，“雨”是人物活动的场景，由“我”在“雨”中的困难而表现出周围人们的心灵之美。

二是画面组合的技巧。作者注意到“美，在我们中间”的“我们”两个字，所以她组合了校外和校内两个方面的材料，有力地扣住了文题。

三是抑扬技巧。文中第三段是抑，第五段是扬，一抑一扬，表现了作者的心情，也更有力地表现了人物的美。

如果说要使这篇文章显得更美，还可以在“剪裁技巧”上下一点功夫。

⑤教师的作文评点语可以给学生增加一点有趣的知识。如：

《读书真让我着迷》评点

［简评］

可以看出，这篇文章的作者在布局谋篇上运用了“蒙太奇”手法。

开头一段，是作者剪辑的第一个镜头，它表现的是，“我时常迷在书中”。

第二段，是作者剪辑的第二个镜头，它表现的是，“我的这种‘迷’，是由来已久的”。

第三、四段，是作者剪辑的第三个镜头，它表现的是，“读书真让我着迷呀”。

现在我们明白了，这里所谓“蒙太奇”手法，是说像电影一样，为了表现主题思想，把很多“镜头”组织起来，使之构成一篇前后连贯、首尾完整的文章。

⑥教师的作文评点语可以肯定习作中最好的一种表达技巧。如：

《我和书的故事》评点

［简评］

本文最为可取之处是运用了“蓄势”技巧。

“蓄势”，就是着力地铺垫，就是尽力把前面的内容写好，以使后面的内容更有表现力。

在本文中，作者写“我和书的故事”，是详细地写了《世界科幻小说精选》的来之不易——为着求书的渴望，一个夏天不吃冰棍，不喝冷饮，一分钱一分钱地积攒，等候特价书市的来临……这套书，是作者的“最心爱”之物，是多么值得珍惜啊。

但为了山区小朋友看上好书，作者竟把自己最心爱的一套书送给了他们！

正是由于作者尽力地写出了书的来之不易，这后面的“送”就愈显得品质高尚，就愈让人感动。

⑦教师的作文评点语可给学生点示一点提高写作素养的道理。如：

《参观智能机器人的表演》评点

［简评］

这是一篇供材料式想象作文。

这篇文章的突出特点是作者具有比较丰富的背景知识。

所谓“背景知识”，就是关于某个方面、某项内容的课外知识，它们往往有助于文章生动、活泼、深刻地表达。

由于作者对机器人有一定的知识，所以他的描写就能“到位”，写出来的机器人的外形、动作、表演过程还真像有那么一回事儿。

这就告诉我们，为了表现生活，我们还得多读有益的课外书，使自己的知识仓库日渐丰富起来。

⑧教师的作文评点语可显示出教师高水平的写作指导。如：

《读〈动脑的结果〉有感》评点

［简评］

读后感是一种材料作文，是一种引申性作文。

这种“引申”有五种类型：

（1）通过“感”，陈说一些认识；

（2）通过“感”，证明一个观点；

（3）通过“感”，发表一种评议；

（4）通过“感”，表达一种情感；

（5）通过“感”，批评一类现象。

很明显，这篇文章是——通过“感”，陈说一些认识。

认识之一，是说在学习中“我们要懂得开动脑筋解决问题”。

认识之二，是说在工作中“要善于开动脑筋”。

认识之三，是说在国家建设上“需要我们善于动脑”。

全文呈总分总式结构，条分缕析，层次分明。

作文评语，是师生情感交流的桥梁；作文评语，是教师专业水平的集中体现；作文评语，是语文教师积累资料、提升作文指导水平的一条路径。

在作文教学中，学生作文评点语的写作，是语文教师随时可以提高自己专业能力的实践机会。

18. 教师自己的写作训练也很重要

从提高作文教学的指导能力来讲，语文教师要经常自己动笔写一写。写得多了，既提高了自己的阅读赏析与书面表达能力，又顺势积累了作文教学的有效资料以及渗透其中的语文知识。能够经常写一写的语文教师，在作文教学上可以心明眼亮，可以信手拈来，可以左右逢源；因为经常写一写，所以底气丰足。

语文教师，可以经常写一写下水文。“下水文”三个字，虽然古老但不会过时。如广泛流传的《复习生活剪影》，其实出自笔者的笔下。

复习生活剪影

睡梦之中的钟声

天还不见亮。我想今天的复习效率可真高，兴致勃勃地继续背下去。猛然间一阵清脆响亮的闹钟声把我吓了一大跳，转身一看，时钟正是六时整，这才是我应该起床的时间！

原来是哪一家的闹钟把我提前唤醒，使我多得到一段复习的时间。我不由得对自己说道：莫道君行早，更有早行人。

考试课上的鼾声

上午第三节是数学课。张老师来了，手上托着一大叠纸。我们敏感地知道，又是一节考试课，于是教室里发出一片叹息声。

三大张卷子发下来了，同学们埋头做着，教室里很安静，不断有同学翻动着卷子，发出轻微的声响。张老师巡视着课堂，边走边看。几乎是在同一时间内，他和同学们都听见了课堂上极为少见的声响——鼾声。循声望去，只见李平的头歪在数学卷上，睡得又香又甜。

老师走过去，凝视着他，很久未动，但终于还是拍醒了他，然后老师大声地说道："你们睡觉的水平越来越高，不知是谁让你们这么辛苦！"

晚自习中的掌声

星期一的晚自习属于语文老师，肖老师笑容满面地走了进来。他很神秘地说道："今天晚上，我让你们写毕业赠言，给你们一段自由掌握的时间。"

掌声响起来了，肖老师"嘘"了一声，大家有的伸舌头，有的笑，掌声又很快停止了。

大家很兴奋，非常感谢肖老师的理解，感谢他在我们单调的复习生活上抹上了一丝青春的色彩。

不过，下自习时他"点题"的话可有点不大妙："如果中考的小作文涉及毕业赠言，那我们这节课就具有很高的价值了。"

这篇小小的美文，横式结构，小标题引领，"三"的思维方式，恰切的表达顺序，多角度地表现了学校、学生的生活，既能用于日常作文训练，又可用于中考作文的复习指导。

语文教师，可以经常写一写课文赏析文。如我写的《雨的四季》的赏析文：

《雨的四季》，诗人、散文家刘湛秋的优美抒情散文，统编教材七年级上册第一单元的自读课文。这篇课文有着丰富的美感：

整体的构思美。开篇点题，总领全文；最后两段照应全篇，抒情收束；中间部分则按“春夏秋冬”的写作顺序逐层描述、展开。

内容的描述美。作者用诗一般的语言，用生动的描述调动读者的各种感官，让我们体会到四季的雨不同的情致与风韵，同时感受到作者的热爱赞美之情。

修辞的运用美。写“雨的四季”的段落，作者写景抒情，咏物抒情，表达精美，角度精致，恰切地运用了拟人、对比、排比、比喻、呼告等各种修辞手法。

画面的田园美。在作者的笔下，四季的雨不论是什么样的形态、色彩，都与大地、田野密切关联，雨中的画面之美、情韵之美、生命之美都表现出美好的田园风味。

人称的变化美。文中重在以第一人称进行抒情和议论，重在用第二人称对读者说话，激发读者的想象与共鸣。而在文中最后的部分，作者又巧用“你”对“雨”抒情。

手法的灵动美。文章写的是雨，但不少的时候并不直接对雨进行描绘；在作者的笔下，有正面的描写，也有侧面的映衬；有直接的描写，也有间接的表现。

表达方式的综合运用美。文中自然而优美地运用了叙述、描写、抒情、议论等不同的表达方式；特别是描写之中的抒情，又让全文的语言表达充满了情感美。

纵观全文，作者带着热爱赞美的深情，用生动美好的语言、丰富灵动的手法，挥洒饱含深情的笔触，描绘了四季的雨的不同画面，让我们得到了美的享受与写作启迪，也让我们得到了对大自然、对生命之美的深深感悟。

像这样的中小课文的赏析短文，我的写作多达三百篇以上。

写课文赏析文，意在加深对课文的赏读品味，意在提取和提炼教学资源，意在发现课文在学生的动笔写作中的可学可仿之处，并将写作构思的奥妙点示给学生。写得多了，专业水平自然提升。

语文教师，可以经常写一写“专项”的发现。

“专项”的发现，就是从纵横联系的角度，发现某种构思、表达的规律，如下面的短文。

有一种构思叫作“勾勒抒情框架”

人们常说“未成曲调先有情”，就诗、文的创作来说，是有点道理的。

有的文章，有的诗，因为构思了、形成了“抒情框架”，所以情味就油然而生了。

如《蒹葭》，运用了三章连唱、回环往复的形式，表现了《诗经》诗歌形式的一种显著特点，即“重章叠句”“一唱三叹”。在“三”的抒情框架中，有时间的推移，有地点的转换，有故事的波澜；在外在形式相同的反复咏唱中叙述故事，抒发真情。这种“三章”歌咏形式的运用，能够深化意境，渲染气氛，突现主题，充分表现出诗歌的节奏感、画面感、意味感。

如著名诗人余光中的《乡愁》，有着鲜明的从“小时候”到“而现在”的“抒情框架”：

小时候　乡愁是一枚小小的邮票　我在这头　母亲在那头
长大后　乡愁是一张窄窄的船票　我在这头　新娘在那头
后来啊　乡愁是一方矮矮的坟墓　我在外头　母亲在里头
而现在　乡愁是一湾浅浅的海峡　我在这头　大陆在那头

叙事抒情的文章，也可以创造出自己的“抒情框架”，如魏巍的《谁是最可爱的人》：

谁是我们最可爱的人呢？我们的战士，我感到他们是最可爱的人。

他们的品质是那样的纯洁和高尚，他们的意志是那样的坚韧和刚强，他们的气质是那样的淳朴和谦逊，他们的胸怀是那样的美丽和宽广！

朋友，当你听到这段英雄事迹的时候，你的感想如何呢？你不觉得我们的战士是可爱的吗？你不以我们的祖国有着这样的英雄而自豪吗？

朋友，当你听到这段事迹的时候，你的感觉又是如何呢？你不觉得我们的战士是最可爱的人吗？

他们是历史上、世界上第一流的战士，第一流的人！

朋友！你是这么爱我们的祖国，爱我们的伟大领袖毛主席，你一定会深深地爱我们的战士——他们确实是我们最可爱的人！

上面的6个段落，形成一个写事抒情的“框架”，作者在其中详细描述了志愿军战士“松骨峰浴血迎敌奋战”“马玉祥火中勇救小孩”“防空洞对话畅叙理想”等三个故事。全文尽情讴歌，情感炽烈，层次清晰；关键词“最可爱的人”反复出现，深情如潮。

再如《白杨礼赞》，其“抒情框架”也是非常明晰的：

白杨树实在是不平凡的，我赞美白杨树！

那就是白杨树，西北极普通的一种树，然而实在是不平凡的一种树！

这就是白杨树，西北极普通的一种树，然而决不是平凡的树！

白杨树不是平凡的树。

我要高声赞美白杨树！

全文因物生情，托物言志。由树展开联想，由白杨写到用血写出新中国历史的那种精神和意志，表现出了深刻隽永的意蕴。

所以说，有一种构思技巧，叫作“勾勒抒情框架”。

此文运用多个例证，点示了“勾勒抒情框架”的构思秘密，可以很好地开启学生的思路，优化学生的写作思维。

语文教师经常自己动笔写一写，是提高自己的教研教学能力的重要实践，它只有好处，最大的好处是让语文教师越来越聪明。

教师自己的写作训练也很重要。

19. 中考作文复习需要可行的计划

“中考作文复习”是什么？从应考的角度来看，是让所有参加中考的考生在考前都得到系统的作文水平提升训练的科学有序的教学过程。

中考作文复习是针对六七百字的考场作文进行的，有着明确的提高所有考生作文成绩的意图。它建立在学生已有一定的作文基础之上且必须是简明、可行的，必须是有“点”的、有序的。它应该是有较高教学效率的指导性、训练性的教学。

从“学校”和“技能”的层面看，“中考作文复习”主要承载着四项基本的重要任务：

第一，提炼出本校所有初中毕业生都要接受的考场作文的技能训练点；

第二，制定出让本校任何一个考生都能够按“字数”完篇的有效措施；

第三，落实用精细翔实的教学方案对所有的学生进行训练的教学要求；

第四，形成或者充实本校特有的能够传承、发展的中考作文教学材料。

中考作文复习是以教师指导为主的作文应试教学，对教师的中考研究与中考复习研究提出了很高的要求。

这种要求表现在四个层面的内容上。

第一层面：本地中考作文命题特点的研究。

第二层面：与中考作文复习有关的背景知识的梳理研究。

第三层面：教师的中考复习指导技能的研究。

第四层面：本班、本校的可行的中考作文复习计划的制订。

让我们看看第一层面的内容——本地中考作文命题特点的研究。

方法比较简单，叫作纵向排列，横向归纳。即，摘取并纵向地排列本省或本市若干年的中考作文试题。然后从横向进行归纳，揣摩其重点、手法、取材特点、思维趋向等。

再看第二层面的内容——与中考作文复习有关的背景知识的梳理研究。

它关系到的是语文教师的知识厚度。如：关于作文的一般写作模式的掌握；关于作文的精致写作模式的掌握；关于考生应该且一定要受到的中考作文文类写作训练内容的掌握；关于中考作文指导的各个细节性内容的掌握；等等。

如，毕业班的一位教师也许需要就如下内容顺利地备出中考作文十大关键点的复习课：

认知丰富多姿的题型，

选择真实鲜活的素材，

确立新颖深刻的主旨，

布设精巧合理的格局，

铺展充实丰满的内容，

得体恰当地处理详略，

雕琢生动细腻的细节，

点化简洁精美的首尾，

运用生动活泼的语言，

能写基本的文体文类。

如果能够这样，整个复习阶段的“计划”也就显现出来了。

再来看看第三层面的内容——教师的中考复习指导技能的研究。

这是中考复习指导保质保量的关键。它对教师的要求如下。

①要能对复习中的难点内容进行清晰的剖析。

诸如中考作文的类型，中考作文的题型，中考作文题中的材料类型，中考作文题中的“导语”类型，中考作文题中的“扣分”暗示等，教师都应该能够给学生讲出一些道道。

②要能对细节性的关键内容进行准确的辅导。

所谓“细节性的关键内容”，主要包括：审题、拟题、填题、选题；用词、造句、写段；开头、过渡、结尾；副标题、题记、后记等。这些内容看似不是很重要，但实际上是影响考场作文的重要因素。

大多数细节性的关键内容是需要教师从正面对学生进行准确辅导的。如命题作文“审题”的辅导。教师就需要准确地讲清楚：在具体的审题过程中，对几种题目不可掉以轻心：第一种，看似很浅显的题目；第二种，看似很熟悉的题目；第三种，看似很形象的题目；第四种，看似很直观的题目；第五种，看似很单调的题目；第六种，看似很陌生的题目。

③要有整体提高所有考生作文成绩的基本策略。

“整体提高所有考生作文成绩的策略”是大策略，是智慧的策略。所谓“整体提高”，就是着眼于提高全校或者全班所有学生的考场作文成绩。

其主要做法有：对所有考生进行考场精短美文写作基本模式的训练；对所有考生进行考场作文避免失分误区的训练；对所有考生进行层次清晰、安排有致的科学化训练。

如，在整个中考作文复习期间：

①扎扎实实地进行6篇左右的大作文的写作训练，其中4篇应该是记叙文。这6篇左右的大作文的训练目的是：强调作文题型的覆盖面，强调取材内容的覆盖面，强调构思方法的覆盖面。

②扎扎实实地进行15个左右作文题的“构思训练”。这15个左右的作文题同样要讲究覆盖面，要覆盖中考作文中几乎所有的题型，要覆盖个人成长类、亲情友情类、社会生活类、吟咏畅想类的取材内容。每个题目都要指导学生拟定较为详细的写作提纲。注意拟题要有针对性，要做到每名学生都能写。

③在中考之前的两三周，可进行材料、构思、语言随题目变化而变化的训练，进行让学生用现有的材料去适应可能出现的中考作文题的训练。

这些，其实也是一种粗线条的中考作文复习备考的计划。

最后看看第四层面的内容——本班、本校的可行的中考作文复习计划的制订。

中考复习计划是一份蓝图，蓝图不是草图，是需要仔细斟酌、反复修改的。它要求细致地安排复习的内容，突出其中的重点和难点，并安排好复习的进程，提出教学与备课中需要注意的问题。

如训练层次比较细密的中考作文三轮次复习安排：

第一轮是“中考作文基本技法训练”，它针对最有运用价值的基本写作技法，如“审题与拟题”“选材与立意”“布局与铺展”等训练内容，对考生进行角度丰富的、系统的指导与点拨。

第二轮是“中考作文综合写作训练”，它将考场中最常见的写作内容提炼出来，对考生进行写“事”、写“我”、写“他”、写“景”、写“感”等八个方面的覆盖面很大的专题训练。

第三轮是“中考作文专项写作训练”，它意在集中视点，为考生积蓄应对的力量和突破的力量，对考生进行“新题型作文的写作”和“写有个性、有创意的中考作文”两个方面的集中训练。

这个复习系列可以有效地帮助毕业班的学生提高对中考作文的应对水平，可以在大面积地提高中考作文复习的效率方面表现出一点特色。

我们再换一种说法——组织中考作文复习的基本要求是复习要点的系列化，从而做到复习内容的细节化。

系列化是严谨，细节化是严密，严谨加上严密就是严肃，就是质量。

如复习计划一：综合分层训练。

采用三线结构，一共安排12个训练点。

第一条线：表达技能训练

1. 拟题审题训练

2. 选材立意训练

3. 规范模式训练

4. 生动手法训练（穿插抒情，穿插议论，穿插景物描写）

5. 语言表达训练

第二条线：材料运用训练

1. 写“我”训练　（写自己）

2. 写“他”训练　（写友人，写亲人，写别人）

3. 写“事”训练　（写小事，写一事，写多事，写事写人）

4. 写“物”训练　（咏物，绘景，抒情，表达感受与感悟）

5. 写“思”训练　（想象作文）

第三条线：专门写作训练

1. 散文写作训练 （学一点散文写作技巧，提升写作的档次）

2. 难点应对训练

如果每一次训练都用优质的备课来进行保障，那么按这样的训练体系来组织中考作文备考训练，应该说是非常扎实的。

如复习计划二：四类文题写作训练。

1. 初中作文总复习个人成长类作文训练题

2. 初中作文总复习亲情友情类作文训练题

3. 初中作文总复习社会生活类作文训练题

4. 初中作文总复习吟咏畅想类作文训练题

要求：细细研究本地多年以来的中考作文命题，再来设计20个作文题。

这20个作文题的设计，要求涵盖考生中考作文应试的各个基本的生活侧面，要求涵盖中考卷中可能出现的各种文体的写作（一定要以记叙文为主），要求涵盖中考作文的各种题型（其中包含各种“导语”形式）。

这20个作文题，有机地分为两个部分。一部分10个题，为必做的大作文题，教师要进行细腻的写作技法指导，在整个中考复习期间指导学生写成10篇文章，并指导学生认真修改。这10个作文题中，一定要有一个比较“偏怪难”的题，一定要有一个“写烂了”的平俗题。

另外一部分10个题，指导学生构思出作文提纲并进行反复修改。拟提纲的训练重点放在文章的结构上，即指导、要求任何考生在考场上都必须写完自己的作文。

如复习计划三：中考作文重点训练。

1. 将文题审准

2. 将短话写长

3. 将结构写活

4. 将语言写美

5. 将情意写浓

此策划简明易行，切中要害。将这5个训练点拓宽、加深，可以将复习的过程进行得有声有色。

如复习计划四：作文层级提升训练。

1. 结构精美——中考作文层级训练之一

2. 表达细腻——中考作文层级训练之二

3. 感悟深刻——中考作文层级训练之三

4. 语言优美——中考作文层级训练之四

5. 立意新颖——中考作文层级训练之五

由于有计划，我们就能够步步为营，稳扎稳打。

再如复习计划五：中考作文章法笔法训练。

1. 起笔收笔之美

2. 叙议结合之美

3. 详略有致之美

4. 承接过渡之美

5. 穿插点染之美

6. 纵横结构之美

7. 诗意小段之美

8. 特别手法之美

这个复习计划非常精致，一语中的，将训练目标对准学生的作文构思能力，即使是对语文教师而言，也是很有挑战的力量与分量的。

除了计划，对于中考作文总复习，还需要认真抓好“备课”这个关键的环节。

每一个“点”的复习，都应该有非常详细的教案。

每一个“点”的复习，都应该有资料非常丰富的教案。

每一个“点”的复习，都应该有细节指导非常落实的教案。

由于追求高质量的教案，我们就能够在研究之中发展与提高自己，并提高中考作文总复习的课堂教学效率。

作文复习课重在提炼规律，要求上课时有细节化的指导方案，要求备好有大量资料支撑的详细方案。我们应该杜绝用简案上作文复习课的教学行为，应该非常坚定地备好授课的详案。对于一个地方或者一所学校来讲，集体讨论，分工合作，资源共享，比较容易做到，关键在于是否能够坚持并深入下去。

20. 拓宽作文训练的教学研究视野

拓宽作文训练的教学研究视野，有助于教师提升作文教学的综合素养，有利于广大学子有更多的练笔方式。这种研究视野的拓宽，主要有三项内容：一是阅读教学的课中微文写作类型研究，二是中考作文复习指导研究，三是学生终身受用的与个人生活、社会生活密切关联的微型写作训练研究。

我们最缺乏的，就是第三项内容的研究，很少有人关注。

其实统编初中语文教材已经在提醒我们了，八年级上册到九年级下册的四个“活动·探究”单元中，已安排了新闻采访、新闻写作、编辑新闻网页、撰写演讲稿、创作小诗、写诗歌赏析文字、演出与评议等若干对提升学生写作能力有重要作用的训练内容。

那么到底如何对第三项内容进行更为细腻的研究呢？

第一种方法是，关注新课标中的新提法、新要求。

2022年版《义务教育语文课程标准》中出现了全新的关注与现实生活接壤的学生表达能力的训练内容，综合起来有如下细节：学习记笔记、列大纲、写脚本、画思维导图等整理和呈现信息的方法；能写日记；学习撰写并分享观察、实验研究报告；撰写并发布调查报告；能用流程图、文字等形式呈现活动设计方案；用文字、图表、图画、照片等形式呈现学习成果；在参与活动的过程中写出策划方案，制作海报，记录活动过程，运用多种媒介发布学习成果；用策划书、调查报告、小论文等形式发表研究成果；运用跨媒介形式分享研学成果；尝试撰写文学鉴赏文章……

新课标中关于中学生实用写作的丰富要求让我们惊叹，也让我们感受到自己作文教学研究中的诸多空白，同时点示了正确的研究与实践的方向。

第二种方法是，关注社会生活所需要的微型实用写作，进行筛选、提炼与整合。比如，对一份纸质读物或一份报纸进行长期的观察，筛选出对学生现在及未来有提高语文素养作用的写作训练内容，然后设法落实这些训练内容。

我对国内几家日报进行了长期的观察，筛选出如下可以有选择性地进行的微型写作训练项目——

小小故事，作品介绍，读书摘记，作品看点，时事短评，赛事报道，新闻特写，读后随感，器物说明，节日祝词，会议侧记，人物风采，图书推介，科普微文，采访手记，诗意散文，人物评说，成长简史，体育评论，对联简析，美食推荐，生活随笔，成语故事，民俗简说，简明统计，展览介绍，晚会评论，影视微评，校训解说，编者按语，解说词，颁奖词，工艺简介，人物传记，人物群像素描，美术作品简评，摄影佳作欣赏，学写精美小诗，进行童话编写，创作微型小说……

试想，如果有这样一些微型写作训练，哪怕只有以上五分之一的分量，都不失为有用的、有趣的尝试。而经过这些内容训练的学生，一定眼界不同，情趣不同，思维方式不同，表达水平不同，适应能力不同。

试想，如果有这样一些微型写作训练，对语文教师是多么有力的促进。需要积攒范文，需要设计教学，需要实施教学，特别是需要对学生进行准确的指导，每一项都有难度，每一项都耗时间，但尝试过有关内容的教师，教学境界一定不同。

这种理想的境界是我们的奋斗目标，最难做而最需要做到的，仍然是范文的积累。

如，2014年，新华社北京6月29日电，为纪念中国共产党成立93周年，“七一”

期间将集中刊发“百位共产党人百篇小传”，用文言文为一百位优秀共产党员作传……

下面是摘取的几篇人物小传。

邓稼先（1924—1986，1956年入党）

邓公者，名稼先也。安徽怀宁人。少时聪颖，博学而多闻。恰逢救亡之际，慨生报国之心；遂入滇求学，赴美深造，终抱归国之志；正适待兴之日，且献许国之身。及此，隐名茫茫戈壁，自强不息；举步漫漫长路，奋起直追，终赢来蘑菇云腾，崛起民族之魂。嗟乎！两弹元勋，忠义之大者，共产党人，冠德千钧。（作者：叶子彤）

华罗庚（1910—1985，1979年入党）

世界数学巨子华罗庚，江苏金坛人也。幼长江南，以家贫辍学，刻厉自修，精研数学，后入清华，复游俄美。探赜索微，开学术之名山；创新求变，作科研之宗匠。壮年归国，志荐轩辕，声华藉甚，震耀中外。发明优选、统筹二法，誉称中国现代数学之父。赞曰：创中国学派，未辞艰巨；竭赤子忠诚，独有崇高。卓尔出群，允为一代完人也。（作者：舒贵生）

钱学森（1911—2009，1959年入党）

钱学森，浙江临安人也。少学有成，远赴重洋，参物理之奥，诠动力之道。至新中国，百业待兴，赤子归心似箭，遂历经艰险，万里归来。以高新科技，振古老民族。宏论精研，呕心沥血，十年磨剑，一朝凌云。誉中国航天之父、火箭之王，获两弹一星功勋奖章。其则淡泊名利，至耄耋未忘忧国，不愧中华之脊梁也。（作者：王家安）

这些无疑都是极好的、难得的、有多方面作用的微型写作的范文范式。

语文教师的修炼，就是在这样创新务实的教学实践中一步一步地进行着。

往前看，任重而道远；向前走，满眼都是语文教学研究的风光。

第三章

美读课文，提炼写作技法

本章导读

读课文，提炼其写作技法并用于教作文，是语文教师最基础、最实用的教学能力。它事半功倍，能让语文教师进行务实的教材研究，立体地利用课文的读写训练资源，丰富积累并形成实用有效的书面成果。这一章，用15篇（组）不同文体的中小学新、老课文的品析，表现课文在“作文指导”上的巨大魅力。

21. 发现课文中的“构思规律”

指导学生读课文、学写作，是近年来比较热门的话题。

要真正地对学生进行准确有力的指导，离不开语文教师对课文两个方面重要内容的把握：一是表达形式的提炼，如句式运用的技巧、段落展开的技巧、表达方式运用的技巧等；二是构思规律的发现。对学生进行构思规律的指导，是写作教学中颇有训练实效的指导之一。

语文教师要善于、精于对文章构思规律的发现与概括，并将这种发现提炼出来。只有这样，才能真正懂得其构思之奥妙，才能够让学生真正地受益。如对小学课文《赶海》的观察、品析与发现。

赶　海

杨谦

“小时候，妈妈对我讲，大海就是我故乡……”每当我唱起这支歌，便想起童年赶海的趣事。

那是暑假里的一天，我闹着要舅舅带我去赶海，舅舅答应了。来到海边，刚巧开始退潮，海水哗哗往下退，只有浪花还不时回过头来，好像不忍离开似的。我兴奋极了，飞跑着追赶远去的浪花。

这时，沙滩上已经有好多人了，他们有的捉螃蟹，有的捞海鱼，有的捡贝壳……我在海水里摸呀摸呀，嘿，一只小海星被我抓住了！哎，那边一个小伙伴，正低着头寻找着什么。我走过去想看个究竟，小伙伴只努努嘴儿，不作声，原来是一只螃蟹不甘束手就擒，正东逃西窜哩。突然，小伙伴“哎哟”一声叫起来，原来是螃蟹用大螯夹住了他的手。咦，怎么我的脚也痒痒的？低头一看，哦，原来是一只大虾在逗我呢！它摇摆着两条长须，活像戏台上的一员武将。我轻轻伸过手去，只一捏，这武将就成了我的俘虏，再也神气不起来了。

太阳偏西了，赶海的人们三三两两地离去，喧闹的海滩渐渐恢复了平静，只有海鸥还沐浴着晚霞的余晖，在水天之间自由自在地飞翔。

我一边往回走，一边哼起了最爱唱的歌：“小时候，妈妈对我讲，大海就是我故乡……”

对本文写作技法的发现如下。

①观察全文：这是一篇写自己童年趣事的文章，一篇写好一件小事的文章，一篇着力于场景描写的文章，一篇首尾生动照应的文章，一篇既写事又抒情的文章。

②细部观察之一：第一段用了引用手法，巧妙点示“大海”二字。“童年赶海的趣事”引领全文。

③细部观察之二：“那是暑假里的一天”承上启下，切入故事。它点示故事的起因与故事情节的发展，为下面的细致描写设置了背景，做好了铺垫。

④细部观察之三：第三段进行详写，运用“简笔勾勒”的方法，描叙自己在事件中的所见、所做、所感，追求画面生动、情感真切、叙事简洁、层次清晰的表达效果。

⑤细部观察之四：第四段略写，主要运用景物的描写映衬自己的心情。

⑥细部观察之五：第五段照应首段，抒发情感，收束全文。

⑦再观察全文。全文共五个段落：首段生动起笔，点示事件；第二段承上启下，切入故事；第三段详写故事，展现主体内容；第四段运用映衬手法略写情景；第五段照应第一段，富有情致地收束。全文呈现出一种“五段式”构思的思维规律——首尾照应，主体部分有详有略，按时序展开。

⑧再观察细部：第三段是文章的主体部分，是详写，是一个整段；它是可以被切分为若干个小段的，于是，文章的结构就可以更加灵动多姿。

此文结构优雅又平实，是记叙文的一种常规而美好的表达形式。

继续观察小学课文、叶圣陶先生笔下的《荷花》：

荷　　花

叶圣陶

清晨，我到公园去玩，一进门就闻到一阵清香。我赶紧往荷花池边跑去。

荷花已经开了不少了。荷叶挨挨挤挤的，像一个个碧绿的大圆盘。白荷花在这些大圆盘之间冒出来。有的才展开两三片花瓣儿。有的花瓣儿全都展开了，露出嫩黄色的小莲蓬。有的还是花骨朵儿，看起来饱胀得马上要破裂似的。

这么多的白荷花，一朵有一朵的姿势。看看这一朵，很美；看看那一朵，也很美。如果把眼前的这一池荷花看作一大幅活的画，那画家的本领可真了不起。

我忽然觉得自己仿佛就是一朵荷花，穿着雪白的衣裳，站在阳光里。一阵微风吹来，我就翩翩起舞，雪白的衣裳随风飘动。不光是我一朵，一池的荷花都在舞蹈。风过了，我停止舞蹈，静静地站在那儿。蜻蜓飞过来，告诉我清早飞行的快乐。小鱼在脚下游过，告诉我昨夜做的好梦……

过了好一会儿，我才记起我不是荷花，我是在看荷花呢。

对本文写作技法的发现：这是写生活中一个瞬间的文章；它由远而近，由观而感，由写景咏物而抒情。

它的构思规律如下。

第一段：简略生动的一笔，点示一个事件的起始并领起全文。

第二段：照应起笔，对景物或事物进行描写；在段的写作之中，注意突现画面之美，以及斟酌词语、句式和修辞手法的运用。

第三段：穿插一下，评说、议论一笔，表达感受，抒发情感；语言简洁、准确、生动。

第四段：顺势展开联想，以抒情式的感受来表现事、景或物的美好。

第五段：收束一笔，照应全文。

《荷花》的结构艺术，是写游览、游记短文的极好范本。

再欣赏叶文玲的《我的“长生果”》的节选：

我的“长生果”

叶文玲

莎士比亚说：“书籍是全世界的营养品。”对我这样阅读如饥似渴的少年，它的功用更是不言而喻的。醉心阅读使我得到了报偿，从小学三年级开始作文，我便常常居全班之冠；而阅读也大大扩展了我的想象能力，在家对着一面花纹驳杂的石墙，我会呆上半天，构想着种种神话传说；路上遇到一个残疾人，我会黯然伤神，编织他的悲惨身世。

记得小学有一次作文题目是《秋天来了》。老师照例引一段范文，当大多数同学千篇一律地开始写“秋天来了，树叶黄了，一片一片地飘到了地上”时，我忽然掠过了不安分的一念，大家都这样写多没意思！我要用自己的眼睛去看秋天，用自己的感受去写秋天。

我把秋天比作一个穿着金色裙的仙女，她那轻飘的衣袖拂去了太阳的焦热，将明亮和清爽撒给大地，她用宽大的衣衫挡着风寒，却捧起沉甸甸的谷物和果实奉献人间。人们都爱秋天，爱她的天高气爽，爱她的云淡日丽，爱她的香飘四野。秋天，使农民的笑容格外灿烂。

于是，我得了个“甲优”，老师在文中又圈又点，接着将它作为佳作在班上朗读。

这次小小的荣光，使我悟到一点道理：作文，首先构思要别出心裁，落笔也要有点与众不同的鲜味才好。这些领悟自然是课外读物的馈赠。

此节选的短文，可以作为一篇很漂亮、很完整的叙事短文来欣赏。

欣赏一：

第一段文字写了自己对阅读的“如饥似渴”，写了“醉心阅读”使自己“得到了报偿”，还写了自己因为阅读了大量的书籍而提高了作文的水平和想象能力——这样的文字让我们感受到了作者少年时代在作文上的“身手不凡”。

于是我们理解到，这一段文字的作用是，在事件出现之前进行铺垫与渲染。

欣赏二：

第二段文字开始简叙一件事情——课堂作文。作者在极简短的文字中巧用了对比，说“大多数同学千篇一律地开始写”作文时，自己的想法是“要用自己的眼睛去看秋天，用自己的感受去写秋天”。

于是我们理解到，这一段文字切入故事，将“一件事情”引了出来，让我们期待着往下看。

欣赏三：

第三段文字非常聪明地突出了作者这次作文中最为亮丽的部分，作者用美好的话语生动地描叙了自己在这次作文中的创造，秋天是那样的美丽，秋天是那样的让人喜爱。这一段文字再次让我们感受到了作者的“身手不凡”，同时让我们感受到了她确实是在“用自己的感受去写秋天”。

于是我们理解到，这一段文字用美好生动的语言描叙了这“一件事情”中的关键内容，是详写的笔法。

欣赏四：

第四段文字的作用就很明显了，作者显然是在用侧面烘托的方式来表现这“一件事情”的成功与美好，而且是略写。

于是我们理解到，在精短的叙写一件事的记叙文中，可以进行详略的安排，可以运用侧面映衬的手法。

欣赏五：

第五段文字的作用就更加有意味，作者不但简叙了“一件事情”，而且进行了更加深入的表达——写出了这件事情对自己的教益和从中得到的感悟。

于是我们理解到，收束全文，点题深化，是常规而必要的表达。

……

只有像这样从提炼构思方法与规律的角度去研读课文，教师才能胸有成竹地教作文，学生才能在写作规律的引导下有效地学作文。

22. 用假托的故事寄寓意味深长的道理

寓言，是用假托的故事来寄寓、点示某种道理，以达到劝诫、教育或者讽刺目的的一种文学体裁。

通过上述解释，我们可以明白以下两点。

①寓言，是假托的故事。或者说，寓言是一种寄托着深刻道理的小故事，作者编写一个故事，目的在于点示一个道理。写寓言，一定是为了引出道理。

②寓言，是用其中所蕴含的道理来对人们进行训诫的。作者把想说的道理寄寓在生动的故事和鲜明的形象之中，通过意在言外的含蓄和幽默，让听者或读者体会到一定的道理，获得一些教益。

下面，让我们阅读课文《赫耳墨斯和雕像者》：

赫耳墨斯和雕像者

赫耳墨斯想知道他在人间受到多大的尊重，就化作凡人，来到一个雕像者的店里。他看见宙斯的雕像，问道：“值多少钱？”雕像者说：“一个银元。”赫耳墨斯又笑着问道：“赫拉的雕像值多少钱？”雕像者说：“还要贵一点儿。”后来，赫耳墨斯看见自己的雕像，心想他身为神使，又是商人的庇护神，人们对他会更尊重些，于是问道："这个值多少钱？"雕像者回答说："假如你买了那两个，这个算添头，白送。"

这故事适用于那些爱慕虚荣而不被人重视的人。

这个故事的写作告诉我们——

①怎样拟寓言的标题：往往不直接表现寓意，而是注重突现故事中的"人物"关系或者事件。

②写寓言怎样开头：往往让人物直接进入一个具体的故事场景之中，不进行过多的渲染。

③寓言怎样展开：将故事当作一个"细节"来描写，简洁、生动、丰富，如本课中人物的三次对话。

④寓言故事怎样收束：戛然而止，留给人们深长的余味。

⑤怎样让读者感受寓意：可以将作者所要表达的意图直接点示出来，这就是"道理"。当然，也可以不直接点示故事中的道理，而让听者、读者去揣摩、理解故事所要表达的含义。

我们再来读课文《蚊子和狮子》：

蚊子和狮子

蚊子飞到狮子面前，对他说："我不怕你，你并不比我强。若说不是这样，你到底有什么力量呢？是用爪子抓，牙齿咬吗？女人同男人打架，也会这么干。我比你强得多。你要是愿意，我们来较量较量吧！"蚊子吹着喇叭冲过去，专咬狮子鼻子周围没有毛的地方。狮子气得用爪子把自己的脸都抓破了。蚊子战胜了狮子，又吹起喇叭，唱着凯歌飞走，却被蜘蛛网粘住了。蚊子将要被吃掉时，叹息说，自己同最强大的动物都较量过，不料被这小小的蜘蛛消灭了。

这故事适用于那些打败过大人物，却被小人物打败的人。

这个故事的写作告诉我们——

①寓言故事的主人公：可以是人，可以是神，也可以是拟人化的动植物或其他事物。

②寓言展开情节的方法：可以通过"人物"之间的对话来展开，也可以通过对话描写、心理描写以及动作描写来展开。

③寓言的层次结构：一般可以分为两个层次。第一层写故事，第二层点道理。当然也有很多寓言只写故事，不点道理，道理自在其中，读者可以感受与品味。

④寓言的特色：寓言将劝诫的道理用故事的内容表现出来，因此它是一种委婉的表达，容易让听的人或读的人接受其中的道理。我们学习写寓言，其实也在学习一种对人说话时语言表达的技巧。

综合起来看，《赫耳墨斯和雕像者》《蚊子和狮子》在寓言写作上给我们如下方面的启迪。

①构思。寓言的目的在于让人们知褒贬，识善恶，明事理，重点在为人、处事、性格、修养、胸怀、思想品德方面给人教益。所以，在"人物"的设计和事件的安排上，要考虑到寓言中的人物或事物的代表性和象征性，通过它们来劝谕、告诫、讽刺、教育社会上的同一类人。如《赫耳墨斯和雕像者》，就讽刺了"那些爱慕虚荣而不被人重视的人"。

②手法。要运用虚拟夸张的手法写寓言。由于寓言要通过想象中的形象展开故事，所以常采用夸张的手法描写人物，或者把动植物人格化。无论是写动物或植物，还是写人、写物，总的来说，都是社会上某种人的代表，需要运用夸张的手法，把他们的某些特征揭示出来。如《赫耳墨斯和雕像者》是借"神"的形象来讽刺人，表现出"妄自尊大、自以为了不起的人，是得不到人们尊重的"的寓意。《蚊子和狮子》是把动物拟人化，揭示了"凡骄傲自大的人，即使有过光荣的经历，最后也总要失败"的道理。

③情节。写寓言，就是写"完整的片段"。寓言只要求写集中单一的情节，一般只写一件事，或者只是一个场面，情节单纯，不枝不蔓，也不要牵扯出许多细节。如《赫耳墨斯和雕像者》及《蚊子和狮子》都仅200来字，但故事都很生动，都有完整的情节、曲折的过程和鲜明的形象，有利于表现深刻的讽刺意义。

④语言。由于希望人们乐于听或读，以更好地吸取教益，所以寓言的语言应该含蓄而生动。如《赫耳墨斯和雕像者》开头叙述赫耳墨斯来到店里的心理活动，就含蓄地写出了他是多么地骄傲自大；结尾描述了雕像者的辛辣讽刺，但没有直接写出赫耳墨斯的狼狈相，这就留给读者去想象。又如《蚊子和狮子》中，蚊子对狮子说话时，神气活现；蚊子战胜狮子之后，得意忘形；蚊子被蜘蛛俘虏后，也仍

然没有痛悟自己的弱点。作者通过语言、神态、心理的描写，一步步展现了蚊子的骄傲，又以蚊子的悲惨结局批判、讽刺了这种骄傲。

⑤趣味。寓言这种小故事讲究运用比喻、象征的达意方式，这是寓言这种文学体裁的突出特点。它借远喻近，借古喻今，借小喻大，借此喻彼，借想象出来的形象表明道理，所以我们在写作中不能忽略了一个“趣”字。

23.《春》，篇与段的结构美

朱自清先生的散文《春》，抒盼春之情，绘万物争春之景，表颂爱春之意，给人以美好的艺术享受，其写作艺术可谓美不胜收。

（1）《春》全文的结构之精妙

春

朱自清

①盼望着，盼望着，东风来了，春天的脚步近了。

（首句抒情，也叫开篇抒情，点明写作的对象。）

②一切都像刚睡醒的样子，欣欣然张开了眼。山朗润起来了，水涨起来了，太阳的脸红起来了。

（含情描述，概写大自然的景物，引出下文。）

③小草偷偷地从土里钻出来，嫩嫩的，绿绿的。园子里，田野里，瞧去，一大片一大片满是的。坐着，躺着，打两个滚，踢几脚球，赛几趟跑，捉几回迷藏。风轻悄悄的，草软绵绵的。

④桃树、杏树、梨树，你不让我，我不让你，都开满了花赶趟儿。红的像火，粉的像霞，白的像雪。花里带着甜味儿；闭了眼，树上仿佛已经满是桃儿、杏儿、梨儿。花下成千成百的蜜蜂嗡嗡地闹着，大小的蝴蝶飞来飞去。野花遍地是：杂样儿，有名字的，没名字的，散在草丛里，像眼睛，像星星，还眨呀眨的。

（以上两段描绘的是春天里的自然景物，具体描绘了春草、春花两个典型画面。草萌于早春，花开于盛春，所以先写草后写花，顺序的安排非常自然。）

⑤“吹面不寒杨柳风”，不错的，像母亲的手抚摸着你。风里带来些新翻的泥土的气息，混着青草味儿，还有各种花的香，都在微微润湿的空气里酝酿。鸟儿将窠巢安在繁花嫩叶当中，高兴起来了，呼朋引伴地卖弄清脆的喉咙，唱出宛转的曲子，与轻风流水应和着。牛背上牧童的短笛，这时候也成天在嘹亮地响。

⑥雨是最寻常的，一下就是三两天。可别恼。看，像牛毛，像花针，像细丝，密密地斜织着，人家屋顶上全笼着一层薄烟。树叶子却绿得发亮，小草儿也青得逼你的眼。傍晚时候，上灯了，一点点黄晕的光，烘托出一片安静而和平的夜。乡下去，小路上，石桥边，有撑起伞慢慢走着的人；还有地里工作的农夫，披着蓑，戴着笠的。他们的草屋，稀稀疏疏的，在雨里静默着。

（以上两段变换了角度，描绘的是春天里的自然气象，在自然气象的描绘之中表现自然的景物。按照写景“先风后雨”的习惯，其顺序的安排显得自然得体。）

（总的来看，以上四段描绘的是自然现象，每两段为一个层次，可谓构思精密。）

⑦天上风筝渐渐多了，地上孩子也多了。城里乡下，家家户户，老老小小，他们也赶趟儿似的，一个个都出来了。舒活舒活筋骨，抖擞抖擞精神，各做各的一份事去。“一年之计在于春”，刚起头儿，有的是工夫，有的是希望。

（这一段由写景转向写人，这是极为重要的一笔，写的是社会景象。相比上面四段而言，是又一次地变换描写角度。）

[以上③④⑤⑥⑦共五个段，是《春》的主体部分。这个主体部分由自然景象（③④⑤⑥段）和社会景象（⑦段）两个方面的内容组成。整体以描绘自然景象为主，以表现社会景象为次，顺序自然，主次分明，结构非常精美。]

⑧春天像刚落地的娃娃，从头到脚都是新的，他生长着。

⑨春天像小姑娘，花枝招展的，笑着，走着。

⑩春天像健壮的青年，有铁一般的胳膊和腰脚，他领着我们上前去。

（三次运用美喻，议论抒情，照应前文，收束全文。）

现在再让我们从整体的谋篇布局上来感受《春》的结构之美。

首段：望春，抒盼春之情。

二段：写物，表观春之喜。

三段：赞草，写游春之悦。

四段：咏花，写闹春之乐。

五段：赋风，写沐春之醉。

六段：颂雨，写赏春之感。

七段：写人，绘迎春之态。

八、九、十段：议春，表赞春之意。

全文：起笔抒情—春草图—春花图—春风图—春雨图—迎春图—收笔议论、抒情。

作者采用了“总分总”的结构形式和“画面连缀”式的铺展手法，在一幅幅画面的描绘中表达爱春颂春的美好情感。

这种简洁、清晰、优雅的结构形式，可供学生在作文中创造性地学习与运用。

（2）《春》段落的结构之精妙

要做到精心安排文章的层次，除了全文结构层次之外，还要非常注意段落的展开。

《春》的各个段落在内部层次的安排上，同样能够给我们以美好的启迪。

请看第①段：

这是《春》的首段，层次分明。第一层，起笔就用反复的手法直抒胸臆；第二层，用比拟的手法点出将描述的内容。将这个段落变化一下形态，它就是一首诗。

看看第②段：

这个段落承上启下；全段由两个层次构成，第一层概写“春”的来到，第二层大笔勾勒“春”的新美；全段有“总分”的味道，也有先概写再细写的逻辑层次之美。

第③段写春草：

四个句子组成这一段，分为“由景到人”的两个层次。第一层写草，写草时先写一根根小草，再写一大片一大片小草；第二层写人，写人时先写人的活动，再写人的感受，写人的作用是烘托小草的可爱。

第④段写春花：

这一段用了五个句子写花，分为“从上到下”的三个层次，形成“上中下”结构。上写花势繁茂，花色斑斓，花味甜蜜；中写恋花的蜂蝶，下写地面上的各种草花。

第⑤段描绘春风：

此段写风，分为“由触觉到嗅觉，再到听觉”三个层次；写出了春风所特有的情态、春风中所特有的气味和春风中传来的声响；从不同感觉的角度写出了春风带给人们的惬意感。

第⑥段描绘春雨：

先概写春雨延续的时间长，再细写春雨带来的美感；全段先写景再写人，同样表现出清晰规范的层次美。

第⑦段写春天里的人们：

这一段写人的活动，分为“由实到虚”“由叙到议”的两个层次。第一层写人的活动，第二层写人的感受、写生活的哲理，全段的结构极具美感。

课文的最后三个段落（⑧⑨⑩）表现春的新、美、力：

结尾的这三个自然段，比喻精美，以人喻景，顺序井然，诗味浓郁，照应并收束全文。

美文《春》，每个段落都层次分明、结构清朗，它们的表达是多么的精细，多么的精巧，多么的精致。

短短的一篇《春》，从全文到段落，再到词句的运用，该有多少美妙的写作技法让学生学习和借鉴啊！

24.《走一步，再走一步》一课三学

莫顿·亨特的《走一步，再走一步》是人教版七年级上册语文课本中的一篇写“童年生活”的短文。文中回忆的故事是：小时候，瘦弱胆小的“我”与同伴们攀上悬崖后不敢下来，后来在爸爸的指引下，“我”一步一步地走下了高高的悬崖。

这篇课文，从多个层面给我们提供了作文技巧方面的借鉴，起码可以让我们“一课三学”。

一学“两块式”结构。

所谓“两块式”结构，就是文章中的第一块内容主要是“记叙”，第二块内容主要是“抒情”或“议论”；记叙在前，抒情或议论在后；记叙生动细腻，抒情或议论生动简明；记叙着眼于表现人或事，抒情或议论着眼于点示文中故事的意义，或者表达自己的感受。

如本文，第一块用了较多的篇幅，写了一次攀岩、下岩的“经历”。第二块是全文的最后一段，写的是“收获”，作者在文末抒发了饱含哲理的感受：

此后，我生命中有很多时刻，面对一个遥不可及的目标，或者一个令人畏惧的情境，当我感到惊慌失措时，我都能够轻松应付——因为我回想起了很久以前悬崖上的那一课。我提醒自己不要看下面遥远的岩石，而是注意相对轻松、容易的第一小步，迈出一小步，再一小步，就这样体会每一步带来的成就感，直到达成了自己的目标。这个时候，再回头看，就会对自己走过的这段漫漫长路感到惊讶和骄傲。

这是典型的、常用的“先叙后议”“叙议结合”的文章结构方式。

二学“小段铺展式”笔法。

“小段铺展式”笔法用于本文的故事描述。即，全文记叙的内容主要由短小、细密的段落铺展而成。有时甚至一句话就是一段。用“小段铺展式”笔法写成的文章，其文面的重要特点是段落简短；其内容的重要特点是细节描写简洁而充分，文意明晰；其表达效果是读起来给人一种流畅清新、一气呵成的感觉，给人一种散文式的韵味。

如本文开始时的叙述：

那是在费城，一个酷热的七月天——直到56年后的今天，我仍能感受到当年那股灼人的热浪。和我在一起的五个男孩子已经厌倦了玩弹珠，以及用透镜在干树叶上烧洞的游戏，正在寻觅其他好玩的事。

一脸雀斑的小内德说道：“嗨！我有主意了。我们很久没去爬悬崖了。”

“我们走吧！”有人附和着。然后他们出发了，气喘吁吁地一路小跑，就像一群迷路的小狗。

我犹豫了。我渴望像他们一样勇敢和活跃，但是在过去的八年岁月中，我绝大部分时间都是一个病弱的孩子，并将妈妈的警告牢记在心——我不像其他孩子那样强壮，而且不能冒险。

“快来呀！”杰里冲着我大喊——他是我最好的朋友，“就因为你过去生病，所以就要当胆小鬼？这没道理。”“我来了！”我喊道，然后跟在他们后面跑。

……

这样形式的表达，比起那些用大而长的段落进行叙说，显得简洁、秀美而抒情。

三学“顺势插入式”技巧。

“顺势插入”，就是在叙述中自然而然地、不露痕迹地插进景物描写或人物描写，也可顺势插入抒情或议论。其作用是深化与优化文章的表达，使文章更加细腻，更有故事的味道。

本文对“我”的描写，最成功的地方是心理的描写贯穿全文。作者在细节描写之中不断地插入描写“我”心理状态的句子，它们有的直接进行心理刻画，有的用“感受”来表现心理，有时用动作行为来折射心理，有时甚至用幻觉描写来表现心理活动；生动微妙地表现了“我”在这次难忘事件中的心理历程。

如写悬崖上的经历的这一部分，对于“我”的描写，从细节上看基本都是非常自然的心理描写：

我往下看，感到阵阵晕眩；一股无名的力量好像正在逼迫我掉下去。我紧贴在一块岩石上，感觉天旋地转。我想掉头回去，但知道我绝对回不去了。这太远，也太危险了；在悬崖的中途，我会逐渐感到虚弱、无力，然后松手，掉下去摔死。但是通向顶部的路看起来更糟——更高，更陡，更变化莫测，我肯定上不去。我听见有人在哭泣、呻吟；我想知道那是谁，最后才意识到那就是我。

时间在慢慢地过去。影子在慢慢拉长，太阳已经没在西边低矮的树梢下，夜幕开始降临。周围一片寂静，我趴在岩石上，神情恍惚，害怕和疲劳已经让我麻木。我一动也不动，甚至无法思考怎样下去，安全地回家。

暮色中，第一颗星星出现在天空中，悬崖下面的地面开始变得模糊。不过，树林中闪烁着一道手电筒发出的光，然后我听到杰里和爸爸的喊声。爸爸！但是他能做什么？他是个粗壮的中年人，他爬不上来。即使他爬上来了，又能怎样？

爸爸远远地站在悬崖脚下，这样才能看见我，他用手电筒照着我，然后喊道：

“现在，下来。”他用非常正常、安慰的口吻说道：“要吃晚饭了。”

“我不行！我会掉下去的！我会摔死的！”我大哭着说。

“你能爬上去，你就能下来，我会给你照亮。”

“不，我不行！太远了，太困难了！我做不到！”我怒吼着。

倘若对全文进行梳理，我们可以发现文中的心理描写是这样的丰富细腻：

我犹豫了——我犹豫不决——浑身发抖地往上爬——吓坏了——感到阵阵晕眩——感觉天旋地转——我绝对回不去——我肯定上不去——。我听见有人在哭泣、呻吟；最后才意识到那就是我——我趴在岩石上，神情恍惚——我怒吼着——我有了一种巨大的成就感和类似骄傲的感觉……

它们真实、生动、细腻，连点成线，起伏于文中，成为故事发展的一条线索。

一学“两块式”结构，二学“小段铺展式”笔法，三学“顺势插入式”技巧，有了这“三学”并认真地进行写作实践，我们获得的就是层次很高的表达艺术。

25. 记叙文写作的一种特别技法

河北版的小学语文教材中，曾经有一篇这样的课文：

绿叶的梦

我的童年，是在大自然里长大的。高粱秆儿剥开来，做成马车、灯笼；河边抓把泥，捏成碾磨、盆碗；柳条儿、苇叶儿做笛子，葫芦瓢做船，荷叶当伞……一双小手创造了多少可爱的玩具！然而，最使我着迷的还是绿叶。

我永远感激我的启蒙老师。除读书以外，老师还教我们搜集标本，采来各种绿叶汇拢在一起，并讲述它们的知识和趣闻。那真是令人愉快的活动。

星期天，我们跑遍密密的树林、荒凉的墓地、杂草丛生的河边、广阔的田野和一道道土岗子。爬大树、钻丛林，欢乐的笑声惊飞了觅食的小鸟儿。篮子里装满了各种绿叶，嬉笑，打闹，把元宝树叶串成项链，用金黄色的菟丝子草做成戒指和手镯，豆角花挂在耳朵上，野菊花插满了小辫儿……在旷野的课堂里，绿叶和野花组成我们生活的乐谱。

我们每人都想找到一种新奇少见的叶子，因此少不了争强和探险。我们常常有意外地发现鸟蛋，但也少不了刺伤手脚。毛栗子、酸枣树的尖刺儿几乎在每个人身上都留下过伤痕。

秋天，树叶在风中飘落，像一群群蝴蝶飞向我们。我们背着筐，扛着筢，奔跑着，欢呼着，搂树叶，堆成垛，躺在上面打滚，翻跟头，坐下来挑选出那些漂亮的叶子。鲜红的，金黄的，串成长长的彩色叶链挂在教室里，满屋洋溢着丰收的欢乐。那许许多多留做标本的叶子，成了我们的珍宝：圆形的、条状的、桃形的、针状的、蛋形的、元宝状的、叶面带茸毛的……

老师让我们观察并讲述这些叶子。羽状的山扁豆叶子可当茶，祛痰止渴；垂柳叶子长如丝，解酒毒，治皮癣；桑叶清热明目，治手脚麻木；薄荷叶医感冒头痛……祖辈传下来的民间药方，丰富有趣的生活知识，也随着一串串叶片，留在我的记忆里。

这篇文章，出自儿童文学作家葛翠琳之手。主要内容是记叙作者与同学们在老师的指导下采集绿叶、制作标本并讲述绿叶的知识和趣闻的童年故事。

此文结构完整，思路清晰，重点突出，语言精练，情味丰富，是童年生活味道浓郁的好文章。它的标题好，内容美。第一段在抒情之中进行背景铺垫，引出抒情对象"绿叶"；第二段承上启下，点出记叙的中心内容"搜集标本"；第三段、第四段展开对"采集活动"的描述；第五段"展示"成果——"许许多多留做标本的叶子"；第六段照应前文，再点"老师"与"讲述"，抒情收束。

此文也是一篇"奇怪"的文章。作为记叙文，它没有精心构思故事情节，没有具体的时间如哪个日子，没有确切的地点，没有人物形象特征的点示和外貌肖像的描写，没有活动中师生或孩子们的对话描写，没有细节性的心理活动描写等。这是一篇基本上没有我们平常所说的那种细节描写的文章。

这篇文章，表现了记叙文写作的一种特别技法：简笔勾勒描述，多种情景罗列。或者说是：简笔描述，尽情罗列。此文整篇都是这样，如第一段，如第三段，如第五段，如最后一段。

那么这样写的好处是什么呢？其优势表现在四个方面：一是容量很大，二是语言精练，三是句子精短，四是生活面宽。只看课文的第一段，就知道这种表达的优势了：

围绕着“我”“是在大自然里长大的”这个句子，作者“简笔描述，尽情罗列”，一口气简叙了剥开“高粱秆儿”做马车和灯笼、河边“抓把泥”捏成碾磨及盆碗、用“柳条儿、苇叶儿”做笛子、用“葫芦瓢”做船、将“荷叶”当伞等众多美好难忘的生活细节，给人以酣畅淋漓之感。

后续的第三、四、五段，都是这样的笔法。

于是，不仅仅是表现容量很大、语言精练、句子精短、生活面宽的特点，更美好的是抒情的味道浓郁。

这样笔法特别而情致优美的文章，给我们别有洞天的感觉，一定是让学生有创意地进行写作的好范文。

26.《背影》告诉我们这样写作文

有一年，江苏省的高考作文题很有意思：

古人常用“凤头”“猪肚”“豹尾”来形容写作，意思是开头要精彩亮丽，中间要充实丰富，结尾要响亮有力，小到学习生活，大到事业人生何尝不是如此。以此为话题，谈谈你自己的见解或者经历，写一篇八百字左右的文章，题目自拟。

这个作文题对“凤头”“猪肚”“豹尾”的写作现象进行了简单的解释。其实人们对此还有更多的解释。

有人说：其意思大概是起要美丽，中要浩荡，结要响亮。尤其要首尾贯穿，意思清新。

有人说：它们指的是，文章开头要俊拔、挺秀，笔墨要清晰、精练、奇俏；中间部分要充实饱满，刻意求工；结尾部分应简洁明快，富有余韵。

也有人说：“凤头、猪肚、豹尾”是戏曲术语。在介绍人物、交代情节时，要含蓄隐蔽，设置悬念，给观众以期待和想象，故曰像“凤头”般美丽。戏的中段，应写得波澜起伏，曲折变化，故曰像“猪肚”般浩荡。戏的结尾，要收得简洁有力，耐人寻味，像“豹尾”一样，既响亮又有余味，引人深思。

还有人说：“凤头”是说作品的开头要像凤凰的头那样秀气、漂亮；“猪肚”是说文章内容要像猪肚那样内涵丰富、充实；“豹尾”是说作品的结尾要像豹子尾巴那样有力、刚健。

总的来说“凤头、猪肚、豹尾”既是对文章结构方面的技术要求，也是对内容表达方面的技术要求。

在叙事写人的作品中，朱自清先生的《背影》是表现“凤头、猪肚、豹尾”写作技法的精彩范本。

我们先来看它的开头部分：

我与父亲不相见已二年余了，我最不能忘记的是他的背影。

那年冬天，祖母死了，父亲的差使也交卸了，正是祸不单行的日子。我从北京到徐州打算跟着父亲奔丧回家。到徐州见着父亲，看见满院狼藉的东西，又想起祖母，不禁簌簌地流下眼泪。父亲说：“事已如此，不必难过，好在天无绝人之路！”

回家变卖典质，父亲还了亏空；又借钱办了丧事。这些日子，家中光景很是惨淡，一半为了丧事，一半为了父亲赋闲。丧事完毕，父亲要到南京谋事，我也要回北京念书，我们便同行。

第一自然段开门见山，直接抒情。作者既表达了对父亲的思念，又为全文定下感情的基调，同时点出全文核心内容，突出了“背影”。“我最不能忘记的是他的背影”内含悬念，吸引着读者。

第二、三段宕开一笔，写家境。这一笔极为重要，它把“背影”的故事置于大不幸的家庭背景中，笼罩在哀伤的氛围之中，对“背影”的故事起着非常有力的烘托作用——在祸不单行、阴云笼罩、哀愁焦虑的日子里，父亲对“我”的爱是多么地感人。

这样的“凤头”，简明朴素，起笔含情，内涵丰富，故事就在这哀伤的氛围之中开始了。

再看文中着力写“背影”的一段：

我说道：“爸爸，你走吧。”他往车外看了看说：“我买几个橘子去。你就在此地，不要走动。”我看那边月台的栅栏外有几个卖东西的等着顾客。走到那边月台，须穿过铁道，须跳下去又爬上去。父亲是一个胖子，走过去自然要费事些。我本来要去的，他不肯，只好让他去。我看见他戴着黑布小帽，穿着黑布大马褂，深青布棉袍，蹒跚地走到铁道边，慢慢探身下去，尚不大难。可是他穿过铁道，要爬上那边月台，就不容易了。他用两手攀着上面，两脚再向上缩；他肥胖的身子向左微倾，显出努力的样子，这时我看见他的背影，我的泪很快地流下来了。我赶紧拭干了泪。怕他看见，也怕别人看见。我再向外看时，他已抱了朱红的橘子往回走了。过铁道时，他先将橘子散放在地上，自己慢慢爬下，再抱起橘子走。到这边时，我赶紧去搀他。他和我走到车上，将橘子一股脑儿放在我的皮大衣上。于是扑扑衣上的泥土，心里很轻松似的。过一会儿说："我走了，到那边来信！"我望着他走出去。他走了几步，回头看见我，说："进去吧，里边没人。"等他的背影混入来来往往的人里，再找不着了，我便进来坐下，我的眼泪又来了。

这一段中的事件是全文的中心事件——"父亲买橘"。"他用两手攀着上面，两脚再向上缩；他肥胖的身子向左微倾，显出努力的样子，这时我看见他的背影，我的泪很快地流下来了"是全文关键的一句，全文的焦点就是这个"背影"。作者层次分明、语言朴素、情感深沉地描写了父亲的背影。那布帽、布马褂、布棉袍，表现了父亲家庭败落、生活贫困的境遇；那蹒跚的步态，那探身、攀手、缩脚、倾身等一系列动作，形象地描绘了父亲的费劲吃力；那"心里很轻松似的"的动作，表现了父亲不让儿子觉得自己劳累的细心；那叮嘱的话语，表现了父亲的关怀备至；那流泪、又流泪的叙述，则表现着作者内心非常复杂的情意。总之，这一段处处都表现了父亲深挚的爱，处处都表现了作者的感动之情。

这一段，就是充实饱满、内容"浩荡"的"猪肚"。

最后让我们看看文章的结尾段：

近几年来，父亲和我都是东奔西走，家中光景是一日不如一日。他少年出外谋生，独立支持，做了许多大事。哪知老境却如此颓唐！他触目伤怀，自然情不能自已。情郁于中，自然要发之于外；家庭琐屑便往往触他之怒。他待我渐渐不同往日。但最近两年的不见，他终于忘却我的不好，只是惦记着我，惦记着我的儿子。我北来后，他写了一信给我，信中说道："我身体平安，唯膀子疼痛厉害，举箸提笔，诸多不便，大约大去之期不远矣。"我读到此处，在晶莹的泪光中，又看见那肥胖的、青布棉袍黑布马褂的背影。唉！我不知何时再能与他相见！

这一段在全文中有着非常重要的意义，起着非常重要的表达作用。文中一方面继续表现着"家境"的不好，一方面因父亲的"忘却我的不好"而透露出"我"

深沉的愧疚与忏悔，一方面又因父亲说自己“大约大去之期不远矣”而发出深长的叹息。文章虽然结束了，但作者的羞愧、感伤、感恩、思念的复杂情感，依然荡漾在字里行间，父亲的“背影”依然清晰地定格在人们的脑海里，余音绕梁，回味无穷。

所以有专家评论说，这一段，是《背影》这篇文章的“收穴之处”，“隐藏着《背影》之所以‘好’的最大秘密”，是文中“不露真容”的“豹尾”。

“凤头、猪肚、豹尾”，是文章写作的规律的点示，也是学生学写作文时的理念与“技术指导”。

27.《“飞天”凌空》的写作艺术

下面是统编语文教材八年级上册新闻单元中的一篇新闻特写《“飞天”凌空》，选自1982年11月25日的《光明日报》；它，充满着写作艺术的气息。

读一读这篇精美短文，让我们一起来欣赏其表达艺术之美。

“飞天”凌空

——跳水姑娘吕伟夺魁记

夏浩然　樊云芳

她站在十米高台的前沿，沉静自若，风度优雅，白云似在她的头顶飘浮，飞鸟掠过她的身旁。这是达卡多拉游泳场的八千名观众一齐翘首而望、屏息敛声的一刹那。

轻舒双臂，向上举起，只见吕伟轻轻一蹬，就向空中飞去。一瞬间，她那修长美妙的身体犹如被空气托住了，衬着蓝天白云，酷似敦煌壁画中凌空翔舞的“飞天”。

紧接着，是向前翻腾一周半，同时伴随着旋风般的空中转体三周，动作疾如流星，又潇洒自如，1.7秒的时间对她似乎特别慷慨，让她从容不迫地展示身体优美的线条，从前伸的手指，一直延续到绷直的足尖。

还没等观众从眼花缭乱中反应过来，她已经展开身体，像轻盈的、笔直的箭，“哧”地插进碧波之中，几串白色的气泡拥抱了这位自天而降的仙女，四面水花则悄然不惊。

“妙！妙极了！”站在我们旁边的一名外国记者跳了起来。这时，整个游泳场都沸腾了，如梦初醒的观众用震耳欲聋的掌声和欢呼声，来向他们喜爱的运动员表达由衷的赞赏。

吕伟精彩的表演，将游泳场的气氛推向了高潮。她的这个动作“5136”，让几位裁判亮出了9.5分。

这位年方十六的中国姑娘，赢得了金牌。

当一个印度观众了解到这个姑娘是中国跳水集训队中最年轻的新秀时，惊讶不已。他说：“了不起，你们中国的人才太多了！”

此文的美感在于以下几点。

文章标题之美。“‘飞天’凌空”四个字，比喻精美，古典韵味，富有动感，高度概括，笼罩全文且赞美之意充沛。

首段表达之美。文中第一段采用“仰视角”的角度进行描述，寥寥不足百字，点出了人物、场景，描述了环境氛围；运用多重衬托手法，以白云、飞鸟衬托人物的沉静，以观众的期待表现比赛氛围的扣人心弦。

精致描绘之美。吕伟在10米高台上从起跳到入水，只有1.7秒，作者运用“慢镜头”描述手法，将运动员起跳、腾空、入水的优雅动作逐一进行生动的描绘，美好的画面如在眼前。

间接描写之美。写运动员入水时“哧”的声响，写“几串白色的气泡拥抱了这位自天而降的仙女，四面水花则悄然不惊”，表现的是运动员跳水技巧的高超。

比喻手法之美。文中比喻形象生动，“酷似敦煌壁画中凌空翔舞的‘飞天’”“动作疾如流星”“像轻盈的、笔直的箭”，多角度表现着运动员的健与美。

语言精致之美。四字短语尤为生动丰富，沉静自若、风度优雅、翘首而望、屏息敛声、凌空翔舞、潇洒自如、悄然不惊……表现出浓郁的书卷之气。

氛围描写之美。文中的场景、场面、氛围的描写，有静态的，更有动态的，有事物的，更有人物的。特别是对游泳场沸腾的描写、对观众的震耳欲聋的掌声和欢呼声的描写，都对吕伟起着侧面映衬的作用。

点题技法之美。作者两次写到外国朋友的由衷赞叹。最后一段以印度观众的

“了不起，你们中国的人才太多了”的一句赞语收束，既是侧面描写手法的运用，也是别具一格的点题手法。

……

这么多的表达之美，最值得我们欣赏、借鉴、学用的技法是什么呢？

那就是“侧面映衬”的手法；它像线索一样贯串全文，几乎每个场景或段落的描写中都有“侧面映衬”手法的运用。

梳理一下就是：白云，飞鸟，八千名观众，蓝天白云，白色的气泡，四面水花，外国记者，整个游泳场都沸腾了，观众，裁判，一个印度观众。它们都是用来映衬和烘托跳水运动员的高超技艺的。

这种技法也让我们联想到了文言故事《口技》。《口技》中的侧面映衬的手法，也像线索一样贯串全文。

这真是让人击节赞叹的、高明的表达艺术。

28.《那个星期天》的心理描写技巧

《那个星期天》是统编小学语文六年级下册的课文，选自史铁生的《务虚笔记》，是小说作品。描写的内容是“我”小时候的一个星期天，母亲答应带“我”出去，“我”从早上等到下午，一直到天色昏暗下去，但母亲忙于家务，最终没有带“我”出去。这篇课文的教与学都有难度，但从写作技巧的角度看，却是极好的范文。

下面是课文原文：

那个星期天

我还记得我的第一次盼望。那是一个星期天，从早晨到下午，一直到天色昏暗下去。

那个星期天母亲答应带我出去，去哪儿已经记不清了，可能是动物园，也可能是别的什么地方。总之她很久之前就答应了，就在那个星期天带我出去玩，这不会错。一个人平生第一次盼一个日子，都不会错。而且就在那天早晨，母亲也还是这样答应的：去，当然去。我想到底是让我盼来了。

起床，刷牙，吃饭，那是个春天的早晨，阳光明媚。走吗？等一会儿，等一会儿再走。我跑出去，站在街门口，等一会儿就等一会儿。我藏在大门后，藏了很久。我知道不会是那么简单的等一会儿，我得不出声地多藏一会儿。母亲出来了，可我忘了吓唬她，她手里怎么提着菜篮？您说了去！等等，买完菜，买完菜就去。买完菜马上就去吗？嗯。

这段时光不好挨。我踏着一块块方砖跳，跳房子，等母亲回来。我看着天看着云彩走，等母亲回来，焦急又兴奋。我蹲在院子的地上，用树枝拨弄着一个蚁穴，爬着去找更多的蚁穴。院子里就我一个孩子，没人跟我玩。我坐在草丛里翻看一本画报，那是一本看了多少回的电影画报。那上面有一群比我大的女孩子，一个个都非常漂亮。我坐在草丛里看她们，想象她们的家，想象她们此刻在干什么，想象她们的兄弟姐妹和她们的父母，想象她们的声音。去年的荒草丛里又有了绿色，院子很大，空空落落。

母亲买菜回来却又翻箱倒柜忙开了。走吧，您不是说买菜回来就走吗？好啦好啦，没看我正忙呢吗？真奇怪，该是我有理的事啊？不是吗，我不是一直在等着，母亲不是答应过了吗？整个上午我就跟在母亲腿底下：去吗？去吧，走吧，怎么还不走啊？走吧……我就这样念念叨叨地追在母亲的腿底下，看她做完一件事又去做一件事。我还没有她的腿高，那两条不停顿的腿至今都在我眼前晃动，它们不停下来，它们好几次绊在我身上，我好几次差点儿绞在它们中间把它们碰倒。

下午吧，母亲说，下午，睡醒午觉再去。去，母亲说，下午，准去。但这次怨我，怨我自己，我把午觉睡过了头。醒来时我看见母亲在洗衣服。要是那时就走还不晚。我看看天，还不晚。还去吗？去。走吧？洗完衣服。这一次不能原谅。我不知道那堆衣服要洗多久，可母亲应该知道。我蹲在她身边，看着她洗。我一声不吭，盼着。我想我再不离开半步，再不把觉睡过头。我想衣服一洗完我马上拉起她就走，决不许她再耽搁。我看着盆里的衣服和盆外的衣服，我看着太阳，看着光线，我一声不吭。看着盆里揉动的衣服和绽开的泡沫，我感觉到周围的光线渐渐暗下去，渐渐地凉下去沉郁下去，越来越远越来越缥缈，我一声不吭，忽然有点儿明白了。

我现在还能感觉到那光线漫长而急遽的变化，孤独而惆怅的黄昏到来，并且听得见母亲咔嚓咔嚓搓衣服的声音，那声音永无休止就像时光的脚步。那个星期天。就在那天。母亲发现男孩儿蹲在那儿一动不动，发现他在哭，在不出声地流泪。我感到母亲惊惶地甩了甩手上的水，把我拉过去拉进她的怀里。我听见母亲在说，一边亲吻着我一边不停地说："噢，对不起，噢，对不起……"那个星期天，本该是出去的，去哪儿不记得了。男孩儿蹲在那个又大又重的洗衣盆旁，依偎在母亲怀里，闭上眼睛不再看太阳，光线正无可挽回地消逝，一派荒凉。

《那个星期天》给我们以丰富的写作启迪——

本文写的是难忘的第一次，写的是我的一天，写的是妈妈和"我"的故事。

本文的写作艺术表现在：描述时间的技巧，描写时间过得慢的技巧；心理描写的技法，特别是"内心独白"的表达艺术；夹叙夹议的手法；叙事抒情的写法；自我讲述以及转述的技巧；人称巧变的技巧；以景衬情的细节描写；起笔总领全文，收笔余味悠长；文中线索之一是"我"的心情变化；文中线索之二是"母亲"的忙碌；情节的设置完整，有故事的开端、发展、再发展、高潮并结局；文中有两个"我"——童年的"我"和现在的"我"；整篇文章，明写"我"的等待、失望、伤心，暗写母亲的辛劳。

这真可谓美不胜收。

这篇课文最值得我们学用的写作技法是：人物焦急等待的心理活动描写的丰富角度。

角度之一，用行动描写表现人物的心理。如：

这段时光不好挨。我踏着一块块方砖跳，跳房子，等母亲回来。我看着天看着云彩走，等母亲回来，焦急又兴奋。我蹲在院子的地上，用树枝拨弄着一个蚁穴，爬着去找更多的蚁穴。院子里就我一个孩子，没人跟我玩。我坐在草丛里翻看一本画报，那是一本看了多少回的电影画报。

角度之二，用内心独白表现人物的心理。如：

我不知道那堆衣服要洗多久，可母亲应该知道。我蹲在她身边，看着她洗。我一声不吭，盼着。我想我再不离开半步，再不把觉睡过头。我想衣服一洗完我马上拉起她就走，决不许她再耽搁。

角度之三，用景物描写表现人物的心理。如：

我看着天看着云彩走，等母亲回来，焦急又兴奋。

去年的荒草丛里又有了绿色，院子很大，空空落落。

我看着盆里的衣服和盆外的衣服，我看着太阳，看着光线，我一声不吭。

我感觉到周围的光线渐渐暗下去，渐渐地凉下去沉郁下去，越来越远越来越缥缈，我一声不吭，忽然有点儿明白了。

男孩儿蹲在那个又大又重的洗衣盆旁，依偎在母亲怀里，闭上眼睛不再看太阳，光线正无可挽回地消逝，一派荒凉。

角度之四，用直抒胸臆的方法表现人物的心理。如：

我现在还能感觉到那光线漫长而急遽的变化，孤独而惆怅的黄昏到来，并且听得见母亲咔嚓咔嚓搓衣服的声音，那声音永无休止就像时光的脚步。那个星期天。就在那天。

角度之五，用多角度描写的方式表现人物的心理。如：

走吧，您不是说买菜回来就走吗？好啦好啦，没看我正忙呢吗？真奇怪，该是我有理的事啊？不是吗，我不是一直在等着，母亲不是答应过了吗？整个上午我就跟在母亲腿底下：去吗？去吧，走吧，怎么还不走啊？走吧……我就这样念念叨叨地追在母亲的腿底下，看她做完一件事又去做一件事。

……

如果我们将课文《走一步，再走一步》《“精彩极了”和“糟糕透了”》与本文中的人物心理活动描写的技巧进行提炼与整合，则更加能够发现记叙文写作中人物心理描写的基本角度。

这对于学生克服写作中的难度将大有帮助。

29. 直接抒情以助写景

写景文，也就是描写景物的文章，主要的写作手法是将作者的情感渗透在写景文字里。如课文《春》中的片段：

桃树、杏树、梨树，你不让我，我不让你，都开满了花赶趟儿。红的像火，粉的像霞，白的像雪。花里带着甜味儿；闭了眼，树上仿佛已经满是桃儿、杏儿、梨儿。花下成千成百的蜜蜂嗡嗡地闹着，大小的蝴蝶飞来飞去。野花遍地是：杂样儿，有名字的，没名字的，散在草丛里，像眼睛，像星星，还眨呀眨的。

这是多么美妙、多么动情的文字，这就是人们常说的“情景交融”。字里行间，到处都能让我们感受到作者对春的喜爱与陶醉。它如诗如画，将春天里的花景热闹而绚丽地展现在我们的眼前。

老舍先生的写景美文《济南的冬天》同样运用了这种手法。如下面的一段：

那水呢，不但不结冰，倒反在绿萍上冒着点热气，水藻真绿，把终年贮蓄的绿色全拿出来了。天儿越晴，水藻越绿，就凭这些绿的精神，水也不忍得冻上，况且那些长枝的垂柳还要在水里照个影儿呢！看吧，由澄清的河水慢慢往上看吧，空中，半空中，天上，自上而下全是那么清亮，那么蓝汪汪的，整个的是块空灵的蓝水晶。这块水晶里，包着红屋顶，黄草山，像地毯上的小团花的小灰色树影。

这一段写水的文字，景情美妙融合；景物生动，情亦感人；含情脉脉的水，喜不自禁的情。五个“绿”字，写出了作者的惊喜，一幅清丽的水晶图，表现了作者的欣喜。这同样是非常典范的“景情交融”的文字。

但《济南的冬天》中最值得我们学习仿效的，则是“直接抒情以助写景”的高妙手法。

所谓“直接抒情以助写景”，指的是在写景文字的前后或者中间安排、穿插一定的抒情文字，以更加生动有力地表现文中美景魅力的一种写法。

请欣赏《济南的冬天》中的一段文字：

对于一个在北平住惯的人，像我，冬天要是不刮风，便觉得是奇迹；济南的冬天是没有风声的。对于一个刚由伦敦回来的人，像我，冬天要能看得见日光，便觉得是怪事；济南的冬天是响晴的。自然，在热带的地方，日光是永远那么毒，响亮的天气，反有点叫人害怕。可是，在北中国的冬天，而能有温晴的天气，济南真得算个宝地。

这段话出现在文章的开头部分，我们可以称之为“议论式抒情”，它表现出浓浓的“未成曲调先有情”的味道。作者通过三次对比，突出了济南冬天的无风、响晴、温和的特点，并喜不自禁地抒情：在北中国的冬天，“能有温晴的天气，济南真得算个宝地”。

请再欣赏《济南的冬天》中的这一段文字：

设若单单是有阳光，那也算不了出奇。请闭上眼睛想：一个老城，有山有水，全在天底下晒着阳光，暖和安适地睡着，只等春风来把它们唤醒，这是不是个理想的境界？小山整把济南围了个圈儿，只有北边缺着点口儿。这一圈小山在冬天特别可爱，好像是把济南放在一个小摇篮里，它们安静不动地低声地说："你们放心吧，这儿准保暖和。"真的，济南的人们在冬天是面上含笑的。他们一看那些小山，心中便觉得有了着落，有了依靠。他们由天上看到山上，便不知不觉地想起："明天也许就是春天了吧？这样的温暖，今天夜里山草也许就绿起来了吧？"就是这点幻想不能一时实现，他们也并不着急，因为有这样慈善的冬天，干啥还希望别的呢！

这段话紧接在上段文字后面，好像是在写景，其实主要是在抒情，大量的文字都是在抒情。此处的抒情与前面的"议论式抒情"相比，在角度上又有了变化，它主要运用了设想的方式来抒情，如"请闭上眼睛想""他们由天上看到山上，便不知不觉地想起"等语句就表现了这一点，我们可以称之为"设想式抒情"。

"设想式抒情"将作者本来由自己抒情的话语变成让大家去想象的内容，变成作者设想别人心中所想的内容，由此而显得婉转、含蓄、深情、动人。

我们再来欣赏课文中着力绘景的这一段：

最妙的是下点小雪呀。看吧，山上的矮松越发的青黑，树尖上顶着一髻儿白花，好像日本看护妇。山尖全白了，给蓝天镶上一道银边。山坡上，有的地方雪厚点，有的地方草色还露着；这样，一道儿白，一道儿暗黄，给山们穿上一件带水纹的花衣；看着看着，这件花衣好像被风儿吹动，叫你希望看见一点更美的山的肌肤。等到快日落的时候，微黄的阳光斜射在山腰上，那点薄雪好像忽然害了羞，微微露出点粉色。就是下小雪吧，济南是受不住大雪的，那些小山太秀气！

这一段其实也有不少地方是直抒胸臆的。作者先用"最妙的是下点小雪呀"这句充满赞叹之情的话总提全段，然后分层描绘了雪中之山的绚丽多姿，接着以"描叙式抒情"轻轻缓缓地结束全段："就是下小雪吧，济南是受不住大雪的，那些小山太秀气！"

在课文中，紧接着的是下段文字：

古老的济南，城里那么狭窄，城外又那么宽敞，山坡上卧着些小村庄，小村庄的房顶上卧着点雪，对，这是张小水墨画，也许是唐代的名手画的吧。

这是在勾勒了古老的济南城内城外的全貌之后，作者紧接着进行的“联想式抒情”，作者运用比喻的方式，说古老的济南“是张小水墨画，也许是唐代的名手画的吧”，直接表达出了对济南的冬天的深深喜爱之情。

在课文这样短的篇幅之中，作者用了不同的方式直抒胸臆，不仅仅是实实在在地表现出了不寻常的语言功夫，更重要的是表现出了作者心中对济南真爱着的那份情感。

可以说，在作者笔下，济南的天气是温晴的，小山是可爱的，雪景是秀美的，水是多情的。这一切，是作者热爱济南山水的内心情感的流露，没有心中激荡着的热情，写不出济南冬天如此令人喜爱的特点。而作者饱含着热爱、欢欣之情的直接抒情，则直接地、亲切生动地、多情地给读者以非同一般的感染。

直接抒情以助写景——是《济南的冬天》带给我们的一种特别优美实用的写景技巧。

30. 精巧有味的知识童话

下面是一则有趣味的小小童话：

小松鼠找花生

大树旁边的地里种了许多花生。花生已经开花了，一朵朵金黄色的小花，在阳光下格外鲜艳。

小松鼠问鼹鼠：“这是什么花呀？”鼹鼠说：“这是花生的花。到了秋天，会结花生，花生可好吃啦！”小松鼠很高兴，他想：等花结了果，我就把花生摘下来，留着冬天吃。

小松鼠每天都到地里去，看看结花生了没有。

他等啊，等啊，等到花都落光了，也没看见一个花生。小松鼠感到很奇怪，自言自语地说：“是谁把花生摘走了呢？”

这小小的童话，写了一个关于“等待”的故事，有场景的描写，有人物的对话，有人物的行动描写和心理描写，还给我们留下了美好的悬念。

其实，这则童话，是一则知识童话。它里面含有这样一项知识：是谁把花生摘走了呢？谁也没有能够把花生摘走，花生的“果”是结在地下、躺在土壤中的，小松鼠不知道，难怪也就“久等不至”了。

所谓“知识童话”，是含有一点有趣知识的童话故事。它除了有童话故事的特点外，还有渗透知识的作用，所以读起来就更加让人感到有趣。

如下面是我们耳熟能详的一则小小知识童话：

小壁虎借尾巴

小壁虎在墙角捉蚊子，一条蛇咬住了他的尾巴。小壁虎一挣，挣断尾巴逃走了。

没有尾巴多难看哪！小壁虎想：向谁去借一条尾巴呢？

小壁虎爬呀爬，爬到小河边。他看见小鱼摇着尾巴，在河里游来游去。小壁虎说：“小鱼姐姐，您把尾巴借给我行吗？”小鱼说：“不行啊，我要用尾巴拨水呢。”

小壁虎爬呀爬，爬到大树上。他看见老牛甩着尾巴，在树下吃草。小壁虎说：“牛伯伯，您把尾巴借给我行吗？”老牛说：“不行啊，我要用尾巴赶蝇子呢。”

小壁虎爬呀爬，爬到房檐下。他看见燕子摆着尾巴，在空中飞来飞去。小壁虎说：“燕子阿姨，您把尾巴借给我行吗？”燕子说：“不行啊，我要用尾巴掌握方向呢。”

小壁虎借不到尾巴，心里很难过。他爬呀爬，爬回家里找妈妈。

小壁虎把借尾巴的事告诉了妈妈。妈妈笑着说：“傻孩子，你转过身子看看。”小壁虎转身一看，高兴得叫了起来：“我长出一条新尾巴啦！”

这则童话主要通过对话描写展现故事情节，在小壁虎与小鱼、老牛、燕子三个“典型人物”的对话中，渗透了动物尾巴作用的知识，更加有趣的是，还告诉我们，壁虎的尾巴不小心失去之后，还可以长出新的尾巴。

“知识童话”是益趣益智的篇幅精短的小小文学作品，其表达特点主要有：

①设想一个故事情景或场景；

②安排故事中的几个动物或植物的“人物”；

③合理想象其中一个“人物”与其他“人物”之间的故事情节；

④写好人物之间的对话并顺势渗透有关的知识。

课文《小蝌蚪找妈妈》《企鹅寄冰》等都有这样的特点。

训练学生学写知识童话，有益于教师教学视野的开阔和教学资料的积累，有益于学生想象能力的训练，有益于学生对跨学科知识的观察，更有益于学生培养写作兴趣，构思并撰写精短优质的文学作品。

在教师的指导下，每名用心的学生，都能写出精巧有味的知识童话作品。

31. 咏物抒情有诀窍

咏物抒情，是一种把自己的感情寄托在外物之中，通过对外物的描写来艺术地表达情感的写法。

咏物抒情散文中很大的一部分，其结构内在的“骨架”是基本相同的。

那就是，它们都呈现出比较相近的结构形式：引出事物——描叙事物——顺势抒情。

这种结构，也叫“三层式结构”。

现在看看原来初中语文教材中的一篇咏物抒情短文，它就是这样的“三层式结构”：

石　榴

郭沫若

五月过了，太阳增加了它的威力，树木都把各自的伞盖伸张了起来，不想再争妍斗艳的时候，有少数的树木却在这时开起了花来。石榴树便是这少数树木中的最可爱的一种。

（首段，自然地引出了所咏之物）

石榴有梅树的枝干，有杨柳的叶片，奇崛而不枯瘠，清新而不柔媚，这风度实兼备了梅柳之长，而舍去了梅柳之短。

最可爱的是它的花，那对于炎阳的直射毫不避易的深红的花。单瓣的已够陆离，双瓣的更为华贵，那可不是夏季的心脏吗？

单那小茄形的骨朵已经就是一种奇迹了。你看，它逐渐翻红，逐渐从顶端整裂为四瓣，任你用怎样犀利的剪刀也都剪不出那样的匀称，可是谁用红玛瑙琢成了那样多的花瓶儿，而且还精巧地插上了花？

单瓣的花虽没有双瓣的豪华，但它却更有一段妙幻的演艺，红玛瑙的花瓶由希腊式的安普刺变为中国式的金罍，殷、周时古味盎然的一种青铜器。博古家所命名的各种锈彩，它都是具备着的。

你以为它真是盛酒的金罍吗？它会笑你呢。秋天来了，它对于自己的戏法好像忍俊不禁地破口大笑起来，露出一口的皓齿，那样透明光嫩的皓齿你在别的地方还看见过吗？

（连用五个段落，着力对所咏之物进行描绘）

我本来就喜欢夏天。夏天是整个宇宙向上的一个阶段，在这时使人的身心解脱尽重重的束缚。因而我更喜欢这夏天的心脏。

有朋友从昆明回来，说昆明石榴特别大，子粒特别丰腴，有酸甜两种，酸者味更美。

禁不住唾津的潜溢了。

（水到渠成之后，进行抒情）

教材中宗璞的散文《紫藤萝瀑布》，其主体部分的结构也是这样的：

我不由得停住了脚步。

从未见过开得这样盛的藤萝，只见一片辉煌的淡紫色，像一条瀑布，从空中垂下，不见其发端，也不见其终极。只是深深浅浅的紫，仿佛在流动，在欢笑，在不停地生长。紫色的大条幅上，泛着点点银光，就像迸溅的水花。仔细看时，才知道那是每一朵紫花中的最浅淡的部分，在和阳光互相挑逗。

（引出了所咏之物“紫藤萝”）

这里春红已谢，没有赏花的人群，也没有蜂围蝶阵。有的就是这一树闪光的、盛开的藤萝。花朵儿一串挨着一串，一朵接着一朵，彼此推着挤着，好不活泼热闹！

“我在开花！”它们在笑。

“我在开花！”它们嚷嚷。

每一穗花都是上面的盛开、下面的待放。颜色便上浅下深，好像那紫色沉淀下来了，沉淀在最嫩最小的花苞里。每一朵盛开的花就像是一个小小的张满了的帆，帆下带着尖底的舱，船舱鼓鼓的；又像一个忍俊不禁的笑容，就要绽开似的。

那里装的是什么仙露琼浆？我凑上去，想摘一朵。

(对所咏之物“紫藤萝”进行美好细腻的描绘)

……

过了这么多年，藤萝又开花了，而且开得这样盛，这样密，紫色的瀑布遮住了粗壮的盘虬卧龙般的枝干，不断地流着，流着，流向人的心底。

花和人都会遇到各种各样的不幸，但是生命的长河是无止境的。我抚摸了一下那小小的紫色的花舱，那里满装生命的酒酿，它张满了帆，在这闪光的花的河流上航行。它是万花中的一朵，也正是一朵一朵花，组成了万花灿烂的流动的瀑布。

在这浅紫色的光辉和浅紫色的芳香中，我不觉加快了脚步。

(抒发自己心中深切的情感)

上面的两则短文，从构思与写作的角度看，可以发现如下规律。

第一，选择自己的心爱之物、美好之物、熟悉之物，对它们沉思，从它们身上展开联想，思考着怎样在它们身上融进并抒发强烈的思想感情，这就叫作“托物”。

第二，对所托之物进行精妙的描写，努力地、逼真地表现出所写之物的外貌形态或者内在精神，并使这种描写向着自己的抒情意图方面发展，顺势进行生动恰切的抒情。

第三，有利于作者咏物抒情的精妙描写方法是拟人化的写法，是比喻的描写方法。不论运用哪一种人称，像这样的写法都可以赋于所“咏”之物以生命。可能正是由于“物”的人格化，这些“物”就成为一种象征，就能够自然地、不着痕迹地表现作者的思想与情感。

明确了这些，我们可能会写出结构、内容、情感都比较协调的咏物抒情短文。

有意思的是，如果我们将“咏物抒情”文章中的“抒情”在写作中再特意地强调一下，由“情”向“理”升华，那么我们就运用了“托物寄意”的写法，即通过抒写外物的方式点明或者抒发一个道理。

如老课文《秋魂》中的短文《秋实》，它的最后两句，就是由“咏物”而产生的“意”。

秋　实

秋天了，成熟的果实却低下了头，它不是在孤芳自赏，也不是在自我陶醉，更不是在哀泣自己将跌落枝头。它是在想：我是怎样成熟的呢？

（这一句是“引出事物”）

不是风，我怕早已霉烂了；

不是雨，我怕早已干瘪了；

不是光，我怕早已苍白了；

不是热，我怕早已憔悴了。

（这四句“描叙事物”）

世界上有不经过风吹雨打而成熟的果实吗？

世界上有不经过光射日晒而成熟的果实吗？

（这两句“托物寄意”）

于是我们知道，咏物抒情有诀窍：引出事物——描叙事物——顺势抒情；引出事物——描叙事物——托物寄意。

下面观察熟悉的课文《陋室铭》，看看它是不是也运用了咏物抒情的表达艺术。

陋　室　铭

刘禹锡

山不在高，有仙则名。水不在深，有龙则灵。斯是陋室，惟吾德馨。苔痕上阶绿，草色入帘青。谈笑有鸿儒，往来无白丁。可以调素琴，阅金经。无丝竹之乱耳，无案牍之劳形。南阳诸葛庐，西蜀子云亭。孔子云：何陋之有？

作者先引出“陋室”，再多角度地描述“陋室”，然后引申、升华，引用孔子语录，抒发自己以君子自期的情怀；明晰地表现了这则美文“咏物抒情”“托物寄意”的表达规律。

32.《谈骨气》的经典笔法

议论文的基本类型有：

论——表达、阐释某个观点或主张，进行举例子、说道理的议论；

议——就事、人、物、现象等发出议论，是我们常说的“一事一议”；

感——表达读后、观后、听后的感受、联想和思考；

评——对书、文、歌、剧、人、事、物、言论等进行评说、评论；

驳——针对谬论、误论发表看法，进行批驳，确立自己的看法。

论，这里指“立论”；立论文是确立并阐释作者观点的议论文。通俗地讲，就是运用“观点＋例子＋论述”的方法，鲜明、准确、有力地表达自己的观点、见解和主张。

写好立论性的议论文，需要立好论点、用好论据、表达好论证的过程。

原人教版课文《谈骨气》，就是经典的立论文。

它是一篇以阐发我们民族的英雄气概、号召人民团结奋斗为主旨的具有鲜明观点的议论文。

先读读这篇美文：

谈　骨　气

吴晗

我们中国人是有骨气的。

战国时代的孟子，有几句很好的话：“富贵不能淫，贫贱不能移，威武不能屈，此之谓大丈夫。”意思是说，高官厚禄收买不了，贫穷困苦折磨不了，强暴武力威胁不了，这就是所谓大丈夫。大丈夫的这种种行为，表现出了英雄气概，我们今天就叫作有骨气。

我国经过了奴隶社会、封建社会的漫长时期，每个时代都有很多这样有骨气的人，我们就是这些有骨气的人的子孙，我们是有着优良革命传统的民族。

当然，社会不同，阶级不同，骨气的具体含义也不同。这一点必须认识清楚。但是，就坚定不移地为当时的进步事业服务这一原则来说，我们祖先的许多有骨气的动人事迹，还有它积极的教育意义，是值得我们学习的。

南宋末年，首都临安被元军攻入，丞相文天祥组织武装力量坚决抵抗，失败被俘后，元朝劝他投降，他写了一首诗，其中有两句是：“人生自古谁无死，留取丹心照汗青。”意思是人总是要死的，就看怎样死法，是屈辱而死呢，还是为民族利益而死？他选取了后者，要把这片忠心记录在历史上。文天祥被拘囚在北京一个阴湿的地牢里，受尽了折磨，元朝多次派人劝他，只要投降，便可以做大官，但他坚决拒绝，终于在公元1282年被杀害了。

孟子说的几句话，在文天祥身上都表现出来了。他写的有名的《正气歌》，歌颂了古代有骨气的人的英雄气概，并且以自己的生命来抗拒压迫，号召人民继续起来反抗。

另一个故事是古代有一个穷人，饿得快死了，有人丢给他一碗饭，说："嗟，来食！"（喂，来吃！）饿人拒绝了"嗟来"的施舍，不吃这碗饭，后来就饿死了。不食嗟来之食这个故事很有名，传说了千百年，也是有积极意义的。那人摆着一副慈善家的面孔，吆喝一声"喂，来吃！"这个味道是不好受的。吃了这碗饭，第二步怎样呢？显然，他不会白白施舍，吃他的饭就要替他办事。那位穷人是有骨气的：看你那副脸孔、那个神气，宁可饿死，也不吃你的饭。

不食嗟来之食，表现了中国人民的骨气。

还有个例子。民主战士闻一多是在1946年7月15日被国民党枪杀的。在这之前，朋友们得到要暗杀他的消息，劝告他暂时隐蔽，他毫不在乎，照常工作，而且更加努力。明知敌人要杀他，在被害的前几分钟还大声疾呼，痛斥国民党特务，指出他们的日子不会很长久了，人民民主一定得到胜利。毛主席在《别了，司徒雷登》一文中指出："许多曾经是自由主义者或民主个人主义者的人们，在美国帝国主义者及其走狗国民党反动派面前站起来了。闻一多拍案而起，横眉怒对国民党的手枪，宁可倒下去，不愿屈服。"高度赞扬他表现了我们民族的英雄气概。

孟子的这些话，虽然是在两千多年以前说的，但直到现在，还有它积极的意义。当然我们无产阶级有自己的英雄气概，有自己的骨气，这就是决不向任何困难低头，压不扁，折不弯，顶得住，吓不倒，为了社会主义、共产主义建设的胜利，我们一定能够克服任何困难，奋勇前进！

这篇文章，其立论、论证的经典性非常鲜明；从立论文的写作来看，有如下五个方面的技巧值得我们认真学用。

一是"亮出观点"的技巧。作者开门见山，在文中的第一段就掷地有声地亮出了本文的中心论点"我们中国人是有骨气的"，接着就引用孟子的话阐释了什么叫"有骨气"，为后文展开论证设定了精致的角度；孟子的这三句话可以看作是全篇文章的纲，贯穿于全文的始终。

二是“证明观点”的技巧。作者提出了全文的论点，然后重点运用“事实论据”进行论证。论证的内容始终照应着孟子“富贵不能淫，贫贱不能移，威武不能屈”这三句话。一个重要的细节是，在每个事实论据之后，作者都进行了简洁的评说，如“孟子说的几句话，在文天祥身上都表现出来了”“不食嗟来之食，表现了中国人民的骨气”等，照应非常严密，层次十分清楚。

三是“运用例证”的技巧。在论证的过程中，作者用充分的事例来阐发深刻的道理，分别运用了“文天祥”“古代一个穷人”“闻一多”三个“事实论据”，从三个不同的侧面证明了中心论点。这叫作：“三”的思维，并列用例，运用详例，反复论证，让作者的观点得到强有力的事实的支持。如果再分析一下这三个“事实论据”之间的关系，则可以发现：三个例子中的人物各代表着中国历史上的不同的社会阶层——民族英雄，穷苦平民，爱国知识分子。他们表现了我们民族自上至下、从古到今有着无数有骨气的人，从而具体地说明了“有骨气”是我们民族宝贵的精神。

四是“文章结构”的技巧。全文的表达，有总起，有分说，有总收；作者精致地设置了论说角度，有序地展开了论说过程，总起分说，边叙边议，严密照应；同时紧扣了文章标题，处处表现出对文章主题的凸显。

五是“深化主旨”的技巧。全文的最后一段，作者又把话题引回开头，不但做到了首尾照应，而且在议论上自然地由追溯传统过渡到号召发扬传统，使议论既前后贯通，又深入了一步；这就叫作：呼应开头，结合现实，点示意义，表现出深化文章意味的高妙技巧。

正是上述五个方面的表达技巧，《谈骨气》表现出了它的立论艺术的经典性。

很有意思的是，鲁迅先生的驳论文《中国人失掉自信力了吗》中“藏”有一篇规范的“立论文”，其表达艺术也很经典：

我们有并不失掉自信力的中国人在。

我们从古以来，就有埋头苦干的人，有拼命硬干的人，有为民请命的人，有舍身求法的人，……虽是等于为帝王将相作家谱的所谓“正史”，也往往掩不住他们的光耀，这就是中国的脊梁。

这一类的人们，就是现在也何尝少呢？他们有确信，不自欺；他们在前仆后继的战斗，不过一面总在被摧残，被抹杀，消灭于黑暗中，不能为大家所知道罢了。说中国人失掉了自信力，用以指一部分人则可，倘若加于全体，那简直是诬蔑。

要论中国人，必须不被搽在表面的自欺欺人的脂粉所诓骗，却看看他的筋骨和脊梁。自信力的有无，状元宰相的文章是不足为据的，要自己去看地底下。

我们同样可以从“亮出观点”“证明观点”“运用例证”“文章结构”“深化主旨”等方面来品析其表达的技巧。

加深了印象，就更加有利于我们的学用。

33. 学写八种说明段

《中国石拱桥》，全文总体的结构是如此的完美：严密，合理，讲究顺序的逻辑性。文章铺展从容不迫，按从一般到个别、从概貌到具体、从过去到现在的思路进行着有条有理的说明和介绍。

其结构可以这样分析：全文是以“石拱桥——中国石拱桥——中国石拱桥的典型杰作——中国石拱桥的成就和发展”的顺序来组织材料、进行说明的。

在我们的眼中，《中国石拱桥》的段内结构是那样的规范。全文共由10个自然段结构而成，几乎段段都可以划分出明晰的层次，尤以“总分式”的结构与顺序显得丰富多彩，让人不由得不进行此方面的专题写作训练。

让我们来看本文“总分式”段落结构的第一种形式：总分例证式——分说的部分由“例证”组成。

石拱桥的桥洞成弧形，就像虹。古代神话里说，雨后彩虹是“人间天上的桥”，通过彩虹就能上天。我国的诗人爱把拱桥比作虹，说拱桥是“卧虹”“飞虹”，把水上拱桥形容为“长虹卧波”。

这一段写石拱桥的形态。全段分为两层。第一层为总说，第二层为分说，总说句“石拱桥的桥洞成弧形，就像虹”是作者的一个观点，分说部分则举出了两个例子来证明作者的观点：一个例子着眼于“神话”，一个例子着眼于“诗”。全段的总说很概括，分说很生动，结构严密，层次清楚，线索明晰。

让我们来看本文“总分式”段落结构的第二种形式：总分要点式——分说的部分由“要点”组成。

这座桥的特点是：（一）全桥只有一个大拱，长达37.4米，在当时可算是世界上最长的石拱。桥洞不是普通半圆形，而是像一张弓，因而大拱上面的道路没有陡坡，便于车马上下。（二）大拱的两肩上，各有两个小拱。这个创造性的设计，不但节约了石料，减轻了桥身的重量，而且在河水暴涨的时候，还可以增加桥洞的过水量，减轻洪水对桥身的冲击。同时，拱上加拱，桥身也更美观。（三）大拱由28道拱圈拼成，就像这么多同样形状的弓合拢在一起，做成一个弧形的桥洞。每道拱圈都能独立支撑上面的重量，一道坏了，其他各道不致受到影响。（四）全桥结构匀称，和四周景色配合得十分和谐；桥上的石栏石板也雕刻得古朴美观。唐朝的张鷟说，远望这座桥就像“初月出云，长虹饮涧”。

这一段话是说明赵州桥的特点的，总说句为“这座桥的特点是”，它引出了关于赵州桥的四个方面的分说，而且分说的内容分别用（一）（二）（三）（四）领起，写了四个要点。正是因为有了这“（一）（二）（三）（四）”，就让人觉得段中的要点特别分明，全段的层次特别清楚，全段的内容特别好理解。

让我们来看本文“总分式”段落结构的第三种形式：总分主次式——分说的部分有明显的“主次”标志。

为什么我国的石拱桥会有这样光辉的成就呢？首先，在于我国劳动人民的勤劳和智慧。他们制作石料的工艺极其精巧，能把石料切成整块大石碑，又能把石块雕刻成各种形象。在建筑技术上有很多创造，在起重吊装方面更有意想不到的办法。如福建漳州的江东桥，修建于八百年前，有的石梁一块就有二百来吨重，究竟是怎样安装上去的，至今还不完全知道。其次，我国石拱桥的设计施工有优良传统，建成的桥，用料省，结构巧，强度高。再其次，我国富有建筑用的各种石料，便于就地取材，这也为修造石桥提供了有利条件。

这一段写中国石拱桥有光辉成就的原因，全段为典型的答问式结构。所问“为什么我国的石拱桥会有这样光辉的成就呢”就是全段的总说，总领下文的“答”。而且“答”的层次极为分明——“首先”“其次”“再其次”就是语言标志。显而易见，正是由于有了“首先”“其次”“再其次”这些关键词的强调，本段说明的思路便极为清晰——由“主要”说到“次要”。

让我们来看本文“总分式”段落结构的第四种形式：总分阶段式——分说的部分标示出了有明确时间的“阶段”。

两千年来，我国修建了无数的石拱桥。解放后，全国大规模兴建起各种形式的公路桥与铁路桥，其中就有不少石拱桥。1961年，云南省建成了一座世界最长的独拱石桥，名叫“长虹大桥”，石拱长达112.5米。在传统的石拱桥的基础上，我们还造了大量的钢筋混凝土拱桥，其中“双曲拱桥”是我国劳动人民的新创造，是世界上所仅有的。近几年来，全国造了总长二十余万米的这种拱桥，其中最大的一孔，长达150米。我国桥梁事业的飞跃发展，表明了我国社会主义制度的无比优越。

这一段说明了中国石拱桥的建筑历史及其新的发展。总说句“两千年来，我国修建了无数的石拱桥”是概说，其后的内容是细说。细说的内容呈鲜明的时间式结构：“两千年来”“解放后”“近几年来”就是关键词，它们将很宽广的时间范围“划分”为几个阶段，由远及近，同样让人觉得层次清晰明了。

一篇课文中能够有四种形式的“总分”结构让我们学习运用，这实在是让人赞叹。其实，学习运用说明段的这种结构形式，除了让我们说明的思路清晰、说明的层次清楚之外，其学习过程还能够锻炼我们的思维能力、分析能力，其学习的收获不仅只是用于说明文语段的写作，对于提高我们口语表达的能力也极有帮助。

《中国石拱桥》，如此丰富规范的段落形式，怎能不是说明文写作指导的标本？

《中国石拱桥》段式的美妙，让我们想到了《故宫博物院》。

《故宫博物院》中最值得学习的，是它的“描述式说明段”。

“描述式说明段”展开的形式之一：说明 + 描述。

太和殿俗称金銮殿，高28米，面积2380多平方米，是故宫最大的殿堂。在湛蓝的天空下，那金黄色的琉璃瓦重檐屋顶，显得格外辉煌。殿檐斗拱、额枋、梁柱，装饰着青蓝点金和贴金彩画。正面是12根红色大圆柱，金琐窗，朱漆门，同台基相互衬映，色彩鲜明，雄伟壮丽。

这个段落分为两个层次，显示了说明文中常用的一种写段的结构模式——先说明，再描写——略作说明，详细描述。说明是平实的，一句话就将事物的特点概说得很清楚；描述是生动的，几句话就将事物的特点表现得生动具体。

“描述式说明段”展开的形式之二：说明 + 举例。

太和殿是举行重大典礼的地方。皇帝即位、生日、婚礼和元旦等都在这里受朝贺。每逢大典，殿外的白石台基上下跪满文武百官，中间御道两边排列着仪仗，皇帝端坐在宝座上。大殿廊下，鸣钟击磬，乐声悠扬。台基上的香炉和铜龟、铜鹤里点起檀香或松柏枝，烟雾缭绕。

此段的第一层简洁地点示出了事物的特点——“太和殿是举行重大典礼的地方”。紧接着就举例——用描述的方式说明“每逢大典”时的盛况。这个段也显示了说明文常用的一种段落结构模式——先说明，再举例。先略作说明，是将事物的作用概说得很清楚；再生动地描述事例，将事物在特定境况下的情形表述得生动优美。

“描述式说明段”展开的形式之三：说明 + 比较。

后三宫往北就是御花园。御花园面积不是很大，有大小建筑二十多座，但毫无拥挤和重复的感觉。这里的建筑布局、环境气氛，和前几部分迥然不同。亭台楼阁、池馆水榭，掩映在青松翠柏之中；假山怪石、花坛盆景、藤萝翠竹，点缀其间。来到这里，仿佛进入苏州园林。

这个例段也是两个层次。前一层简洁地说明了“御花园”的特点，后一层设置“比较”并用生动的描写表现出“御花园”区别于其他部分的“迥然不同”。这里的表达，因为有了比较，就让事物的特点显得更加鲜明。

“描述式说明段”展开的形式之四：说明 + 观感。

从御花园出顺贞门，就到紫禁城的北门——神武门，对面就是景山。景山是明代修建紫禁城的时候，用护城河中挖出的泥土堆起来的，现在成了风景优美的景山公园。| 站在景山的高处望故宫，重重殿宇，层层楼阁，道道宫墙，错综相连，而井然有序。这样宏伟的建筑群，这样和谐统一的布局，不能不令人惊叹。

在写游览、参观的说明段中，是需要流露出一定情感的，而表达这种情感的较好的方式，则是表达观感。上面这个语段，分为两个层次：第一层是说明，是介绍；第二层就表现出一种观看事物之后的感受。观感——表现了说明对象的艺术影响力，活跃了说明段的结构，又适度地表达了情感。

学用以上结构模式的说明段，需要注意几个问题。

①段落基本上由两个层次的内容构成，即“说明”加上“描述”。这样的层次结构很便于段的展开。

②为了突出“描述”在段中的作用，要注意点示出关键的词语，如以上几个例段中能够突现出“举例”“比较”“观感”的词语。

③在运用这种模式时，“描述”的分寸感甚为重要。说明文中的描写不同于记叙文或文学作品中的描写，它不要求尽情的渲染，也不要求着意的抒情——需要的只是客观、准确、适度。

如果别出心裁的话，教师可以指导学生学用上面所述的段式来写一篇建筑物或者景点介绍方面的说明文。

34. 一篇美妙运用故事传说的奇文

引入与穿插，是书面表达、口语表达中一种很有文学味道的生动手法。

让我们印象比较深的事例是，在游玩、观览时，导游常常在对景点的介绍之中插入有关神话传说、民间故事、历史掌故以及风土人情、地方物产等内容，于是这种讲解就富有情趣。

在文章的写作中，故事、传说的引入穿插是作者们的常用手法。

毛泽东在中国共产党第七次全国代表大会的闭幕式上的演讲中，引入“愚公移山”的故事，接着号召全国人民坚持下去，挖掉帝国主义和封建主义这两座大山。鲁迅先生在散文《从百草园到三味书屋》中，讲述了“美女蛇”的故事，渲染了百草园的神秘色彩，表现了童年生活的难忘。作家刘白羽在《长江三日》中，用轻巧一笔，点示了充满神奇缥缈传说的美女峰。作家梁衡先生在美文《晋祠》中，引用了“剪桐封弟”的典故，增加了景点的历史厚重感……

非常有趣的是经典的科学小品《死海不死》，短短的一篇千字文中，居然两次穿插引用了故事传说，堪称奇特。

从此文的构思布局看，作者使用了三处妙笔：开头写死海的奇特现象，这叫

“悬一笔”；中间穿插传说和神话故事，这叫“插一笔”；末尾处再附带说说死海的现在和将来，这叫“补一笔”。这三笔决定了文章的趣味性和艺术性。其中的“插一笔”用得美妙自然。

文中的第一次穿插——关于死海的传说：

传说大约两千年前，罗马统帅狄杜进兵耶路撒冷，攻到死海岸边，下令处决俘虏来的奴隶。奴隶们被投入死海，并没有沉到水里淹死，却被波浪送回岸边。狄杜勃然大怒，再次下令将俘虏扔进海里，但是奴隶们依旧安然无恙。狄杜大惊失色，以为奴隶们受神灵保佑，屡淹不死，只好下令将他们全部释放。

文章接着用“那么，死海海水的浮力为什么这样大呢”一句领起，阐释了死海浮力大的主要原因是海水的咸度很高。

文中的第二次穿插——关于死海的形成：

死海是怎样形成的呢？请先听一个古老的传说吧。远古时候，这儿原来是一片大陆。村里男子们有一种恶习，先知鲁特劝他们改邪归正，但他们拒绝悔改。上帝决定惩罚他们，便暗中谕告鲁特，叫他携带家眷在某年某月某日离开村庄，并且告诫他离开村庄以后，不管身后发生多么重大的事故，都不准回过头去看。鲁特按照规定的时间离开了村庄，走了没多远，他的妻子因为好奇，偷偷地回过头去望了一眼。哎哟，转瞬之间，好端端的村庄塌陷了，出现在她眼前的是一片汪洋大海，这就是死海。她因为违背上帝的告诫，立即变成了石人。虽然经过多少世纪的风雨，她仍然立在死海附近的山坡上，扭着头日日夜夜望着死海。上帝惩罚那些执迷不悟的人们：让他们既没有淡水喝，也没有淡水种庄稼。

文章接着用“其实，死海是一个咸水湖，它的形成是自然界变化的结果”一句领起，诠释了死海的形成是自然界变化的结果。

《死海不死》中的这两次穿插，一传说一神话，选材贴切，详略有致，叙述的口吻各不相同；它们共同起着增加说明的趣味性、优化文章的结构美、自然引出对事物原因的说明的作用，表现出高超的布局谋篇的技巧。

这种行文的高妙笔法还告诉我们，中学生的科学、文化、文学知识的积累，有助于文章写作中的“穿插”。

35. 运用哲理句点题

精美诗文的结尾方式之一，是“运用哲理句点题”。

先来看鲁迅先生的《故乡》的最后一段：

我在朦胧中，眼前展开一片海边碧绿的沙地来，上面深蓝的天空中挂着一轮金黄的圆月。我想：希望是本无所谓有，无所谓无的。这正如地上的路；其实地上本没有路，走的人多了，也便成了路。

从字面的意思来看，作者在此处把希望比作地上的路，意思是：只空有希望而不去奋斗、追求，希望便“无所谓有”；有了希望并始终不渝地斗争、实践，希望便“无所谓无”。人们都满怀希望奋斗，就会迎来新生活。

作者在这里借助渐渐远离故乡的“我”的朦胧之感，幻化出一个神奇的境界：海边，碧绿的沙地；天上，深蓝的天空中挂着一轮金黄的圆月。它似乎照亮了“我”心中的希望之路。

请注意全文最后的一句话：“其实地上本没有路，走的人多了，也便成了路。”这富于思辨性的精辟议论，洋溢着浓郁的诗情，给读者以深刻的哲理启示。

同时，这富于哲理性的美句，为全文做了深沉而隽永的收束，给我们留下了悠远的思想空间。

让我们再来读课文《行路难》：

行　路　难

李白

金樽清酒斗十千，玉盘珍羞直万钱。
停杯投箸不能食，拔剑四顾心茫然。
欲渡黄河冰塞川，将登太行雪满山。
闲来垂钓碧溪上，忽复乘舟梦日边。
行路难，行路难，多歧路，今安在？
长风破浪会有时，直挂云帆济沧海。

诗人在感慨人间“行路”艰难的同时，又忽开异境，高吟出一个展望前程的美句：“长风破浪会有时，直挂云帆济沧海。”作者相信，尽管前路障碍重重，但终有一天会乘长风破万里浪，挂上云帆，横渡沧海，到达理想的彼岸。

此联诗句意境开阔，气势磅礴，作为全诗的收束，既表达了作者决心冲破一切艰难险阻、实现远大抱负的信心，又让人们强烈地感受到一种倔强、自信、执着地追求理想的强大精神力量。

因此，人们称这一联诗为“千古雄句”，说它“激荡千秋志士之心”。

《故乡》的结尾，《行路难》的结尾，都是用富有感染力的、哲理性很强的句子结尾，这是一种充满美感的“运用哲理句点题”的结尾技法。

所谓“哲理句”，就是语言精练、寓意深刻的语句。

作品中的哲理句，往往用精练的语言表达出深刻的思想，常常能超越时代、地区的局限而给人以极大的启发和教益。

用于文章结尾的哲理句，一方面在深化文章主题、表达作者感悟方面起着重要的作用，一方面又能“独立”出来，离开作品的语境而进入人们的生活，滋养着人们的思想。

而这种结尾方式，也成为人们收束文意、升华思想的一种有效方法。

原苏教版初中语文教材七年级上册的“名著推荐与阅读”的课文中，有出自《钢铁是怎样炼成的》的节选片段，其结尾方式就是“运用哲理句点题”：

生命的意义

保尔不知不觉地来到了松林跟前，他在岔路口站了一会儿。在他的右面是阴森森的老监狱，它用高高的尖头木栅栏和松林隔开，而它后面是医院的白色房子。

瓦莉亚和她的同志们就是在这地方，在这空旷的广场上的绞架下被绞死的。他在原来竖绞架的地方默默地站了一会儿，随后就走下陡坡，到了埋葬烈士们的公墓那里。

不知道是哪个有心人，用枞树枝编成的花圈把那一列坟墓装饰了起来，给这小小的墓地围上了一圈绿色的栅栏。笔直的松树在陡坡上高矗，绿茵似的嫩草铺遍了峡谷的斜坡。

这里是小镇的近郊，又阴郁，又冷清，只有松树林轻轻低语和从复苏的大地上散发出来的新鲜的气味。……就在这地方，他的同志们英勇就义，为了使那些生于贫贱的、那些一出生就当奴隶的人们能有美好的生活而献出了自己的生命。

保尔缓缓地摘下了帽子。悲愤，极度的悲愤充满了他的心。

人最宝贵的是生命。生命每个人只有一次。人的一生应当这样度过：当回忆往事的时候，他不会因为虚度年华而悔恨，也不会因为碌碌无为而羞愧；在临死的时候，他能够说："我的整个生命和全部精力，都献给了世界上最壮丽的事业——为人类的解放而斗争。"人应当赶紧地、充分地生活，因为意外的疾病或悲惨的事故随时都可以结束他的生命。

保尔怀着这样的思想离开了烈士公墓。

这里写的是保尔病愈后即将回到基辅，来到烈士墓前悼念革命战友的事。这是一个完整的事件，我们可以视之为一篇小小的记事文。

这篇小小的记事文，是以流传在无数人心中的历经久远的年代而不衰的"哲理句"作为收束的。

"人最宝贵的是生命"这一段话，是保尔在同志们的墓地前的感想。他怀着极度的悲愤来悼念那些为了使受苦的人们能过上美好的生活而牺牲的战友，从他们短暂而壮丽的一生中体会到了生命的意义。

这一段闪光的文字用精练的语言表达了极为深刻的思想感情，给人以极大的启发和教益。它既是"短文"的结尾，又作为一种诗意的、刚劲的思想进入人们的心中，产生了普遍的意义和深远的影响。

现在我们再将前面所介绍的三个"结尾"放在一起来看一下。

我想：希望是本无所谓有，无所谓无的。这正如地上的路；其实地上本没有路，走的人多了，也便成了路。

长风破浪会有时，直挂云帆济沧海。

人最宝贵的是生命。生命每个人只有一次。人的一生应当这样度过：当回忆往事的时候，他不会因为虚度年华而悔恨，也不会因为碌碌无为而羞愧；在临死的时候，他能够说："我的整个生命和全部精力，都献给了世界上最壮丽的事业——为人类的解放而斗争。"

它们竟然都是作者心中的感想，这又从另外一个方面启示我们，"运用哲理句点题"的结尾技法，在表达的角度上也应该是有所讲究的。

第四章

专项探究，发现有趣秘密

本章导读

写作构思的有趣秘密天然地存在于作品之中，然而我们却往往浑然不觉。当我们运用“专项探究”的手法，从一定数量的课文、文章中发现并整合某一类文笔的精华时，就能发现细节极为精美的表达艺术。这样的“专项探究”进行得越多，收获就越丰美，品位就越高雅，专业水平就越高。这一章，将运用15篇充满知识性和文学性的短文对此进行有趣的说明。

36. 语文教材，警句之家

一部作品或一篇作品中，语言简练、含义深刻并富有哲理的句子往往给人留下深刻的印象；在修身养性、处世为人、激励志向、启迪思维、勤勉治学等方面能给读者以启发并起到警示的作用，这样的句子就是警句。警句言简意赅，凝练深刻，是文章内容的一种精华。品味警句，既能感受其表达之美，让我们有丰富的积累，又能使我们准确理解作品的内涵、把握作品的精神境界。

中小学的语文教材，可以说是警句之家；有警策之美的警句到处都是。

《〈论语〉十二章》，因为语录体的写法，提炼精致，表达精美，格言警句，美不胜收。在人格、志气、理想、修养、智慧、勤奋、思想方法等方面都有闪亮的思想火花。如“三军可夺帅也，匹夫不可夺志也”“不义而富且贵，于我如浮云”“有朋自远方来，不亦乐乎”“三人行，必有我师焉”“逝者如斯夫，不舍昼夜”……语言精警生动，充满人生智慧，濡染着我们的思想灵魂。

李白的《行路难》有“行路难，行路难，多歧路，今安在？长风破浪会有时，直挂云帆济沧海”的千古雄句。诗人在感慨人间“行路”艰难的同时，忽开异境，高吟出一个展望前程的美句，意境开阔，气势磅礴，振起全诗，表达了作者决心冲破一切艰难险阻、实现远大抱负的信心。

范仲淹的《岳阳楼记》，有“不以物喜，不以己悲”“先天下之忧而忧，后天下之乐而乐”的精警名言，它点明文章主旨，抒发了作者的政治理想与抱负，表现了博大的胸怀和高尚的人生境界，在广为传诵之中，影响了无数的名人志士。

鲁迅先生《故乡》的最后一段是：

我在朦胧中，眼前展开一片海边碧绿的沙地来，上面深蓝的天空中挂着一轮金黄的圆月。我想：希望是本无所谓有，无所谓无的。这正如地上的路；其实地上本没有路，走的人多了，也便成了路。

“其实地上本没有路，走的人多了，也便成了路。”这富于哲理性的警句，为全文做了深沉而隽永的收束，给读者以深刻的哲理启示，留下了悠远的思想空间。

普希金的诗歌《假如生活欺骗了你》，用说理的方式、劝说的口吻、和缓的语气，鼓励人们要乐观坚强，要相信生活、相信未来。“假如生活欺骗了你，不要悲伤，不要心急！忧郁的日子里需要镇静：相信吧，快乐的日子将会来临”等诗句，有着美妙的警策之味，表现出此诗内蕴的深沉厚重；难怪在它问世后，流传不息，蜚声世界，许多人把它作为激励自己前进的座右铭。

陶行知的《创造宣言》，在警句的创造上也别具一格、别有风味：“教育者所要创造的是真善美的活人”“平凡单调，只是懒惰者之遁词”“生路是要勇气探出来、走出来、造出来的”“当英雄无用武之地，他除了大无畏之斧，还得有智慧之剑，金刚之信念与意志，才能开出一条生路”“处处是创造之地，天天是创造之时，人人是创造之人”……

毕淑敏的《精神的三间小屋》，诗一般的表达中有数量众多的美词佳句：“有一颗大心，才盛得下喜怒，输得出力量”“无论一生遭受多少困厄欺诈，请依然相信人类的光明大于暗影”“在布置我们的精神空间时，给爱留下足够的容量”“适合你的事业，不靠天赐，主要靠自我寻找”“我们可以不美丽，但我们健康。我们可以不伟大，但我们庄严。我们可以不完满，但我们努力。我们可以不永恒，但我们真诚”……

还有《诫子书》，本身就是名言警句的集锦；还有《谈读书》，闪烁着思想之光的佳句美不胜收；还有《沁园春·雪》《我爱这土地》《海燕》《出师表》《生于忧患，死于安乐》《虽有嘉肴》，每篇都有警句……

语文教材，警句之家。

37.“我”和“妈妈”：记叙文的一种常用构思角度

记叙文作品中，有不少文章写的是“我”和“妈妈（母亲）”的故事。

略略地梳理一下学生们熟悉的一些课文，可以得到更多的审美收获。

朱德的《回忆我的母亲》，是记叙性散文，是回忆录，写的是母亲的一生。

作者怀着真挚的深情，用平实如话的语言，追述了母亲勤劳、朴实的一生以及对自己终身的影响。从家中小事到支持“我”投身革命，全文运用丰富的事例，边叙述，边议论，边抒情，歌颂了平凡而伟大的母亲的崇高品德，表达了自己将继续革命、为中国人民的解放事业而鞠躬尽瘁的坚定志向。

梁晓声的《慈母情深》，是小说的节选，重点写了母亲在一个短暂的生活瞬间的故事。

文中记叙了母亲在非常艰难的生活条件下，省吃俭用，支持和鼓励“我”读课外书的往事。故事的场景设置在一个工作环境很差的车间里，七八十台缝纫机发出的噪声震耳欲聋，“我”因为想买一本《青年近卫军》而去向母亲要钱；“瘦弱的脊背弯曲着，头和缝纫机挨得很近”的母亲“掏出一卷揉得皱皱的毛票，用龟裂的手指数着”，给了我买书的钱。这个故事表现了慈母对子女的深情关爱，以及孩子对母亲的敬爱之情。

史铁生的《那个星期天》，是小说节选，写的是一天之中，母亲让孩子失望、伤心的故事。

故事运用儿童视角展开描述，情节简明，细节生动。一个小男孩在一个星期天里等待着母亲带他出去玩，母亲答应了他，那是他的“第一次盼望”。一早上小男孩就开始既兴奋又满怀期盼地等待着；但母亲一拖再拖而让小男孩焦急万分；直到黄昏到来，母亲也没有兑现承诺而让男孩失望、委屈，乃至“绝望”。

故事为什么要写一位母亲让孩子如此伤心呢？原来这是一种特别的叙事角度，它表现了母亲在一个星期之中唯一能够休息的那一天，为了堆积如山的家务而如此繁忙和辛劳。

冰心的《荷叶·母亲》，是咏物抒情散文，描写了风雨之中荷叶呵护红莲的美好画面。

在作者的笔下，“窗外雷声作了，大雨接着就来”“那朵红莲，被那繁密的雨点，打得左右攲斜”“红莲旁边的一个大荷叶，慢慢地倾侧了下来，正覆盖在红莲上面”。于是“我心中深深地受了感动——母亲啊！你是荷叶，我是红莲。心中的雨点来了，除了你，谁是我在无遮拦天空下的荫蔽？”。

写大雨，写红莲，写荷叶，文中意象丰美；作者托物寄意，写景抒情，以物喻人，赞美了纯洁的母爱。

泰戈尔的《金色花》，是散文诗，是充满想象之美的抒情短章。

作者运用第二人称的方式，从儿童的视角来抒情，想象自己“变成了一朵金色花”，“长在树的高枝上”，在一天之中的早上、中午、黄昏观察妈妈的工作，并在黄昏到来时“落到地上来”，又成了妈妈的孩子。作者撷取了秀美的物象来抒写心灵，表达了孩子对母亲的纯真、甜蜜、依恋、圣洁的爱；这是一曲柔和甜美的爱的颂歌。

吴然的《走月亮》，是叙事抒情散文，抒写了一个美好月夜里“我和阿妈”的乡村夜行。

文中写的是一个秋夜，有月亮的晚上，“我和阿妈”在洒满月光的小路上走着。移步换景之中，走过月光闪闪的溪岸，走过石拱桥，走过月影团团的果园，走过庄稼地和菜地……景物是那样地恬静美好，丰收的景象是那样地让人陶醉。

本文的写作手法奇妙，赞美了宁静甜美的家乡生活；但一直用“我”“自言自语”的抒情方式来描摹美好景物，对“阿妈”少有描写；可正是因为有“阿妈”的陪伴，才使文章显得情味深长，意境优美。

教材中，还有铁凝的《盼》、史铁生的《秋天的怀念》，还有课文《腊八粥》，还有有关的童话和寓言等，写的也是“我”和“妈妈”的故事。

“我”和“妈妈”——记叙文的一种常用构思角度；文章体裁、叙事角度、表现手法可以千变万变，但“爱”的主题永远不变；“妈妈”爱“我”，“我”爱“妈妈”。

在日常作文教学中，教师可利用有关范文，从立意、选材、情节展开、细节描写、议论抒情等角度对学生进行指导，引导学生写出篇幅精短、情意深长的习作。

38. 游记构思八法

游记，是一种常用的写作体式；写游记，是中小学生必须经历的写作能力训练。

在“游记”文章的教学中，我们常常只说“移步换景”，好像游记类的文章，就只是通过“移步换景”的记叙方式来展开似的。其实当我们将很多篇“游记”课文“同类相聚”之后，就会发现，游记文章的铺叙，有多种多样的角度与手法。

《颐和园》：“移步换景”之法。

文中表现游踪的关键句是：

进了颐和园的大门，绕过大殿，就来到有名的长廊；走完长廊，就来到了万寿山脚下；登上万寿山，站在佛香阁的前面向下望，颐和园的景色大半收在眼底；从万寿山下来，就是昆明湖。

这个句子点示了其构思的要领：游踪明晰，移步换景，景景相联；写一处，再写一处。

《观潮》："定点观看"之法。

文章的主要内容围绕这个重点片段展开：

农历八月十八是一年一度的观潮日。这一天早上，我们来到了海宁县的盐官镇，据说这里是观潮最好的地方。我们随着观潮的人群，登上了海塘大堤。

这篇游记反"移步换景"之道，写站在"海塘大堤"上看景物：游人定点观察，眼前潮起潮落；描写之中有明显的时间顺序。

《桂林山水》："山水相联"之法。

全文的总说句是：

人们都说："桂林山水甲天下。"我们乘着木船，荡漾在漓江上，来观赏桂林的山水。

然后作者接着描写桂林的水、桂林的山，最后一段抒情、赞美。

这篇文章的写法是：总提分述，描山绘水，优美抒情，巧用句式，段式美妙。

《长城》："虚实相映"之法。

作者在这篇游记中先写了对长城的观览，然后笔锋一转：

站在长城上，踏着脚下的方砖，扶着墙上的条石，很自然地想起古代修筑长城的劳动人民来。

接着进行联想、抒情。于是这篇游记就表现出特别的构思方法：略写一点游踪，着力一处景点，然后联想、议论、抒情；由实而虚，用联想来深化文旨。

《鸟的天堂》："两次铺叙"之法。

这篇游记作品，先写头天傍晚时分，看到大榕树而不见小鸟；再写第二天清晨，在大榕树下看到了小鸟，听到了鸟鸣。

它前有铺垫，描叙大榕树；后有细写，描述大榕树上鸟的天堂，表现出了美妙的构思技法；似有先抑后扬的味道。

《山中访友》："对物抒情"之法。

这则游记运用第二人称的方式，写自己到山里去玩。作者在移步换景之中对所见景物抒发喜爱之情，语言精美，画面丰富优雅。

《一滴水经过丽江》："拟物自述"之法。

作者运用拟物自述的手法，化身为一滴水，在流动之中表现丽江古今的美景，一线串珠；由古及今，由雪山至大江。

《壶口瀑布》："引申哲理"之法。

作者开篇写"壶口在晋陕两省的边境上，我曾两次到过那里"，然后先略后详地描写雨季中和枯水季节时壶口瀑布的壮观景色，最后引申升华：

黄河博大宽厚，柔中有刚；挟而不服，压而不弯；不平则呼，遇强则抗，死地必生，勇往直前。正像一个人，经了许多磨难便有了自己的个性……

这则游记表现了作者的散文理念：叙述的美、意境的美、哲理的美。

39. "咏物"种种

咏物，原指以诗歌来描写事物，古代一些写物的诗歌，就叫咏物诗。在现在的实际运用中，"咏物"一般指用生动美好的语言描绘事物，如常说的"咏物抒情"。

"咏物"是一种常用的立意、构思、表达的角度，就像记事、写人一样。从表达艺术看，或者从表达的角度看，"咏物"文章有着不同的类型，各种类型之间有着细微的差别。

"咏物"文章的第一种，是吟咏事物，抒发情感。

如郭沫若的《白鹭》，咏叹"白鹭是一首精巧的诗""白鹭实在是一首诗，一首韵在骨子里的散文诗"，抒发了赞美之情。

"咏物"文章的第二种，是写物忆趣，回忆美好。

如贾平凹的《风筝》，写"童年的时候，我们这些孩子，最大的快乐就是做风筝，放风筝"。文章以"风筝"为线索，写了孩子们的自在、快乐，点示了孩子们对幸福和希望的憧憬，充满了童真童趣。

"咏物"文章的第三种，是咏物抒情，托物寄意。

这是咏物文章的最常见写法，如宗璞的散文《紫藤萝瀑布》，通过吟咏紫藤萝花的美好，引申出“生命的长河是无止境的”的人生哲理；还有她的《丁香结》，描述了丁香之美，点示了“每个人一辈子都有许多不顺心的事，一件完了一件又来。所以丁香结年年都有。结，是解不完的；人生中的问题也是解不完的”的美妙哲理。

“咏物”文章的第四种，是物我相融，表现美感。

这种方法能够非常有力地表现景物的美好。如叶圣陶先生的《荷花》，描写了荷花之美，“看看这一朵，很美；看看那一朵，也很美”，看着看着，作者居然写道“我忽然觉得自己仿佛就是一朵荷花，穿着雪白的衣裳，站在阳光里。一阵风吹来，我就翩翩起舞，雪白的衣裳随风飘动”。

作者从“物我相融”的角度，写自己看荷花时也仿佛变成了荷花，意在表达“荷花多美啊”的意味。

“咏物”文章的第五种，是以物写人，写物言情。

如贾平凹的《一棵小桃树》，“我的小桃树”在全文中一共出现了7次，作为抒情线索贯穿全文。它蓄着“我”的梦想，在院子的角落中萌芽，在基本上无人理会的环境中委屈地成长，即使在大风大雨之中仍然顽强地闪现着生命之光。文中明写小桃树及其生长环境，叙述了小桃树的“身世”，同时暗写了作者自己在艰难环境之中的成长。

“咏物”文章的第六种，是写景写物，突现象征。

象征手法是文学创作的一种艺术手法，是一种寄意深远的整体构思方式；好像是写“此”，实际是写“彼”。茅盾的《白杨礼赞》就是代表作之一。作者即景抒情，写物抒情，从象征意义看，层次鲜明地赞美了“北方农民”“家乡哨兵”和“用血写出新中国历史的精神和意志”。高尔基的《海燕》一文，在象征手法的运用上同样纯美。

还有特别的“咏物”手法，是写物明理，评说时政。

如韩愈的《马说》，通篇都是写马，写了“食马者”不识千里马的故事。其实作者在这里是以良马喻人才，托物寄意，针砭时弊，写人才的知遇之难。《马说》说的是马，指的是用人的眼光，点示的是关于要善用人才的道理。

“咏物”的散文，优美奇异，“品种”丰富。它们有着寓情于物、吟咏赞美、写物忆趣、即物抒怀、借物言情、写物寄意、托物言志、以物喻人、咏物明理、美好象征等多种抒情角度。它们以“物”为线，记事、写人、抒情，给我们以美不胜收的阅读享受。

40. 童年的故事成年写……

在“记叙描写＋议论抒情”式结构的短文中，有一种特别的写作角度，其基本的写作思路是：写童年的故事，表达成年时的感受；或者是写很久很久以前的故事，抒发现在的情怀。

我们姑且说这种表达的技法叫作“童年的故事成年写”，其文章内容大体上由两个部分构成，第一部分是叙事写人，第二部分是议论抒情。

比如小学课文《“精彩极了”和“糟糕透了”》。

文章的第一部分是作者的童年故事：

作者童年时，父亲和母亲对他的作品有截然不同的评价。作者七八岁时写了第一首诗，妈妈的评价是“精彩极了”，爸爸的评价是“糟糕透了”。“我”对“精彩极了”的反应是“得意扬扬”，而对“糟糕透了”的反应是“痛哭起来”……

文章的第二部分是作者的成年感受：

这些年来，我少年时代听到的这两种声音一直交织在我的耳际：“精彩极了”“糟糕透了”“精彩极了”“糟糕透了”……它们像两股风不断地向我吹来。我谨慎地把握住生活的小船，使它不被哪一股风刮倒。我从心底里知道，“精彩极了”也好，“糟糕透了”也好，这两个极端的断言有一个共同的出发点——那就是爱。在爱的鼓舞下，我努力地向前驶去。

这里的感受，表达了人生感悟，抒发了对父母之爱的真情。

又如初中的课文《走一步，再走一步》。

课文的第一部分是作者的童年故事：

这是一次从冒险到遇险，再到脱险的全过程。小亨特体弱怯懦，一次他跟随伙伴攀登悬崖，由于害怕，上不去下不来。杰里引着小亨特的父亲找到了他，在父亲的鼓励下他终于得以脱险。

课文的第二部分是作者的成年感受：

此后，我生命中有很多时刻，面对一个遥不可及的目标，或者一个令人畏惧的情境，当我感到惊慌失措时，我都能够轻松应付——因为我回想起了很久以前悬崖上的那一课。我提醒自己不要看下面遥远的岩石，而是注意相对轻松、容易的第一小步，迈出一小步，再一小步，就这样体会每一步带来的成就感，直到达成了自己的目标。这个时候，再回头看，不就会对自己走过的这段漫漫长路感到惊讶和骄傲。

这里的感受，表达了人生感悟，升华了人生哲理。

鲁迅先生的《阿长与〈山海经〉》，是典型的“童年的故事成年写”的文章体式，暗合《朝花夕拾》的意味。

文章重点写了童年时的保姆阿长给自己买回了朝思暮想的《山海经》的故事，接着进行真切的抒情：

我的保姆，长妈妈即阿长，辞了这人世，大概也有了三十年了罢。我终于不知道她的姓名，她的经历；仅知道有一个过继的儿子，她大约是青年守寡的孤孀。

仁厚黑暗的地母呵，愿在你怀里永安她的魂灵！

这里的抒情，是发自内心的追念，深沉悠长。

“童年的故事成年写”，也可以理解为“很久以前的故事现在写”。课文《秋天的怀念》就是这样的杰作。

文章的第一部分，用沉重的笔墨，写了自己残疾之后的不懂事，写了母亲身怀重疾却对儿子百般忍耐的宽容之爱。

文章的第二部分，写作者在生活的磨砺之后终于懂得了母亲的心，于是文章有了充满情感亮色的抒情：

又是秋天，妹妹推我去北海看了菊花。黄色的花淡雅，白色的花高洁，紫红色的花热烈而深沉，泼泼洒洒，秋风中正开得烂漫。我懂得母亲没有说完的话。妹妹也懂。我俩在一块儿，要好好儿活……

这里的结尾升华出美妙的意境，表现出多方面的表达作用与表达效果，特别是它的抒情与点题之妙。

“童年的故事成年写”，表现出来的是记叙文写作构思的一种规律；可以通俗地理解为“过去的故事现在写”，其基本的结构特点就是先描述故事，再议论抒情。教师的教学指导，可以突现这种基本规律，引导学生回忆生活中美好难忘的瞬间或细节，表达对成长、对生活的回首、感悟或喜爱赞美之情。

41. 文末有一个详写的故事

不少的叙事写人的文章，最后都有一个详写的故事；它们表现了一种构思的规律、一种行文的技法，读起来让人觉得饶有趣味。

杨绛的《老王》，先略写了：老王低下的地位、卑微的身份，他的贫困、生活窘迫与生计艰难，他的老实厚道、重感情和讲仁义的品性，“我”的一家与老王的交往以及对老王的关心照顾，还有老王的生病。最后详写了：重病之中、临死之前，老王给“我”送来了好香油、大鸡蛋的故事。没有什么社会地位的濒临死亡的老王心念旧恩，用不可思议的举动，表现了他的纯美人性。

鲁迅先生的《阿长与〈山海经〉》，先略写了：阿长的身份，阿长“切切察察”的样子，阿长的睡相，阿长懂得的“规矩”和道理，阿长在正月初一的古怪仪式，阿长讲的长毛的离奇故事等。最后详写了：阿长给“我”买来了“念念不忘”的《山海经》，让“我似乎遇着了一个霹雳，全体都震悚起来”“谋害隐鼠的怨恨，从此完全消灭了”。

安徒生的《皇帝的新装》，先略写了：皇帝的喜好，骗子的来到，骗子的忙忙碌碌，皇帝派“诚实的老大臣”去观察骗子织布，皇帝又派另外一位诚实的官员去看工作进行的情况，皇帝亲自选了一群特别圈定的随员去看骗子的“一根线的影子都看不见”的织布。最后详写了：第二天早上的游行大典，“皇帝把所有衣服都脱下来了”，穿着他的“美丽的新装”游行，“可是他什么衣服也没有穿啊！”，一个小孩子最后叫了出来……

艾芙·居里的《美丽的颜色》，先略写了：“娄蒙路的棚屋”环境的恶劣，在院子露天地里进行炼制的工作的辛苦，引用居里夫人自己的话来展现她在艰苦工作中的心理感受。然后详写了：居里夫妇到娄蒙路的棚屋里看到镭的“美丽的颜色”的故事。这是一个有着完整的“记叙的要素”的故事，起因、经过、结果一应俱全，细节生动，表达方式丰富，人物形象栩栩如生。

汪曾祺的《昆明的雨》，先略写了：昆明的雨季是明亮的、丰满的，使人动情的；雨季逛菜市场，随时可以看到各种菌子；雨季的果子，是杨梅；雨季的花是缅桂花；等等。最后详写了："雨，有时是会引起人一点淡淡的乡愁的"——友人朱德熙，在这样的雨季，陪着汪先生赏雨、品酒、观景，让他暂时忘却了乡愁；这是一种纯美的友情，让作者四十年后，"还忘不了那天的情味"。

还有曹文轩的《孤独之旅》，先尽情略写了杜小康和他的父亲在芦苇荡放鸭生活的种种经历和心路历程，最后详写了父子俩在暴风雨之中的顽强搏斗。

……

综上所述，不少的叙事写人的文章，最后都有一个详写的故事。教师指导学生学写这样的文章，一定要给学生点示：这是一种构思规律，需要用多件事写人；先略写，进行多角度的逐层铺垫，丰厚故事内容，优化故事细节，形成文中波澜；然后详写——突现最重要、最感人的故事。

42. 似在叙事，实是议论

下面是一些课文的结尾段或结尾部分，它们运用了同一种手法。

梁衡的《跨越百年的美丽》：

著名科学家爱因斯坦说过："在所有的世界著名人物当中，玛丽·居里是唯一没有被盛名宠坏的人。"

林海音的《窃读记》：

我低着头走出书店，脚站得有些麻木，我却浑身轻松。这时，我总会想起国文老师鼓励我们的话："记住，你们是吃饭长大的，也是读书长大的！"

阿累的《一面》：

这事到现在已经隔了四年。在这四年里，我历尽艰苦，受尽非人的虐待，我咬紧了牙，哼都不哼一声。我总是昂着头。我对自己说：

"鲁迅先生是同我们一起的！"

何其芳的《一夜的工作》：

我这样对自己说了几遍，我又想高声对全世界说，好像我的声音全世界都能听见似的："看啊，这就是我们中华人民共和国的总理。我看见了他一夜的工作。他每个夜晚都是这样工作的。你们看见过这样的总理吗？"

董保纲的《掌声》：

几年以后，我们上了不同的中学。英子给我来信说："我永远不会忘记那掌声，因为它使我明白，同学们并没有歧视我。大家的掌声给了我极大的鼓励，使我鼓起勇气微笑着面对生活。"

唯夫的《"我看见了我的骨头"》：

叔本华说："你看那偶然性，谬误是它的兄弟，愚蠢是它的婶娘，怨恨是它的祖母，而它却统治着这个世界。"

马丁·路德·金的《我有一个梦想》：

当我们让自由之声响起来，让自由之声从每一个大小村庄、每一个州和每一个城市响起来时，我们将能够加速这一天的到来，那时，上帝的所有儿女，黑人和白人，犹太教徒和非犹太教徒，耶稣教徒和天主教徒，都将手携手，合唱一首古老的黑人灵歌："终于自由啦！终于自由啦！感谢全能的上帝，我们终于自由啦！"

杨振宁的《邓稼先》：

稼先逝世以后，在我写给他夫人许鹿希的电报与书信中有下面几段话：

稼先为人忠诚纯正，是我最敬爱的挚友。他的无私的精神与巨大的贡献是你的也是我的永恒的骄傲。

稼先去世的消息使我想起了他和我半个世纪的友情，我知道我将永远珍惜这些记忆。希望你在此沉痛的日子里多从长远的历史角度去看稼先和你的一生，只有真正永恒的才是有价值的。

邓稼先的一生是有方向、有意识地前进的。没有彷徨，没有矛盾。

是的，如果稼先再次选择他的人生的话，他仍会走他已走过的道路。这是他的性格与品质。能这样估价自己一生的人不多，我们应为稼先庆幸！

以上所选例子，基本上都是知名作者的例子；读了上面这些例子，我们会说，知道了，它们都运用了"引用"手法。

我们还应该说得更有深度一些：它们都运用了"引用"手法，用于文章的收束；它们好像在叙事，实际上是在议论或抒情，是在点化、深化文章的主题；它们共同表现出文章收束并点题的一种美妙手法。

上述材料中，马丁·路德·金的《我有一个梦想》和杨振宁的《邓稼先》在这个方面表现得特别精彩。

“似在叙事，实是议论”是记叙文表达的一种特别技法。这种技法对于增加学生的知识、开阔学生的眼界、灵动学生的表达很有好处。在日常教学中，教师可择机给学生点拨这种技法，并鼓励学生进行富有创意的实践。

43. 抒情片段这样写

初中语文七年级下册第二单元作文训练的第一道练习题，就是要求学写抒情片段。我们需要知道，抒发情感的“片段作文”，有六种基本的表达方法。

第一法：顺势联想法。如原人教版课文《长城》片段：

站在长城上，踏着脚下的方砖，扶着墙上的条石，很自然地想起古代修筑长城的劳动人民来。单看这数不清的条石，一块有两三千斤重。那时候没有火车、汽车，没有起重机，就靠着无数的肩膀无数的手，一步一步地抬上这陡峭的山岭。多少劳动人民的血汗和智慧，才凝结成这前不见头、后不见尾的万里长城！

第二法：展开想象法。如冰心的《肥皂泡》片段：

那一个个轻清脆丽的小球，像一串美丽的梦，是我们自己小心地轻轻吹起的，吹了起来，又轻轻地飞起，是那么圆满，那么自由，那么透明，那么美丽。借着扇子的轻风，把她们一个个送上天去送过海去。到天上，轻轻地挨着明月，渡过天河跟着夕阳西去。或者轻悠悠地飘过大海，飞越山巅，又低低地落下，落到一个熟睡中的婴儿的头发上……

第三法：反复咏叹法。如朱自清的《匆匆》片段：

洗手的时候，日子从水盆里过去；吃饭的时候，日子从饭碗里过去；默默时，便从凝然的双眼前过去。我觉察他去的匆匆了，伸出手遮挽时，他又从遮挽着的手边过去，天黑时，我躺在床上，他便伶伶俐俐地从我身上跨过，从我脚边飞去了。等我睁开眼和太阳再见，这算又溜走了一日。我掩着面叹息。但是新来的日子的影儿又开始在叹息里闪过了。

第四法：第二人称法。如魏巍的《谁是最可爱的人》片段：

亲爱的朋友们，当你坐上早晨第一列电车驰向工厂的时候，当你扛上犁耙走向田野的时候，当你喝完一杯豆浆、提着书包走向学校的时候，当你坐到办公桌前开始这一天工作的时候，当你往孩子口里塞苹果的时候，当你和爱人一起散步的时候……朋友，你是否意识到你是在幸福之中呢？你也许很惊讶地说："这是很平常的呀！"可是，从朝鲜归来的人，会知道你正生活在幸福中。请你意识到这是一种幸福吧，因为只有你意识到这一点，你才能更深刻了解我们的战士在朝鲜奋不顾身的原因。朋友！你是这么爱我们的祖国，爱我们的伟大领袖毛主席，你一定会深深地爱我们的战士，——他们确实是我们最可爱的人！

第五法：对比抒情法。如美文《傲霜篇》片段：

夜里有些冷。早晨起来，拉开门一看，嗬，下霜了。院角里的那棵梧桐，从昨天夜里起，叶子就在刷刷拉拉地向下落，今天早晨落得更多了。院子里遍地都是带霜的黄叶。哦，真有点儿"西风紧，黄叶飘零"的景象了。但是，且慢，瞧，那边的菊花，却完全是另外的一种样子。昨天黄昏的时候，它们还都含苞未吐，只一夜的工夫，就展蕊怒放了。你看，它们开得多么热烈，多么茂盛。那黄的、红的、白的、紫的，一朵朵，一簇簇，迎着西风，披着寒霜，争妍斗艳，喷芳吐香，开得满院子花团锦簇的。难怪人们说秋菊傲霜呢，可真的是经霜一打，它倒越发显得精神了。

第六法：写物寄意法。如课文《秋天的怀念》片段：

又是秋天，妹妹推我去北海看了菊花。黄色的花淡雅，白色的花高洁，紫红色的花热烈而深沉，泼泼洒洒，秋风中正开得烂漫。我懂得母亲没有说完的话。妹妹也懂。我俩在一块儿，要好好儿活……

抒情片段的写作，是夯实学生写作基本功的重要训练内容之一。教师在指导学生学习抒情片段写作的实践过程中，应该努力做到以下两点：一是指导学生采用更多、更美、角度更加精致的好方法；二是对学生进行专门的、专题的表达训练，让他们能够熟能生巧地运用这种常规的表达技法。

44. 有趣的“说明”形式

记叙、描写、说明、议论、抒情，是几种常用的表达方式。说到“说明”，我们会想到从小学到初中，已经学过不少的说明文，对说明的方法了解得特别清楚。

但实际上，还有不少的说明形式没有被关注过，或者从来都没有进入我们的眼帘。比如以下几种说明形式。

“人物小传”是一种说明形式。如对“共和国勋章”获得者黄旭华的介绍：

黄旭华，男，汉族，中共党员，1926年3月生，广东揭阳人，中国船舶重工集团719所名誉所长、原所长，中国工程院院士。他隐姓埋名几十年，为我国核潜艇事业奉献了毕生精力，为核潜艇研制和跨越式发展做出卓越贡献。在某次深潜试验中，他置个人安危于不顾，作为总设计师亲自随产品深潜到极限。荣获国家科学技术进步奖特等奖和“全国先进工作者”等称号。

“词语注释”是一种说明形式。如2015年政府工作报告中相关词语注释中的一条：

“创客”：“创客”一词来源于英文单词“Maker”。“创客”热衷于创新，自己掌握生产工具，以用户创新为核心理念，善于发现问题和需求并提出解决方案，通过创意、设计、制造提供各种产品和服务。

“事物简介”是一种说明形式。如下面的“中华精品字库工程”简介：

“中华精品字库工程”是中华优秀传统文化传承发展工程支持项目，由中国文学艺术界联合会、国家语言文字工作委员会共同指导，精选100位中国历代书法名家的代表作品，开发成电脑字库。中国书法家协会负责开发字体的遴选和质量审核，北京北大方正电子有限公司负责字库的开发工作。

“编者按”是一种说明形式。如下面的一则“编者按”：

根据中央决策部署，教育部在2017年启动了普通高中思想政治、语文、历史三科教材的统编工作。经过编审专家两年多的努力，教材通过了编写、试教试用、征求意见、审核诸多环节，9月起率先在北京、天津、辽宁、上海、山东、海南6个省市普通高中起始年级投入使用。教育部表示，其他省份也将陆续全面推开。教材编写好了，还得用得好。今天，我们约请新教材编写工作相关负责人及教材编写者、审读人，全面介绍教材编审过程，解析教材特点、亮点、着力点，希望帮助广大师生理解新教材、用好新教材。

这则按语，短短的篇幅之中有很大的容量，既概说了教材的编写过程，又简说了编写这个版面的目的。

“活动看点”是一种说明形式。如有关人士对国庆70周年庆祝活动中群众游行和联欢活动看点的介绍：

说到联欢活动，主要有四大看点：一是主题表演。在金水桥南端的长安街上，3290名联欢群众将通过手持发光屏和表演道具，进行组图、立体呈现，打造一场壮美的视觉盛宴，艺术化表现中华民族从站起来、富起来到强起来的伟大飞跃。

接着依次介绍了“二是中心联欢表演”“三是群众联欢”“四是烟花表演”等内容。

还有，解说词是一种说明形式，导游词是一种说明形式，图片说明是一种说明形式，图表说明是一种说明形式；还有，“趣说××”是一种说明形式，“诗说××”是一种说明形式，“例说××”是一种说明形式，“序言”是一种说明形式；还有，“分步骤说明”“分要点说明”“分部位说明”“分主次说明”“分类别说明”“分表里说明”也都是说明的形式。

知识的海洋，真是浩瀚无边啊！

“说明形式”这个话题，需要语文教师对语言表达现象多观察、多提炼，使之成为有趣有味的写作知识，出现在学生的视野中，激发学生的表达兴趣，在潜移默化之中优化学生的写作思维。

45. 让诗、文的标题美起来

诗、文的标题美，重在表现出其内容美、形式美、含义美、作用美；特别是要与诗、文的内容有着美妙的内在联系。

课文《散步》的标题，简洁，含蓄，生动，有画面感，点示了文章的主体事件，结合课文内容，可以让我们感受到“三代同行”“春意”“呵护生命”“温馨瞬间”“幸福的家庭”“亲情无边”“大路小路”“背起整个世界”等美好意蕴，生动地表现着“散步”的情感氛围：亲情，孝敬，关爱，责任感……

《谁是最可爱的人》的标题，创新语言形式，运用设问手法，抒发作者情感，引发读者关注；“最可爱的人”富有情味，突现着文章记叙的主要内容，引领全文，并点示了课文的题旨。

小说《驿路梨花》的标题，充满诗意之美，有地域之美、色彩之美；好像在绘景，也好像在写人。结合全文看，它起着反复点题、形成文章线索的作用，也显现出虚实有致、含义深刻、意味隽永的表达效果。

故事《走一步，再走一步》的标题，离开课文单独看，它闪现着哲理的微光，告诉我们要走稳人生的步伐，面对困难，一步一步地扎实向前；结合故事内容，它点示给我们克服困难的智慧，“迈出一小步，再一小步，就这样体会每一步带来的成就感，直到达成了自己的目标”。

抒情散文《土地的誓言》的标题，语言形式独特，五字短语，音节响亮，初看给人以悬念感，其关键在于“誓言”。结合课文内容，始知是“我”“面对土地发出的誓言”。作者之所以这样表达，一是力求简洁，二是深情所至——将“土地”二字置于最醒目的位置，以尽力地抒发热爱故乡、思念家乡的深情。

毛泽东亲自撰写的《人民解放军百万大军横渡长江》的标题，醒目，概括力强，表达准确而精要，读来铿锵有力，虎虎生风，有“一句话新闻”的韵味；字里行间，透露着作者的豪情和喜悦之情。

余光中《乡愁》一诗的标题，有着美妙的古典意味，又表现出海峡两岸隔离现实中诗人浓郁的思乡情结。“乡愁”二字的深远意义在于，它极其精练地表达着海峡彼岸人们的思乡之情，也传达出五湖四海的海外华人的恋乡之情，它走进人们的心灵，拨动着人们的心弦；余光中也因此被誉为乡愁诗人。

鲁迅先生的驳论文《中国人失掉自信力了吗》的标题，运用了反问的句式，直面敌论，义正词严，掷地有声。这个标题，表现出作者观察时事的眼光敏锐，针对一些人对抗日前途所持的悲观论调，直接批驳“中国人失掉自信力了”的敌论论点，极有现实的战斗意义和深远的历史意义。

汉代乐府诗一般无标题，课文《观沧海》这个标题是后人加的。这三个字出自诗歌本身，直陈其事，是本诗的关键信息所在。“观”字总领全诗，“沧海”点示视野的辽阔，能够让读者感受到大海的宏伟气象，同时暗现了本诗苍凉慷慨的情感基调。

曹文轩小说《草房子》的节选《孤独之旅》，这个标题是教材的编者加的，可谓神来之笔。这四个字，有高度的表达艺术，表意明了而内涵深刻，简明确切地概括了故事情节，精确地概括了人物的心理感受。最有意味的，是一个“旅”字，在具体的语境中，它有着“远离家乡的放鸭生活”“痛苦的历练”“成长中的苦难经历”“孤独之中的心路历程”“身心的长期锤炼”等丰富含义。

……

让诗、文的标题美起来，是优雅深刻的审美思考，其过程充满意趣；在日常作文教学中，教师可在此方面给学生以丰富的濡染，让学生养成字斟句酌、深刻思考的好习惯，使学生在作文时能够追求让自己的习作也有着“明亮的眼睛”的境界。

46.“过渡”与“照应”

先说“过渡”。

关于文章中的“过渡”，我们最常说的一个短语就是“承上启下”。

过渡，有不少美妙的形式。

第一种形式，是文章“部分”与“部分”之间的过渡，典型的例子在《从百草园到三味书屋》中：

我不知道为什么家里的人要将我送进书塾里去了，而且还是全城中称为最严厉的书塾。也许是因为拔何首乌毁了泥墙罢，也许是因为将砖头抛到间壁的梁家去了罢，也许是因为站在石井栏上跳了下来罢，……都无从知道。总而言之：我将不能常到百草园了。Ade①，我的蟋蟀们！Ade，我的覆盆子们和木莲们！

还有一个典型的例子，在《说和做——记闻一多先生言行片段》中：

闻一多先生还有另外一个方面，——作为革命家的方面。

---

① 是德语中的一个单词，意思是“再见”或者“别了”。

再如：《驿路梨花》中的写夜里梦境的段，巧妙地进行了到“第二天早上”的过渡。《安塞腰鼓》中“好一个安塞腰鼓”句、《白杨礼赞》中“那就是白杨树，西北极普通的一种树，然而实在是不平凡的一种树”等句，都能表现文章层次之间的过渡。

第二种形式，是常用的段与段之间的过渡，如《永久的生命》，第一、二段之间的过渡，由第二段的前两句话来承担：“人们却不应该为此感到悲观。我们没有时间悲观。”段中接着就写“我们应该看到生命自身的神奇，生命流动着，永远不朽……”，从而完成由抑而扬的过渡。

第三种形式比较少见，即一个段之中有时也有过渡，如《纪念白求恩》的最后一段中，第一层写作者与白求恩的交往与友谊，第二层发出向白求恩学习的号召，二者之间用了一个句子过渡：“现在大家纪念他，可见他的精神感人之深。”

课文后面还专门安排了一个练习题：将这一段划分为两个层次，并说说两个层次之间是如何过渡的。

从文章的自然结构上看，还有一种重要的“过渡”形式，那就是文中的小标题。如《邓稼先》一文中，有6个小标题，当中的4个小标题，就起着过渡的作用。那些文中自然留空的文章，如《回忆鲁迅先生》中有10多处“自然留空”，其实也表现出文意的过渡。由此我们可以联想到，演讲词中“同志们，朋友们”的反复出现，应该是过渡的一种形式。

以上可以说，都是过渡的显性形式。

那么有没有过渡的隐性形式呢？也是有的。我们接触过的最美的例子就是苏轼的《记承天寺夜游》：

元丰六年十月十二日夜，解衣欲睡，月色入户，欣然起行。念无与为乐者，遂至承天寺寻张怀民。怀民亦未寝，相与步于中庭。庭下如积水空明，水中藻、荇交横，盖竹柏影也。何夜无月？何处无竹柏？但少闲人如吾两人者耳。

文中的“庭下如积水空明”句，由叙事到写景，同时表现出承上启下、引发作者深沉抒情、表达心声的重要作用。

还有如《阿长与〈山海经〉》中“大概太过于念念不忘了，连阿长也来问《山海经》是怎么一回事”这个句子，有着重要的过渡作用，引出了故事中最感人的内容。

……

再说“照应”。

从写作的角度来看，“照应”是一种使文章结构缜密、作品细节优美的笔法。

它有时候表现得十分自然，最明显的莫过于我们熟知的“首尾照应”。如《颐和园》“首”与“尾”：

北京的颐和园是个美丽的大公园。

颐和园到处有美丽的景色，说也说不尽，希望你有机会去细细玩赏。

它经常表现于写人叙事细节上的前后呼应，于是就显得自然圆润，完美地表现着人物或事物。如《社戏》中双喜看戏前与归来时的话语：

在这迟疑之中，双喜可又看出底细来了，便又大声的说道，“我写包票！船又大；迅哥儿向来不乱跑；我们又都是识水性的！”

“都回来了！那里会错。我原说过写包票的！”双喜在船头上忽而大声的说。

它有时候事先进行大笔的铺垫，有了这样的铺垫，后面故事情节的展开就顺理成章、合情合理。如《小英雄雨来》在文章开端部分写雨来的水乡生活环境、写雨来和小朋友们的游泳技能高超，一直写到妈妈不让雨来戏水，但抓不住他，雨来扎进河里不见了：

忽然，远远的水面上露出个小脑袋来。雨来像小鸭子一样抖着头上的水，用手抹一下眼睛和鼻子，嘴里吹着气，望着妈妈笑。

这里的描写，与雨来后来从鬼子手中逃脱，形成非常自然的“遥相呼应”的美感：

原来枪响以前，雨来就趁鬼子不防备，一头扎到河里去。鬼子慌忙向水里打枪，可是我们的小英雄雨来已经从水底游到远处去了。

它有时候用突现关键词句的形式在文中反复出现，形成“前—中—后”的反复照应，既严密着文章的结构，又表现出美妙的氛围。如莫怀戚《散步》中的“田野”描写：

前　我们在田野散步：我，我的母亲，我的妻子和儿子。

中　这南方初春的田野，大块小块的新绿随意地铺着，有的浓，有的淡；树上的嫩芽也密了；田里的冬水也咕咕地起着水泡。这一切都使人想着一样东西——生命。

后　她的眼随小路望去：那里有金色的菜花，两行整齐的桑树，尽头一口水波粼粼的鱼塘。

它最妙的时候是表现出“伏笔”与“照应”的笔法。伏笔是小说中常用的一种结构手法，看似很自然，其实是在后续的情节中揭示背景、显示原因的一笔。“伏笔”之美妙，就是因为初读时对这“一笔”不以为然，读到一定的地方才对它的作用恍然大悟。那“一定的地方”，就是对“伏笔”的照应。

如《最后一课》，写小弗朗士上学途中所见：

我走过镇公所的时候，看见许多人站在布告牌前边。最近两年来，我们的一切坏消息都是从那里传出来的：败仗啦，征发啦，司令部的各种命令啦。我也不停步，只在心里思量：“又出了什么事啦？”

这就是一次伏笔，下面就有了照应：

我看见这些情形，正在诧异，韩麦尔先生已经坐上椅子，像刚才对我说话那样，又柔和又严肃地对我们说：“我的孩子们，这是我最后一次给你们上课了。柏林已经来了命令，阿尔萨斯和洛林的学校只许教德语了。新老师明天就到。今天是你们最后一堂法语课，我希望你们多多用心学习。”

我听了这几句话，心里万分难过。啊，那些坏家伙，他们贴在镇公所布告牌上的，原来就是这么一回事！

有时候的照应表现得非常神奇，表现出作者高超的构思技巧。如小说《我的叔叔于勒》的故事中，先对于勒的品行不端以及在美洲的生活进行了大量的虚写，然后写到菲利普一家在“特快号”船上巧遇于勒，并向船长打听。船长的一席话，几乎照应了前面所有的对于勒的描写：

他是个法国老流氓，去年我在美洲碰到他，就把他带回祖国。据说他在哈佛尔还有亲属，不过他不愿回到他们身边，因为他欠了他们的钱。他叫于勒……姓达尔芒司，——也不知还是达尔汪司，总之是跟这差不多的那么一个姓。听说他在那边阔绰过一个时期，可是您看他今天已经落到什么田地！

美妙的写作现象，在“过渡”与“照应”上异彩纷呈。

47. 小说中的景物描写

叙事作品中的景物描写，有着美妙的表达艺术，能给我们带来阅读之中的丰富美感。

小说里的景物描写或风景描写，是为作者的艺术构思服务的，它们在小说作品中有着不同角度的表达作用。

天亮的时候，雨停了。

草地的气候就是怪，明明是月朗星稀的好天气，忽然一阵冷风吹来，浓云像从平地上冒出来的，霎时把天遮得严严的，接着就有一场暴雨，夹杂着栗子般大的冰雹，不分点地倾泻下来。

这是王愿坚的小说《七根火柴》的开头，它描写了故事中恶劣的自然环境，铺设了故事发生时的阴冷背景，表现着红军战士在极端艰苦环境中的献身精神。

晋察冀边区的北部有一条还乡河，河里长着很多芦苇。河边有个小村庄。芦花开的时候，远远望去，黄绿的芦苇上好像盖了一层厚厚的白雪。风一吹，鹅毛般的苇絮就飘飘悠悠地飞起来，把这几十家小房屋都罩在柔软的芦花里。

这是管桦的《小英雄雨来》中的景物描写，是一幅美好的风景画、风情画，营造出恬静优美的环境，为小英雄的出场进行了铺垫，“河”的出现，为故事情节的发展埋下了伏笔。

渐近故乡时，天气又阴晦了，冷风吹进船舱中，呜呜地响，从篷隙向外一望，苍黄的天底下，远近横着几个萧索的荒村，没有一些活气。我的心禁不住悲凉起来了。

这是鲁迅先生《故乡》开头部分的景物描写，以及心情的抒发。这里渲染了当时乡村败落的情景，为故事情节的发展和人物性格的表现铺设了深沉的氛围基调。

我们上了轮船，离开栈桥，在一片平静的好似绿色大理石桌面的海上驶向远处。正如那些不常旅行的人们一样，我们感到快活而骄傲。

后来大家都不再说话。在我们面前，天边远处仿佛有一片紫色的阴影从海里钻出来。那就是哲尔赛岛了。

这是莫泊桑《我的叔叔于勒》中的两次景物描写。在具体的故事情境中，景物的描写，能够表现人物的心情；它们分别表现了人物快乐的和沮丧的心情。

两岸的豆麦和河底的水草所发散出来的清香，夹杂在水气中扑面的吹来；月色便朦胧在这水气里。淡黑的起伏的连山，仿佛是踊跃的铁的兽脊似的，都远远地向船尾跑去了，但我却还以为船慢。

这是鲁迅《社戏》中对月色之下乡村美好夜色的描写，清新美好，表现力丰富。它显现出动态的充满风情之美的夜的画面，从侧面表现船的快速行进，暗写了人物的美好心情，“两岸的豆麦”为后来偷豆的描写埋下了伏笔。

这里的气味，倒是很好闻的。万顷芦苇，且又是在夏季青森森一片时，空气里满是清香。芦苇丛中还有一种知名的香草，一缕一缕地掺杂在芦叶的清香里，使杜小康不时地去用劲嗅着。

这是曹文轩《孤独之旅》中穿插的景物描写，它有一种特别的意味，即穿插于叙事的情节之中，起着舒缓故事情节、变化叙事节奏的美妙作用，同时又照应着前后文中的景物描写。

那天，是他们离家以来所遇到的最恶劣的一个天气。一早上，天就阴沉下来。天黑，河水也黑，芦苇荡成了一片黑海。杜小康甚至觉得风也是黑的。临近中午时，雷声已如万辆战车从天边滚动过来，不一会儿，暴风雨就歇斯底里地开始了，顿时，天昏地暗，仿佛世界已到了末日。四下里，一片呼呼的风声和千万枝芦苇被风折断的咔嚓声。

这也是曹文轩《孤独之旅》中景物描写的精彩片段。它变换叙述角度，表现着故事情节的巨大转折，将故事情节推向高潮，设置了严峻的自然环境，以表现人物所经受的磨难。

……

小说中的景物描写，能够表现故事背景，安排故事场景，设置情感基调，渲染环境气氛，推进情节发展，形成文中线索，表现人物生活，映衬人物心情，显现风情民俗等。小说中的景物描写，是最具审美魅力的文学现象之一，值得我们深入地品析鉴赏并诗意地学用。

宽泛地看，小说中的景物描写也就是记叙文中的景物描写。记叙文中的景物描写对于学生而言，既符合常规的写作思维，又是必备的写作实践的本领。在记叙文的作文训练中，语文教师要常常要求学生在习作的开头之处、中间部分、收束之处有意识地、得体地点缀一下景物描写，久而久之，养成习惯，优化写作。

48. 说不完的服饰描写

服饰，装饰人体的物品总称，包括服装、鞋、帽、袜子、手套、围巾、领带、配饰等。

诗文中对于服饰的描写屡见不鲜；我们的阅读理念应是：服饰描写，在具体的语境中，基本上都是为表现人物服务的。

鲁迅先生的《祝福》，描写了祥林嫂两次到鲁四老爷家做工的细节：她“头上扎着白头绳，乌裙，蓝夹袄，月白背心，年纪大约二十六七，脸色青黄，但两颊却还是红的”，“她仍然头上扎着白头绳，乌裙，蓝夹袄，月白背心，脸色青黄，只是两颊上已经消失了血色”。作者运用反复描写的手法，表现了祥林嫂两次失去丈夫的不幸遭遇，在对比中显现了人物的变化；还为表现她后来在鲁四老爷家中受到厌弃，进行了铺垫，埋下了伏笔。

契诃夫的短篇小说《装在套子里的人》，塑造了别里科夫这个封闭、怀旧、胆小、多疑但又极力维护现行的社会秩序的人物形象。他“即使在最晴朗的日子，也穿上雨鞋，带着雨伞，而且一定穿着暖和的棉大衣”，他把自己的脸也“藏在竖起的衣领里”，他“戴黑眼镜，穿羊毛衫，用棉花堵住耳朵眼”——服饰的描写表现出别里科夫逃避现实生活、把自己的思想极力藏在“套子”里的性格特点。

北朝民歌《木兰诗》中有丰富的服饰描写，“朔气传金柝，寒光照铁衣”“阿姊闻妹来，当户理红妆”“脱我战时袍，著我旧时裳”“当窗理云鬓，对镜帖花黄”。它们表现了木兰的沙场征战，表现了生活场景之中木兰的女儿情怀和她的美丽，表现了家人因木兰归来而发自内心的欣喜，还表现出中华服饰文化的美感。

白居易短短的叙事诗《卖炭翁》中，居然有服饰的对比描写。诗中写了卖炭翁“可怜身上衣正单，心忧炭贱愿天寒”，也写了宦官“翩翩两骑来是谁？黄衣使者白衫儿”；服饰的描写表现了人物身份与地位的巨大反差。特别是对卖炭翁的描写，“衣正单”与“愿天寒”突出地刻画了老翁把一切希望都寄托在“卖炭得钱”

上的心理，深刻地表现了他的内心活动，衬托出“宫市”的残忍。

文学作品中，有着说不完的服饰描写，我们可细细品味其各自的表达作用。

《背影》这样描绘“父亲”，“我看见他戴着黑布小帽，穿着黑布大马褂，深青布棉袍，蹒跚地走到铁道边，慢慢探身下去”。

《孔乙己》中，写孔乙己出场时穿的是“长衫”，再次出现在咸亨酒店时穿的却是“破夹袄”了。

《范进中举》中写到“那张乡绅下了轿进来，头戴纱帽，身穿葵花色圆领，金带、皂靴”。

《故乡》既写了少年闰土“正在厨房里，紫色的圆脸，头戴一顶小毡帽，颈上套一个明晃晃的银项圈”，又写了中年闰土“他头上是一顶破毡帽，身上只一件极薄的棉衣，浑身瑟索着；手里提着一个纸包和一支长烟管”。

《变色龙》开篇就写“警官奥楚蔑洛夫穿着新的军大衣，提着小包，穿过市场的广场”。

《皇帝的新装》写了皇帝在游行大典时“实在是没有穿什么衣服”，而且“他的内臣们跟在他后面走，手中托着一个并不存在的后裙”。

《送东阳马生序》描写了“同舍生皆被绮绣，戴朱缨宝饰之帽，腰白玉之环，左佩刀，右备容臭，烨然若神人；余则缊袍敝衣处其间，略无慕艳意”……

49. 好玩的“有人说”

在对话的语境中，“有人说”，就是“有人回答”“有人说话”的意思。如：

“这好像是席加洛夫将军家的狗。”人群里有人说。

“没错儿，将军家的！”人群里有人说。

但“有人说”这三个字是十分好玩的，它有不少的“用法”。

语文教师会让学生学用“有人说……有人说”的句式：

仿照下面的句式，再写两个关于“语文”的比喻句：有人说，语文是一本永远读不完的微型百科全书；有人说，语文是一个折射人生的多彩世界；有人说，________________；有人说，________________。

写作文时，教师会用“有人说”来启发学生，开拓思维：

成功的“秘诀”，有人说是勤奋学习，有人说是机遇，有人说是坚强的意志，还有人说是别人的帮助。你认为成功的“秘诀”是什么呢？请你搜集名人成功的故事，自由命题，写一篇600字左右的作文。

在文章中，它有时表示一种不确定的引用，很自然，很省力，但又像确有其事：

有人说，何首乌根是有像人形的，吃了便可以成仙，我于是常常拔它起来，牵连不断地拔起来，也曾因此弄坏了泥墙，却从来没有见过有一块根像人样。

松鼠不敢下水。有人说，松鼠过水的时候，用一块树皮当作船，用自己的尾巴当作帆和舵。

盘古的身子究竟有多长呢？有人说有九万里长。这巍峨的巨人，像一根长柱子似的，直挺挺地撑在天和地当中，不让它们有重归于混沌的机会。

倘若你想避免任何失败，那你也必定永远得不到成功。有人说：“若不让错误出生，便不会有真理降世。”这是有道理的。

在特定的语境中，它表示“建议”或“推荐”：

正在为难的时候，有人说有个蔺相如，他勇敢机智，也许能解决这个问题。

有时候，它用于文章中，起着渲染情景或衬托人物的作用：

春天，草青了，树绿了，我们在大院里种了一片太阳花。银粒儿一般的种子撒下去以后，天天有人俯下身子瞅着，盼着。可是大半月过去了，竟没有丝毫动静。有人说种早了，有人说埋深了，正在大家议论纷纷之时，小芽儿破土而出了。

刷子李一举刷子，就像没有蘸浆。但刷子划过屋顶，立时匀匀实实一道白，白得透亮，白得清爽。有人说这蘸浆的手法有高招，有人说这调浆的配料有秘方。曹小三哪里看得出来？

它还能表现出议论、评价、夸赞的力度：

西直门立交桥与建国门桥风格迥异。顶层机动车车道是圆形转盘；中层非机动车车道是椭圆形转盘。整个空腹转盘桥外径东西长140米，南北长95米，比工人体育场的足球场面积还要大。凌空鸟瞰，有人说它犹如满月，有人说它好似盘龙。

但它最最有味的用法，是假设一种情景或者说法，以引出作者的观点，抒发作者的情感：

啊牡丹，百花丛中最鲜艳；啊牡丹，众香国里最壮观。有人说你娇媚，娇媚的生命哪有这样丰满；有人说你富贵，哪知道你曾历尽贫寒。

有人说，水鸟、芦苇、荷花是白洋淀的宝；有人说，鱼儿、芡实、菱角是淀里的宝；我却想说，水淀变迁的历史与现实，才是这里的瑰宝。

这种婉曲有力的表达手法，值得语文教师关注并研究其表达的特点与规律，有了教师确有心得的提炼与整合，我们才有真正的语言学用训练。

50. 鲁迅短篇小说中的人物脸色描写

叙说文中的人物脸色描写，有着丰富的表现力；我们可从鲁迅的短篇小说中，得到一些真切的体味。

《故乡》中，有几处关于中年闰土脸色的细节描写：

他身材增加了一倍；先前的紫色的圆脸，已经变作灰黄，而且加上了很深的皱纹；眼睛也像他父亲一样，周围都肿得通红……

他站住了，脸上现出欢喜和凄凉的神情；动着嘴唇，却没有作声。

他只是摇头；脸上虽然刻着许多皱纹，却全然不动，仿佛石像一般。

它们从“我”的视角，表现了重逢时中年闰土的巨大变化。“灰黄”的脸色表现了他的困顿生活，“凄凉的神情”表现了他穷苦的现状和内心的自卑，脸上“刻着许多皱纹”表现了生活与劳作对他的无情折磨，寥寥几笔，就活现了一个生活在痛苦之中的“木偶人”的形象，带给我们一种苍凉之感。

《孔乙己》中，人物脸色的描写细节生动、角度精致：

他身材很高大；青白脸色，皱纹间时常夹些伤痕。

这里表现人物的生活状况。“青白”脸色，就是“灰白”的脸色，营养不良的脸色，它形象地揭示了孔乙己的贫困生活。

孔乙己睁大眼睛说，“你怎么这样凭空污人清白……”“什么清白？我前天亲眼见你偷了何家的书，吊着打。”孔乙己便涨红了脸，额上的青筋条条绽出，争辩道……

“涨红了脸”“额上的青筋条条绽出”既是神情意态的描写，也是心理活动的描写。

他们便接着道，“你怎的连半个秀才也捞不到呢？”孔乙己立刻显出颓唐不安的模样，脸上笼上了一层灰色……

这里的“灰”实际上是一种神情的描写，表现了孔乙己因“捞不到”秀才而被人取笑、戳到内心隐痛时那种颓唐、悲凉的心理。

站起来向外一望，那孔乙己便在柜台下对了门槛坐着。他脸上黑而且瘦，已经不成样子。

“黑而且瘦”的脸色，表现了孔乙己所受到的摧残；前后照应着看，孔乙己的脸色由“青白”到“黑”色的变化，表现了在冷漠的社会里，孔乙己的许多痛苦与悲哀。

《祝福》中对祥林嫂脸色描写的内容更加丰富、深刻；从课文的顺序看，有这样一些描写句：

脸上瘦削不堪，黄中带黑，而且消尽了先前悲哀的神色，仿佛是木刻似的。

脸色青黄，但两颊却还是红的。

然而她反满足，口角边渐渐的有了笑影，脸上也白胖了。

脸色青黄，只是两颊上已经消失了血色，顺着眼，眼角上带些泪痕，眼光也没有先前那样精神了。

然而这一回，她的境遇却改变得非常大。……死尸似的脸上又整日没有笑影。

她脸上就显出恐怖的神色来，这是在山村里所未曾知道的。

不到一顿饭时候，她便回来，神气很舒畅，眼光也分外有神，高兴似的对四婶说，自己已经在土地庙捐了门槛了。

她像是受了炮烙似的缩手，脸色同时变作灰黑……

它们在《祝福》中，成为一条起伏的线索，甚至起着画龙点睛的作用，生动而细腻地、真切而有力地表现了祥林嫂的遭际、命运的巨大变化以及心理的深刻变化，神形兼备地表现了一个生活在社会最底层的劳动妇女的悲剧形象。

文学作品中的脸色描写、服饰描写、心理描写、动作描写等细节性的描写，都有其特定的表达作用与表达效果。语文教师能够品读、鉴赏这些描写内容的表达艺术，也就能够给学生带来美感与情趣。

第五章

中考备考，细化构思指导

本章导读

中考作文备考指导，在制订了复习计划的前提下，需要教师着眼于提升全班所有学生的构思表达水平，进行目标明确、要求具体、角度精致、范文恰切的课堂训练，切忌用教师“口头指导”的方式来上课。本章将用20篇短文，给教师和学生阐释中考作文构思与表达时的一些细节性的角度，其内容也可供平时作文教与学的参考。

51. 叙议结合，人人都要会

叙议结合，是人类共有的一种表达的规律。许多名作都是“叙议结合”的经典之作。其章法结构的明显特征一般是先叙后议，在写人、叙事、写景的基础上再进行议论或抒情，于是文章就显得结构明晰、有情有理。

叙议结合，简言之，就是一篇文章中有叙述，有议论。叙议结合、有叙有议的表达，是写作中最通常的、最有规律性的表达。叙议结合的表达，往往表现出一篇文章的基本表达方式；叙议结合的表达，常常形成一篇文章的基本结构形式；叙议结合的表达，不经意中显现出一篇文章深化情感的手法……对于“叙议结合”的体味，是学生最需要进行的动笔实践。

叙议结合，可以是叙述与议论相结合，也可以是叙述与抒情相结合。

看看下面的美文：

老师领进门

刘绍棠

那年正月新春，我还不满6岁，就到邻村小学去读书。

学校设在一座庙内，只有一位老师，教四个年级。四个年级只有40人，编在一个班上课。老师姓田，17岁就开始教书了。

开学第一天，我们排队进入教室。田老师先给二年级和四年级同学上课，让三年级的学兄把着一年级学弟的小手描红。

红摹纸上是一首小诗：

一去二三里，烟村四五家。

亭台六七座，八九十枝花。

轮到我们一年级上课了。田老师先把这首诗念一遍，又串讲一遍，然后编一段故事，娓娓动听地讲起来。

我还记得，故事大意是这样的：

一个小孩儿，牵着妈妈的衣襟儿去姥姥家，一口气走出二三里。路过一个村子，只有四五户人家，家家炊烟袅袅。娘儿俩走累了，看见路边有六七座亭子，就走过去歇脚。亭子外边，花开得正茂盛，小孩儿越看越喜爱，伸出指头点数儿，嘴里念叨着："……八枝，九枝，十枝。"她想摘一枝来，戴在耳朵上。妈妈拦住了她，说："你摘一枝，他摘一枝，后边歇脚的人就不能看景了。"后来，这儿花越开越多，数也数不过来，变成了一座大花园……

我听得入了迷，恍如身临其境。田老师戛然而止，我却仍在发呆，直到同桌捅了我一下，我才惊醒。

那时候的语文叫国语。田老师每讲一课，都要编一个引人入胜的故事。我在田老师那里学习了四年，听了上千个故事。这些故事，有如点点春雨，滋润着我。

有一年，我回家乡去，遇到田老师正拄着拐杖在村边散步。我仍然像40年前的小学生那样，恭恭敬敬地向他行礼。谈起往事，我深深感谢田老师在我那幼小的心田里，播下了文学的种子。老人摇摇头，说："这不过是无心插柳柳成荫。"

十年树木，百年树人；插柳之恩，终身难忘。

这篇文章曾经被收入小学语文课本，是作家刘绍棠的作品。作者回忆了少儿时代的读书生活，表达了对启蒙老师的感激之情。全文详略得当地叙述了读书时的故事，这就是"叙述"；全文的最后用"十年树木，百年树人；插柳之恩，终身难忘"进行点题，这就是"议论抒情"，是比较典型的"叙议结合"的结构形式。

教师在教学中需要提出要求：像这样"叙议结合"结构形式的文章，同学们已经学过不少，也写过不少了。不论是中考作文，还是平时的写作，记叙文中的"叙议结合"，是每位同学都要能够熟练运用的写作技法，"人人都要会"是基本的写作要求。

为什么强调人人都要会，是因为这种构思手法、结构形式会伴随着我们一辈子的写作；当然，在中考作文应试之中，其重要性也非同小可。

虽然说只有"叙议结合"四个字，但表达的内容与形式却充满了艺术性。如："叙议结合"文章的"叙后之议"，可以抒发真情，如《荷叶·母亲》；可以点示哲理，如《紫藤萝瀑布》；可以评赞人物，如《邓稼先》；可以美化意境，如《春》。一篇小小的记叙文，有了叙后之"议"，便有了点题之味、抒情之味、哲理之味、意境之味、手法之味、结构完整之味，乃至有了全文的"底气"之味。

还需要强调的是，一般来讲，记叙中的议论或抒情，主要有如下作用：

第一，表达作者的观点；

第二，抒发作者的情感；

第三，表现人物形象；

第四，深化文章的主题；

第五，严密文章的结构；

第六，增强文章的艺术感染力。

所以我们在写作中：

①可着重对最典型的事例进行议论、抒情。

②可着重在最动人之处进行议论、抒情。

③可着重在作者感情最激动的时候进行议论、抒情。

④可着重在点示全文的意义时进行议论、抒情。

愿在教师的指导下，“叙议结合”的表达智慧能够给学生的中考作文助力。

52. 考场作文要关注“美点”的显现

下面这篇短文，曾经是人教版小学语文教材中的课文。它简短、平实、清新、自然，看似没有明显的表达艺术。但它的写法老练，能够告诉我们，一篇质量比较高的记叙文需要有怎样的美点。这对于学生审视自己的考场记叙文的构思写作，很有必要。

现在就让我们来读一读，悟一悟：

难忘的一天

1984年2月16日，是我最难忘的日子，我为邓小平爷爷做了电子计算机表演。

那天早晨，我冒着严寒，快步走到工业展览馆。想到马上就要见到邓爷爷，我又紧张又激动，心怦怦地跳个不停。

邓爷爷来啦！他带着慈祥的微笑向我走来。我连忙敬了个队礼，说：“邓爷爷，您好！”邓爷爷高兴地点点头，紧紧地握住了我的手。看着邓爷爷和蔼可亲的样子，我紧张的心情一下子就平静了下来。

开始表演了。我沉着地操纵着计算机，顺利地打出各种各样的图形来。邓爷爷仔细地看了我的表演，脸上露出了满意的笑容。

表演过后，邓爷爷还亲切地问了我的年龄。我说刚满十岁。邓爷爷听了，赞许地再一次和我握手，并对身边的人说："计算机的普及要从娃娃抓起。"

离开展览馆，我兴奋地走在回家的路上。天，仿佛格外的蓝；阳光，仿佛更加灿烂。我忘不了这一天，忘不了肩上担负的责任。

本文告诉我们，一篇简短的记叙文应该具有如下这些美点。

①取材要美。可着眼于生活中有意义的事、亲身经历的事，或记忆深刻的事等。这样写起来有真情实感，且思维流畅。

②写作的视点要集中。就像这篇文章一样，集中笔力，简明清晰地记叙自己在"难忘的一天"中给邓爷爷"表演计算机"的简短经历。

③文章的结构要自然，顺序要清晰。《难忘的一天》起笔总写，寥寥数字就交代清楚了故事的时间、地点和主要事件；收笔照应全文，中间主体部分按时间的顺序进行铺叙——表演之前、表演之中、表演之后，脉络非常清楚。全文结构自然、严谨，故事内容一目了然。

④注意突现开头与结尾的作用。本文的开头直奔主题，呼应标题并点题，文章的结尾进行抒情、议论。它们在全文结构上起着重要作用，在思想内容上也有着很好的表达效果。

⑤把握写作内容的侧重点。这篇文章很好地把握了描绘"邓爷爷"这个侧重点，而不在自己的"计算机表演"上多费笔墨，于是全文重点突出，"邓爷爷"的形象生动鲜明。

⑥细心地显现出细节描写之间的照应。本文不仅仅有对人物的细节描写，更重要的是注意到了细节之间的照应。比如先写"邓爷爷高兴地点点头"，再写"邓爷爷""脸上露出了满意的笑容"，再写"邓爷爷还亲切地问了我的年龄"，作者简笔勾勒，处处照应，行文缜密，表现力丰富。

⑦写好内心的感受。本文很得体地写好了自己的内心感受。一写"又紧张又激动，心怦怦地跳个不停"，二写"紧张的心情一下子就平静了下来"，三写自己的"兴奋"。它们同样互相照应着，而且"连点成线"，成为一条美妙的线索，贯串于故事的始末。这样既使文章的结构严密，又使故事富于情致。

⑧点染一下景物的描写。这篇短文的最妙之处是写了“天，仿佛格外的蓝；阳光，仿佛更加灿烂”这个句子；就那么点染了一下，既写景，又借景抒情，表现出了作者的写作艺术。

……

在构思、写作考场作文时，教师要注意提醒学生：我的考场作文一定要显现出若干美点！

53. 运用“两”的创意写作文

我们说，一篇记叙文要叙议结合，“叙”加上“议”，就是“两”的写作思维，用两个层次的内容来结构一篇文章。同理，“一事一议”也是“两”的行文思路。

一个小小的“两”字，可以在我们的笔下铺展出优美的写作创意。

鲁迅的《从百草园到三味书屋》，描述了两种环境，两种生活，两种感受。

巴金的《鸟的天堂》，在两个时间段内写大榕树，写小鸟：傍晚，清晨。

彭荆风的小说《驿路梨花》，主要安排了两个人物叙说美好的故事：瑶族老人，哈尼小姑娘。

臧克家的《说和做——记闻一多先生言行片段》，深情赞美了作为学者和诗人的闻一多先生以及作为革命家的闻一多先生。

梁衡的《壶口瀑布》，开头的第一段中就说“我曾两次到过那里”，然后详略有致地展开描叙。

美文《桂林山水》中写了两个美段，从“水”与“山”的角度突现了桂林的山水之美。

名作《岳阳楼记》中运用两次精美的景物描写，表现了“迁客骚人”不同的“览物之情”。

原小学课文《“心正笔正”的柳公权》用了两个故事，表现了柳公权的正直敢言。

原小学课文《老人与海鸥》的第一部分写老人养护海鸥，第二部分写海鸥“追思”老人。

还有好多的动物寓言，都是以“两个人物”的故事或对话来展开的。

……

下面这篇短文的奇妙构思，表现了两个“两”：两种形象，两封信。

山和海的书信

神秘的海：

你好！

我天天坐在这里看着你的身影，觉得你有时文雅安静，有时平易亲切，有时变化多端，表现出令人喜爱的模样。

晴空万里时，你穿着蓝色的礼服，上面织着朵朵的白云，这时的你，看起来真温柔；大风吹来时，你好像挥舞着大旗，激起千层浪，这时的你，看起来真神气；太阳西下时，夕阳为你洒下闪光的金粉，这时的你，看起来真美丽；月亮升起时，星空为你穿上银色的舞衣，这时的你，看起来真神秘。

飞过我头顶的燕子，常常对我诉说你的宽广。流过我脚下的小河，也常对我细诉你神秘的传说。虽然我没有机会拜访你，但我十分喜欢你，希望能和你做朋友。

我请小河把这封信捎给你，并送上一颗珍贵的绿宝石。

祝你

永远美丽！

山　敬上

11月5日

强壮的山：

你好！

收到你的来信，心中又惊又喜，因为，我也是天天仰望着你的身影，很想有机会认识你。我觉得你外表看似安静，其实个性非常活泼。

晴空万里时，你看起来青春翠绿，像个意气风发的青年；风雨交加时，你巍然屹立，像不屈不挠的勇士；山雾飘起时，一朵朵白云在身边千变万化，你就像神奇的魔法师；夜幕降临时，你穿上黑色的外衣，好像是英勇的武士。

飞过我身边的燕子，常常夸奖你的勇敢；来我家做客的小河，也常常赞赏你的大方。虽然我没有机会拜访你，但我十分愿意和你成为无话不谈的好朋友。

我请燕子把这封信捎给你，并送上一颗晶莹的白珍珠。

祝你

永远健康！

海　敬上

11月16日

好美的文章啊！

细细品味这样奇妙的“两”的构思，也许会激发学生中考作文的优美创意。

“两”的写作创意，表现出比较新颖的表达思维。作为语文教师，一方面要熟悉这种表达思维，并体味其表达的妙处；一方面在教学中要有意识地引导学生并训练学生进行此方面的构思与表达，从而增加学生的知识积累，提升学生的写作构思能力。

54. “三”是一种清晰美好的表达思维

“三”是一种清晰美好的表达思维。不论是书面的还是口头的，“三”都是一种很常见的表达习惯，无论中外。

为什么人们常常习惯于用“三”来进行一次完整内容的表达？其秘诀在于它的简洁而丰富，层次清晰又不是那么简单乏味。

在学生学习过、接触过的课文中，有不少的“三”的构思：《精神的三间小屋》从情感、事业、安放自身三个方面议论了建设人类精神大厦的问题；《我为什么而活着》，从爱情、寻求知识、同情心三个方面表达了自己的人生感受；《金色花》从早上、中午、傍晚三个角度表达“我”对母亲的深情的爱；《记承天寺夜游》全文的内容，由叙事、写景和抒情三个层次构成；《爱莲说》在咏物中将莲、菊、牡丹三者进行了比较；《颐和园》重点介绍了长廊、万寿山和昆明湖三个重要的景点。还有我们常常给学生讲的“小说的三要素”、议论文的“论点、论据、论证”的知识等。

运用“三”的思维进行表达，有两种基本的风格。

一是显性的“三”。如《精神的三间小屋》中明确标示的“第一间”“第二间”“第三间”；又如《我为什么而活着》非常直观地让我们感受到它抒发情感时的三个角度。

二是隐性的“三”。如《赫耳墨斯和雕像者》，如果不仔细观察与概括，则难以发现它用“三问三答”的手法展开故事的情节。

下面这篇美文，就运用隐性的“三”的思维方式，进行了一次精彩的叙事：

带刺的朋友

秋天，枣树上挂满了一颗颗红枣，风儿一吹，轻轻摆动，如同无数颗飘香的玛瑙晃来晃去，看着就让人眼馋。

一天晚上，新月斜挂，朦胧的月光透过树枝，斑斑驳驳地洒在地上。我刚走到后院的枣树旁边，忽然看见一个圆乎乎的东西，正缓缓地往树上爬……

我非常惊讶，赶忙贴到墙根，注视着它的一举一动。

“是猫，还是别的什么？”我暗暗地猜测着。

那个东西一定没有发现我在监视它，仍旧诡秘地爬向老树杈，又爬向伸出的枝条……

挂满红枣儿的枝杈慢慢弯下来。

后来，那个东西停住脚，兴许是在用力摇晃吧，树枝哗哗作响，红枣噼里啪啦地落了一地。

我还没弄清楚是怎么回事，树上那个家伙就噗的一声掉了下来。听得出，摔得还挺重呢！

我恍然大悟，这不是刺猬吗？

很快，它又慢慢地活动起来了。看样子，劲头比上树的时候足多了。它匆匆地爬来爬去，把散落的红枣逐个归拢到一起，然后就地打了一个滚儿。你猜怎么着，归拢的那堆红枣，全都扎在它的背上了。立刻，它的身子“长”大了一圈。也许是怕被人发现吧，它驮着满背的红枣，向着墙角的水沟眼儿，急火火地跑去了。

我暗暗钦佩：聪明的小东西，偷枣的本事真高明啊！

可是，它住在什么地方呢？离这儿远不远？窝里还有没有伙伴？好奇心驱使我蹑手蹑脚地追到水沟眼儿，弯腰望去，水沟眼儿里黑洞洞的，小刺猬已经没有了踪影。

文中叙述了作者在短暂瞬间观察到的刺猬偷枣的故事。一写刺猬上树，二写刺猬摇落红枣，三写刺猬聪明地带着红枣跑远了；叙述之中穿插着作者的心理描写；文章起笔精致，收笔留有余味，脉络清晰，耐读耐看。

不论是显性的还是隐性的，“三”的表达思维都能让我们胸有成竹地进行表达。教师需要指导学生：可以通过三件小事写一个人，可以运用三次场景描写来表现地方风情，可以运用三个论据来证明一个论点……考场作文中艺术地运用“三”的表达思维，能够进行层次清晰的记叙、描写、说明或议论。

55. 尝试运用“横式结构”写作文

“横式结构”是一种层次特别清晰的文章结构形式。其主要特点表现为：在一篇文章中，各个部分基本上呈“块”状形式，既先后有序又彼此并列，呈现出一块一块地进行铺展的思路。这种结构形式的文章，主要有三种外观形态。

第一，无开头也无结尾，由几篇精美的短文结构而成，每篇短文基本上都有完整的文章形态，每篇短文基本上都有小标题。如下面的短文《校园交响诗》：

校园交响诗

望安

（节选自原语文S版教材小学语文第12册）

蜂　巢

教室，像一只蜂巢。

排列的桌椅，是一格一格的蜂房，井然有序。上课铃一响，你一格，我一格，大家坐好。在老师的传授中汲取，在各科的书籍里寻觅。时而循着历史的长河飞向遥远的古代；时而飞翔在当今的科学天地。时而书声琅琅；时而书写沙沙。在知识的大海里采集、探索、积累。像金色的小蜜蜂在花海里采集花粉，嗡嗡嘤嘤地飞鸣、渴求。在各自的蜂房里忙碌地储积着蜜。

啊！一只甜蜜的蜂巢。

鸟　岛

下课了，校园，像一座鸟岛。

美的交响曲回旋在这一片乐土。花丛树下，草坪操场，运动衫，彩裙……飞翔的、流动的身影，旋转的舞步，亭亭玉立的风姿，像鸟儿款款地低飞，欢快地跃动，像鸟儿舒展地起舞，恬静地栖息。歌声，笑语，像海潮的喧哗中，鸟儿倾心地鸣啭。

同浴着阳光，共享着欢乐，又增添着温暖，充实着幸福。

啊！一个生机勃勃的鸟岛。

花 瓣

一年一度教师节，老师的办公桌上，飞来了彩色的花瓣。

你看，那一封封学生来信——淡蓝的、粉红的、嫩绿的、浅黄的……一封一封，寄来了一颗颗赤诚的心。忽而，窗外飞来了一只白鸽，送来了一片云——一页洁白的信。老师欣喜地取下，看到了当年一名淘气生真切的思念、热情的祝福。当一串鸽哨响起，老师目送着白鸽远飞天际，深情祝愿似欲随它飞去。

啊！飞来的花瓣，变成一朵朵馥郁的鲜花，开在老师的心间。

《校园交响诗》，是美妙的横式结构的文章。

三篇微文，各由一个小标题领起，分别从教室、学校、教师的角度描画了快乐纯美的校园生活。

文章看起来是三篇小小的文章联缀而成，其实它内在的线索丰富。一是校园生活的线索贯穿全文，二是深情赞美的情感线索贯串其中，三是每篇短文的开头段形式相近，结尾段的形式与抒情方式也相近，它们都起着彼此呼应的美妙作用，将全文紧紧地联在了一起。

第二，无开头也无结尾，由几个精致的片段结构而成、有序展开；几个精致的片段之间不运用小标题的形式。如下面的美文《四季之美》：

四季之美

清少纳言

春天最美是黎明。东方一点儿一点儿泛着鱼肚色的天空，染上微微的红晕，飘着红紫红紫的彩云。

夏天最美是夜晚。明亮的月色固然美，漆黑漆黑的暗夜，也有无数的萤火虫翩翩飞舞。即使是蒙蒙细雨的夜晚，也有一只两只萤火虫，闪着朦胧的微光在飞行，这情景着实迷人。

秋天最美是黄昏。夕阳斜照西山时，动人的是点点归鸦急急匆匆地朝窠里飞去。成群结队的大雁，在高空中比翼连飞，更是叫人感动。夕阳西沉，夜幕降临，那风声，虫鸣，听起来也愈发叫人心旷神怡。

冬天最美是早晨。落雪的早晨当然美，就是在遍地铺满白霜的早晨，或是在无雪无霜的凛冽的清晨，升起熊熊的炭火，手捧着暖和的火盆穿过走廊时，那闲逸的心情和这寒冷的冬晨多么和谐啊！只是到了中午，寒气渐退，火盆里的火炭，大多变成了一堆白灰，这未免令人有点扫兴。

《四季之美》，同样是美妙的横式结构的文章。

全文由四个段落构成，按春夏秋冬的时令顺序展开；每个段落都由一个中心句领起，段式完美。从外观看，它的结构极其清晰；从内容看，它的描写简洁而优美。

第三，文章有开头与结尾，中间由几个故事、几篇日记、几幅画面、几个方面的论述或说明的内容结构而成，可以有小标题，也可以不设小标题。课文《春》就有这样的特点。

运用“横式结构”写作文，其优点是：

眉目清晰，顺序井然，层次清楚，形式多样，结构清朗。

文笔简省，角度丰富，选材精致，容量饱满，便于创新。

中考作文复习指导之中，教师需要指导学生尝试运用“横式结构”写作文，并明确地告诉学生——这是中考作文构思的一种可用形式。

56. 一种天然的构思规律——“五笔”技法

下面是上海市《语文学习》杂志社1991年“全国中学生微型作文”征文比赛中获一等奖的一篇作品：

鲇 鱼 跑 了

余霁月

傍晚，爸爸回来了，喜滋滋的。

他买回了3条活蹦乱跳的鲇鱼，说是小贩要回家，廉价卖给他的。看见这鲜活的鱼，似乎看见了一碗热腾腾的发着诱人香味的鲇鱼汤，哇，真美……

晚上，爸爸说："鲇鱼聪明得很，它会不顾一切地设法溜掉，如果不严加防范，那鲇鱼汤可就喝不成啰！"爸爸把装鱼的桶提进离卫生间很远的厨房，用一个篮子盖严桶口，再压上一块大砧板，还仔细看了看，这才放心地走出厨房。

第二天大清早，我就听见爸爸在厨房里大叫："鲇鱼跑了！"我连忙从床上蹦下来，跑去看。只见篮子、砧板横躺在地上，桶里空无一鱼，两条正在挣扎的鲇鱼已经靠近卫生间。另外一条遍寻不着，大家分析它已经通过卫生间的下水道跑掉了。

妈妈埋怨爸爸："就是你，昨晚说的话都让鲇鱼给听见了。""哼，便宜无好货，咱们一人少吃两块鲇鱼肉！"爸爸愤愤地说。

我没有责怪小鲇鱼的逃脱，也不像爸爸妈妈那么想，因为我突然感觉到：拼搏中的生命具有不可遏止的力量！

这篇微文，从诞生到现在，已经30多年了。它只有400余字，6个自然段，但它表现出来的，是一种天然的构思规律，夸张一点说，是中国人写短文时的一种自然的、相同的、经典的行文方式。

这种行文方式叫作"五笔"构思技法。

我们来看看《鲇鱼跑了》所表现出来的"五笔"。

第一笔为第一段：它轻点一笔，概说事件。

第二笔为第二段：它交代一笔，介绍原委。

第三笔为第三段：它简叙一笔，略写事件。

第四笔为四五段：它详写一笔，写好细节。

第五笔为第六段：它深化一笔，抒情议论。

从上述分析可以看出，"五笔"不是"五段"；"五笔"所表现出来的是文章展开的层次，是一种铺叙的顺序，也是一种全文的结构规律。

为什么说"五笔"构思技法是一种天然的构思规律？因为很多不同时代的名人作品都是这样构思的。

在以下经典的叙事作品中，均有所体现。

朱自清的《背影》：

文章第一段"轻点一笔"，写不能忘记父亲的背影；第二段"解说一笔"，叙写当时的艰困家境；接着“简叙一笔”，写父亲送“我”到南京；第六段“详写一笔”，写父亲过铁道为“我”买来橘子；最后一笔“议论抒情”，深入地表达对父亲的思念，抒发心中的深情。

莫怀戚的《散步》：

第一段“轻点一笔”，写一家人在田野散步；第二段“解说一笔”，写“我”劝说妈妈一起出来散步；接着“简叙一笔”，写一家人来到了田野；然后“详写一笔”，写“后来发生了分歧”；最后一段“深化一笔”，进行极富情意的抒情。

杨绛的《老王》表现出来的也是“五笔”的思维规律：

第一段，轻点一笔；第二段，介绍“老王”；后续几段，略写“我家”与“老王”的交往；接着几段，详写“老王”送香油、送鸡蛋；最后一段，“我”议论抒情，深表“愧怍”。

魏巍的《我的老师》与杨绛的《老王》一样，表现出来的也是“五笔”的思维规律。

……

知晓了这种构思与表达的规律，作文时的整体构思就容易“成形”。

需要强调的是：“五笔”不是五段。于是，文章的展开就灵动起来，它的文面永远不会雷同。

运用“五笔式”构思，文章自然流畅，详略有致，表达方式多样，结构完美。

运用“五笔式”构思，可以叙事，可以写人，也可以描绘景物；特别适合于写好自己的一次经历。

“五笔式”构思，让学生在作文时心中有数、铺展自如。

在中考记叙文的构思表达方面，教师可以指导学生创造性地运用“五笔”技法。

57. 一篇短文，多个小巧段落

“一篇短文，多个小巧段落”，指的是文章中的段落短小，语言生动优美。就像我们所熟知的“散文诗”的写法，表现在文面上，一般都呈现出小段联缀的写作形式。

我们也可以称这样的结构形式为“诗意小段”的写法。

“诗意小段”的写法可以运用于多种多样文章的写作。一般的记叙文、文艺性的说明文、活泼灵动的说理文、咏物写景抒情的文章、抒一己之见的演讲稿、人物事迹介绍，乃至节日祝词、书信，都可以进行这样轻快的、诗意的写作。

“诗意小段”写作的比较大的好处是美化文面，增加抒情的味道；由于段落精致短小，文章看起来、读起来都表现出一种诗意的美感。

如果将课文《〈论语〉十二章》看作一篇短文，它就是由12个段落构成的。

朱自清的《春》，是比较典型的“一篇短文，多个段落”的写法，共有10个小段。

臧克家的《说和做——记闻一多先生的言行片段》，共有20个段落。

萧红的《回忆鲁迅先生（节选）》这篇课文，将近70个自然段。

教材的编者这样评价萧红的文章：

“这是一篇别具一格的回忆文章”“以多个片段的形式组合在一起，烘托出一个真实的、富有人情味的、生活化的鲁迅形象”。

下面我们对《回忆鲁迅先生》进行再次的节选：

鲁迅先生的笑声是明朗的，是从心里的欢喜。若有人说了什么可笑的话，鲁迅先生笑得连烟卷都拿不住了，常常是笑得咳嗽起来。

鲁迅先生走路很轻捷，尤其使人记得清楚的，是他刚抓起帽子来往头上一扣，同时左腿就伸出去了，仿佛不顾一切地走去。

鲁迅先生很喜欢北方饭，还喜欢吃油炸的东西，喜欢吃硬的东西，就是后来生病的时候，也不大吃牛奶。鸡汤端到旁边用调羹舀了一二下就算了事。

鲁迅先生不戴手套，不围围巾，冬天穿着黑土蓝的棉布袍子，头上戴着灰色毡帽，脚穿黑帆布胶皮底鞋。

鲁迅先生吃的是清茶，其余不吃别的饮料。咖啡、可可、牛奶、汽水之类，家里都不预备。

鲁迅先生的休息，不听留声机，不出去散步，也不倒在床上睡觉，鲁迅先生自己说：“坐在椅子上翻一翻书就是休息了。”

鲁迅先生刚一睡下，太阳就高起来了，太阳照着隔院子的人家，明亮亮的，照着鲁迅先生花园的夹竹桃，明亮亮的。

鲁迅先生的书桌整整齐齐的，写好的文章压在书下边，毛笔在烧瓷的小龟背上站着。

鲁迅先生必得休息的，须藤医生这样说的。可是鲁迅先生从此不但没有休息，并且脑子里所想的更多了，要做的事情都像非立刻就做不可，校《海上述林》的校样，印珂勒惠支的画，翻译《死魂灵》下部，刚好了，这些就都一起开始了，还计算着出三十年集（即鲁迅全集）。

鲁迅先生感到自己的身体不好，就更没有时间注意身体，所以要多作，赶快作。当时大家不解其中的意思，都以为鲁迅先生不加以休息不以为然，后来读了鲁迅先生《死》的那篇文章才了然了。

鲁迅先生知道自己的健康不成了，工作的时间没有几年了，死了是不要紧的，只要留给人类更多，鲁迅先生就是这样。

……

这是一些生动美好的描写片段，每个片段都表现出人物特点描写的一个角度。

这就让人们联想到了中考作文构思的一种创意：一篇短文，多个小巧段落。

这样构思的好处是：

不论写什么内容，都显得文面清新爽朗，给人诗意表达的感觉。

可以用来写人记事，特别是用抒写多件小事来表现一个人。

可以用来写景抒情，用美景描写的多个片段来表达自己的审美感受。

可以用来议论说理，一个又一个精短的例证再加上精致的小段说理。

可以用来展开想象，将一个又一个的美好画面生动地铺叙在作文中。

……

教师还可以引导学生想一想小学的课文《桥》《军神》，初中的课文《安塞腰鼓》《海燕》，它们都由“多个小巧段落”构成，都表现出一种诗意的美。

一篇短文，多个小巧段落；在教师的指导下，学生在中考作文时，可以进行美妙的创造。

58. 写出一件事的轻波微澜

读别人的叙事文章，总是希望生动一点，曲折一点。

人们常说的“尺水兴波”“一波三折”“曲折有致”“文中波澜”“一波未平，一波又起”“文似看山不喜平”等，说的都是这方面的意思。

记叙文的波澜技法有很多，如写出抑扬、张弛、起伏、伏应、跌宕、突变等。教师可以引导学生通过有关的例文，感受、学习这方面的一点技法。

事件平稳地按一定的顺序发展，其实就已经显现出了文中波澜。比如《陈太丘与友期行》，简短的故事，时间顺序明显，但文中波澜明显可见。

故事在反复之中显现出不同的情节，文中波澜也就随之漾起。如《女娲造人》，三写女娲造人的故事，细节动人，层层向前推进。《皇帝的新装》也是这样。

先进行一定的铺垫，再写出文中的主要故事，这样的文章波澜之感也很明显。如《老王》，先写老王的一个故事又一个故事，以作铺垫，最后细细描述老王给“我”送香油、送鸡蛋的故事。

写出故事中的一次曲折、一次跌宕，就自然形成了文中波澜。典型的例子是《散步》，先写一家人其乐融融地在田野上散步，接着写“后来发生了分歧”。

在想象之中写视野宏阔、时间漫长的故事，没有文中波澜那是不可能的事。如《一滴水经过丽江》，文中波澜起伏，读者的思绪也随之延展起伏。

故事的情节发生比较大的转折，即使是很短的篇章，也能明显地突现出很大的波澜。如《赫耳墨斯和雕像者》《蚊子和狮子》都是有“情节陡转”的故事。

再看，倒叙手法的运用、抑扬手法的运用、穿插手法的运用、对比手法的运用、详略手法的运用、虚实手法的运用、宕开手法的运用、巧合手法的运用……也都是可以形成文中波澜的。

课文《社戏》中有一个部分就比较好地运用了写“波澜”的技法，不是平铺直叙而是轻波荡漾地描叙了一个小小的事件——“我”想去看戏而没有船，然后大家又想办法借到了航船……

下面请看作者所描叙的这个荡漾着轻波微澜的童年故事：

社戏（节选）

至于我在那里所第一盼望的，却在到赵庄去看戏。赵庄是离平桥村五里的较大的村庄；平桥村太小，自己演不起戏，每年总付给赵庄多少钱，算作合做的。当时我并不想到他们为什么年年要演戏。现在想，那或者是春赛，是社戏了。

就在我十一二岁时候的这一年，这日期也看看等到了。不料这一年真可惜，在早上就叫不到船。平桥村只有一只早出晚归的航船是大船，决没有留用的道理。其余的都是小船，不合用；央人到邻村去问，也没有，早都给别人定下了。外祖母很气恼，怪家里的人不早定，絮叨起来。母亲便宽慰伊，说我们鲁镇的戏比小村里的好得多，一年看几回，今天就算了。只有我急得要哭，母亲却竭力的嘱咐我，说万不能装模装样，怕又招外祖母生气，又不准和别人一同去，说是怕外祖母要担心。

总之，是完了。到下午，我的朋友都去了，戏已经开场了，我似乎听到锣鼓的声音，而且知道他们在戏台下买豆浆喝。

这一天我不钓虾，东西也少吃。母亲很为难，没有法子想。到晚饭时候，外祖母也终于觉察了，并且说我应当不高兴，他们太怠慢，是待客的礼数里从来所没有的。吃饭之后，看过戏的少年们也都聚拢来了，高高兴兴的来讲戏。只有我不开口；他们都叹息而且表同情。忽然间，一个最聪明的双喜大悟似的提议了，他说，“大船？八叔的航船不是回来了么？”十几个别的少年也大悟，立刻撺掇起来，说可以坐了这航船和我一同去。我高兴了。然而外祖母又怕都是孩子们，不可信；母亲又说是若叫大人一同去，他们白天全有工作，要他熬夜，是不合情理的。在这迟疑之中，双喜可又看出底细来了，便又大声的说道，“我写包票！船又大；迅哥儿向来不乱跑；我们又都是识水性的！”

诚然！这十多个少年，委实没有一个不会凫水的，而且两三个还是弄潮的好手。

外祖母和母亲也相信，便不再驳回，都微笑了。我们立刻一哄的出了门。

我的很重的心忽而轻松了，身体也似乎舒展到说不出的大。一出门，便望见月下的平桥内泊着一支白篷的航船，大家跳下船，双喜拔前篙，阿发拔后篙，年幼的都陪我坐在舱中，较大的聚在船尾。母亲送出来吩咐“要小心”的时候，我们已经点开船，在桥石上一磕，退后几尺，即又上前出了桥。于是架起两支橹，一支两人，一里一换，有说笑的，有嚷的，夹着潺潺的船头激水的声音，在左右都是碧绿的豆麦田地的河流中，飞一般径向赵庄前进了。

……

现在让我们来感受作者“推动”文中“波澜”的三种方法。

①铺叙情节的起伏。

选文中的情节起伏是显而易见的。“我”“第一盼望”的是去赵庄看戏，但好不容易“日期也看看等到了”，却“真可惜，在早上就叫不到船”，这种盼望与现实之间的反差不能不让“我”很是沮丧。然而双喜的突然提议让事情有了转机，于是那“一支白篷的航船”就真的出现在面前了。这就是“山重水复”“柳暗花明”，这就是“峰回路转”“一波三折”。这就是文中激起的“起伏波澜”。

②表达心情的抑扬。

文中的“我”对去赵庄看戏是满怀期望的，但可惜到了时候却找不到船，于是“急得要哭”，不仅如此，“我”甚至“似乎听到锣鼓的声音”，甚至想到了朋友们“在戏台下买豆浆喝”。就在我“不高兴”“不说话”之际，双喜的提议让少年们皆大欢喜，“我的很重的心忽而轻松了，身体也似乎舒展到说不出的大”了。由十分郁闷到说不出的快乐，“我”心中的情感波澜随着故事情节而起伏荡漾。

③表现节奏的张弛。

记叙文中的所谓“节奏”，指的是叙事速度的快慢。这篇节选文的“节奏”，在写人们“找不到船”时，速度是“缓缓”的，“我”将事情的经过、心情的变化一笔一笔细细写来，让故事内容显得摇曳多姿；这就是“弛”。而人们一旦有了“船”，节奏就变成了“快速”的，因为终于可以载着“迅哥儿”去看戏了，所以大家是“跳下船，双喜拔前篙，阿发拔后篙”，当母亲送出来叮嘱的时候，“我们已经点开船，在桥石上一磕，退后几尺，即又上前出了桥”并“飞一般径向赵庄前进了”；这就是“张”。文章叙事节奏的一张一弛，极好地配合着故事情节的发展，为表达文章的情节变化而推波助澜。

下面从这三个方面再来看看写了漫长时间中的故事《我的叔叔于勒》。

①铺叙情节的起伏。

整个故事的内容可以概括为“赶于勒、盼于勒、遇于勒、躲于勒”，情节波澜起伏。

②表达心情的抑扬。

在听说于勒发了财之后，老菲利普总要说他那句永不变更的话："唉！如果于勒竟在这只船上，那会叫人多么惊喜呀！"而在巧遇于勒之后，他则神色狼狈，低声嘟哝着："出大乱子了！"

③表现节奏的张弛。

故事在描述"赶于勒、盼于勒"时，是"慢速"地进行铺叙；而在描写"遇于勒、躲于勒"时，则是"快速"地推进，让故事迅速达到高潮。

课文《孤独之旅》的文中波澜，也有上述的表达特点。

"写出一件事的轻波微澜"，是平时作文的难点，也是中考作文的难点。我们可以在理解的基础上着力于某个方面去进行实践；于是我们也许就会发现，写出一点文中波澜，并不是很困难的事。

写出记叙文中的"波澜"，是层次比较高的作文表达技法。语文教师在日常阅读教学中，需要结合具体课文给学生点示这种表达技法的妙处；在日常写作教学中，可以用专门的"构思训练"培养学生的审美情趣与思维方式，鼓励学生尝试写出自己的有文中波澜的习作。

59. 巧用多件事，写好一个人

用多件事写一个人，是写人记事的记叙文中最常用的一种表达形式。

我们学习过的中小学课文中，有非常多的作品都是"巧用多件事，写好一个人"的佳作。如《我的伯父鲁迅先生》《父爱之舟》《范仲淹的故事》《左公柳》《孔子学琴》《叶圣陶先生二三事》《植树的牧羊人》……

怎样才能做到构思中的一个"巧"字呢？那就是"边叙边议，夹叙夹议"。

怎样才能做到构思中的一个"巧"字呢？还需要巧妙地引出人物的故事，巧妙地从"别人"的角度讲故事，巧妙地用环境、景物的描写来映衬人物等。

夹叙夹议是写人记事文章的一种美妙的作文技法。即"边叙边议"，或在叙述一件事的过程中穿插几次议论、抒情，或在叙说几件事情中穿插几次议论、抒情。夹叙夹议写法的美好在于增加情感抒发的感染力，在文章的外观形态上形成变化，并表现出文章的清晰结构与层次之美。

下面是原语文版教材中的一篇课文，是“巧用多件事，写好一个人”的好范文。

左公柳（有删节）

“羌笛何须怨杨柳，春风不度玉门关。”从河西走廊到玉门关，数千里关山路，没有春风，没有绿色。映入我们眼帘的，除了黄沙，还是黄沙。

突然，我们发现前方不远的地方，傲然挺立着一棵柳树。这柳树高大茁壮，身姿挺拔，枝条刚劲有力，树冠宛如帷幄。我们顿时兴奋起来，赶紧下了车，飞也似地向前扑去。到了树阴下，啊，好粗的树哇！两个人合抱都抱不拢。

导游觉察到我们动情了，便平静地告诉我们这树叫左公柳。左公柳？我们感到更惊异了。导游微微一笑，向我们讲起了这种树名背后的故事：

“清朝末年，西部邻国的一个军事首领阿古柏在英国支持下，率兵侵入南疆。紧接着，俄国又乘机出兵占领了北疆的伊犁。我国的西北边疆危机日益严重，国家告急！

“当时朝廷众臣中，有一部分人对保卫新疆的认识有失偏颇，主张放弃新疆。眼看新疆将要被外国人侵占，时任陕甘总督的左宗棠挺身而出，力排众议，坚决主张收复新疆失地。熟读兵书的左宗棠断然指出：‘如果放弃新疆，无异于给侵略者留下进攻我国腹地的缺口！’这位铁骨铮铮的六旬老人主动请缨！他以身报国的忠义之举和满腔的爱国热忱折服了满朝文武。”

这时，导游停顿了一下，深情地望着那株柳树，又接着讲了下去：

“那是一个令人神伤的夜晚，天上没有明月，地上没有人送行。然而这个刚毅坚韧的湖南老人，面对兵马疲惫、粮饷匮乏、运输艰难等重重困难，仍信心百倍。他肩负着国人的重托，胸中燃烧着正义的烈火，率领六万湖湘子弟兵，悄然离京，马不停蹄地赶往千里之外风烟滚滚的战场。

“左宗棠的队伍一路西行，浩浩荡荡。令人震惊的是，这支队伍中竟有众人抬着一口黑漆棺材！这口棺材是左宗棠为自己准备的。临出发时，左宗棠便郑重地吩咐部下，如果他在收复新疆失地的征战中死去，就用这口棺材收殓他的尸体。面对左宗棠视死如归的决心，在场官兵个个泪流满面，无不为之动容。他们深知，这位刚毅、睿智的老将军早已预料到征途的艰险，但是他已完全将自己的生死置之度外！

“就是这位年逾花甲的老将军，用不到两年的时间，率部完成了收复新疆失地（除伊犁外）的伟业。”

导游还告诉我们：

“左宗棠不仅谋划如何收复新疆失地的策略，而且还思索如何建设新疆的举措。在征战中，他深感茫茫戈壁没有绿阴的困苦，便率领部队植树造林。他的湖湘子弟兵既是战斗之旅，也是植树大军。人人随身携带柳树苗，一路走一路栽，前营栽罢后营管，并且动员百姓分段看管。终于在千里戈壁种下片片树林，形成一道‘连绵数千里绿如帷幄’的塞外奇观。这些柳树不但成了收复新疆失地的见证，而且还使古老的‘丝绸之路’开始获得新生。人们为了纪念左宗棠，便将这柳树称为左公柳。”

听完导游的讲述，我们情不自禁地再次凝望眼前这棵柳树——它依然屹立在黄沙之中，那茂密的树叶，那铁筋般的枝条，那挺拔的身躯，那在同沙漠进行生死较量中流淌着的顽强的生命力……这哪里是一株普普通通的柳树？它分明就是爱国将士们不屈不挠、坚韧顽强的精神之树！

这篇写人叙事的精美短文，记叙了“我们”在游览参观玉门关途中听到导游所讲述的左宗棠的爱国事迹。它巧在写历史人物的故事；巧在利用“导游”讲故事；巧在运用“三”的思维方式，让“导游”讲了三次故事，于是用多个故事表现了人物；巧在“导游”讲故事时的“夹叙夹议”；巧在文中“我们”的议论抒情。它显现出情感美、取材美、结构美、线索美、语言美、手法美等诸多美感。

教师可以点拨学生：这篇小小的美文，可以给大家丰富的写作启迪。

60. 关注记叙类作文中的“景物描写”

记叙类作文中的景物描写有多个方面不同的作用，知道了这些内容，对于学生在作文中恰当地运用景物描写，给自己的作文增添美感，很有好处。因此需要教师确切指导。

现简单地例说如下。

①表现大自然中的景观。如《壶口瀑布》：

这龙槽顶着宽宽的河面，正好形成一个丁字。河水从五百米宽的河道上排排涌来，其势如千军万马，互相挤着、撞着，推推搡搡，前呼后拥，撞向石壁，排排黄浪霎时碎成堆堆白雪。山是青冷的灰，天是寂寂的蓝，宇宙间仿佛只有这水的存在。

②显现生活中居住地的自然环境。如《小英雄雨来》：

芦花开的时候，远远望去，黄绿的芦苇上好像盖了一层厚厚的白雪。风一吹，鹅毛般的苇絮就飘飘悠悠地飞起来，把这几十家小房屋都罩在柔软的芦花里。

③设置某种活动中的场景或情景。如《我不是最弱小的》：

“看！这儿还有一朵野蔷薇呢！”大家被萨沙的叫声吸引过来。原来有一丛野蔷薇，被铃兰花簇拥着，开出了第一朵粉红色的花。带着露珠的花朵随风舞动，芬芳扑鼻。一家人坐在野蔷薇旁边，聊起天来。

④着意对作品中的人物进行映衬。如《那片绿绿的爬山虎》：

那天下午，天气很好。我来到叶老先生住的四合院。刚进里院，一墙绿葱葱的爬山虎扑入眼帘。夏日的燥热仿佛一下子减少了许多，阳光都变成绿色的，像温柔的小精灵一样在上面跳跃着，闪烁着迷离的光点。

⑤呈现写景抒情作品的描写对象。如《火烧云》：

这地方的火烧云变化极多，一会儿红彤彤的，一会儿金灿灿的，一会儿半紫半黄，一会儿半灰半百合色。葡萄灰、梨黄、茄子紫，这些颜色天空都有。还有些说也说不出来、见也没见过的颜色。

⑥作为咏物抒情作品的抒情背景。如《荷花》：

荷花已经开了不少。荷叶挨挨挤挤的，像一个个碧绿的大圆盘。白荷花从这些大圆盘之间冒出来。有的才展开两三片花瓣儿。有的花瓣全都展开了，露出嫩黄色的小莲蓬。有的还是花骨朵，看起来饱胀得马上要破裂似的。

⑦凸显想象或虚写中的景物。如《凡卡》：

天气真好，晴朗，一丝风也没有，干冷干冷的。那是个没有月亮的夜晚，可是整个村子——白房顶啦，烟囱里冒出来的一缕缕的烟啦，披着浓霜一身银白的树木啦，雪堆啦，全看得见。天空撒满了快活地眨着眼的星星，天河显得很清楚，仿佛为了过节，有人拿雪把它擦亮了似的……

⑧映衬作品中人物的心情。如《我的叔叔于勒》：

我们上了轮船，离开栈桥，在一片平静的好似绿色大理石桌面的海上驶向远处。正如那些不常旅行的人们一样，我们感到快活而骄傲。

后来大家都不再说话。在我们面前，天边远处仿佛有一片紫色的阴影从海里钻出来。那就是哲尔赛岛了。

⑨表现小说作品中的人物或将故事情节推向高潮。如《在烈日和暴雨下》：

风过去了，只剩下直的雨道，扯天扯底地垂落，看不清一条条的，只是那么一片，一阵，地上射起无数的箭头，房屋上落下万千条瀑布。几分钟，天地已经分不开，空中的水往下倒，地上的水到处流，成了灰暗昏黄的，有时又白亮亮的，一个水世界。

⑩在具体的语境中表现出一定的象征意义。如《白杨礼赞》：

那是力争上游的一种树，笔直的干，笔直的枝。它的干通常是丈把高，像加过人工似的，一丈以内绝无旁枝。它所有的丫枝一律向上，而且紧紧靠拢，也像加过人工似的，成为一束，绝不旁逸斜出……

写人叙事文中的景物描写，出类拔萃的中小学课文范文还有《散步》《“飞天”凌空》《老山界》《秋天的怀念》《手术台就是阵地》等，可供我们揣摩、借鉴。

教师要指导学生关注记叙类作文中的景物描写，这样能够优化学生的写作构思与表达，增加文学的韵味。特别是写人叙事的作文，有时候哪怕写上一两笔，都能够表现出作者的表达水平。所以，在中考作文中，这是学生的一个努力方向。

61. 将“第二人称”写法用于作文的整体构思

“你”，是一个很有抒情味道的字眼；运用于诗文之中，有时被称为“第二人称抒情”。

“你”，可以用于抒情诗文的局部点染。

即在作品中的某个地方转换笔调，从一般的叙述、描写的角度，转向对抒情对象情感浓郁的直接抒情。如冰心的《纸船》《荷叶·母亲》等。

散文诗《荷叶·母亲》，通过荷叶、红莲等物象叙述故事、寄托情感，篇幅精短，表达细腻，语言清新雅致。整篇文章构思了一个雨中红莲的故事，“那朵红莲，被那繁密的雨点，打得左右攲斜”，然而“红莲旁边的一个大荷叶，慢慢地倾侧了下来，正覆盖在红莲上面……”

于是作者进行联想，以荷叶比喻母亲，直接对母亲抒情：

我心中深深地受了感动——

母亲啊！你是荷叶，我是红莲。心中的雨点来了，除了你，谁是我在无遮拦天空下的荫蔽？

这一句呼告，发自内心，自然真切，温馨动人。雨中的荷叶倾侧下来，庇佑着风雨中的红莲，作者描叙了这温馨动人的情景之后，顺势运用第二人称的写法，从心底的深处发出了对纯美母爱的感激、赞叹之情。这里表现出了比喻之美、设问之美、直抒胸臆之美、卒章显旨之美、点示哲理之美、以实写虚之美，设置了全文美妙的文眼。

“你”，可以用于作者对读者的情感渲染。

即作者在叙事之中，运用“你”字，转向对读者说话，以起到情感共振、氛围渲染的作用。如魏巍的《谁是最可爱的人》。

作者在文中的反复抒情：

朋友，当你听到这段英雄事迹的时候，你的感想如何呢？你不觉得我们的战士是可爱的吗？你不以我们的祖国有着这样的英雄而自豪吗？

朋友，当你听到这段事迹的时候，你的感觉又是如何呢？你不觉得我们的战士是最可爱的人吗？

还有课文的最后一段，更是用了近300字的一个大段，进行第二人称的抒情。

这些句段中的“你”，泛指读者，泛指国内平静生活着的人们。它们议论抒情、句式优美、修辞生动、深情点题，有着深情有力的激发读者爱国之情、爱军之情的表达效果。

……

“你”，也可以用于抒情诗文的整体构思。

即整篇作品都用“你”来与抒情对象进行深情的表达。如舒婷的《致橡树》、林徽因的《你是人间的四月天》、柯岩的《周总理，你在哪里》、刘心武的《白桦林的低语》等。

林徽因的《你是人间的四月天》是写给儿子的诗，是亲子之诗，是母爱之诗，是生命的赞歌，是爱的心声，通篇从“你”的角度抒情。全诗语言轻柔温婉，清新美好；诗中的爱之意、喜之意、赞美之意溢于言表，丰富美好的意象，是作者抒发深情的载体。

作者在本诗的首句与尾句反复吟咏“你是人间的四月天”，既是前后的照应，又是反复的抒情，此中渲染的爱意不言而喻。

下面我们一起来欣赏《光明日报》的一篇将“第二人称”写法用于文章整体构思的美文：

父亲的信

周齐林

“爹，大海到底有多宽呢？它的水很咸吗？你什么时候能带我去看一下真正的大海呢？”我一脸好奇地问你，问题一个接着一个从脑海里冒出来。大海宽到无法测量呢，你说完顿了顿，而后又一脸害羞地说，等爹以后挣钱了就带你去看真正的大海。我伏在桌上，默默地点头，脑海里第一次浮现出你和我一起出现在海边的情景。

上小学二年级那年，打工的浪潮已如大海的浪潮般咆哮而来，你像一尾鱼般独自游了进去。

你出去一个月时，在信里跟我们说现在在一家小家具厂做木工，一个月八百五十块，还管吃住呢。你说上班的地方很舒服，睡觉的地方有空调，躺在里面，夏天很快就变成了冬天。

次月月末时，穿着绿衣的邮递员出现在我家门口，母亲拿着你寄来的那七百块的汇款单，一脸欣喜。你果然在那边过得很好。次日母亲就去邮局把钱取了出来，我跟在母亲屁股后面，看见母亲把取出来的钱放在袋子最隐秘的地方，而后把袋子捆了又捆。

你再次给我们来信时，已是三个月后的事情。你在信里说现在跟着一个包工头在海边的一幢别墅里搞装修，上下班还有电梯坐呢，真好。你说现在每天吃完饭就去海边玩，跟海说说悄悄话。你说海有时还跟你哭跟你撒娇呢。你写跟海玩的事几乎占了整封信的大半，信的结尾，你又说等我放假了考第一了就回来带我去看真正的大海。

你信尾的话像一块红烧肉一样诱惑着我。那个酷热的夏天，因为你的这句话，而变得意味深长起来。晚上睡觉时，我总会梦见你带着我和母亲一起在海边戏水的情景，海水漫过来，又缓缓地退回去，我光着脚在沙滩上奔跑起来。

那个夏天我考了第一，你却没有带我去看海。你再次来信时，我已开学，你说你下次一定带我去看海。

你最终还是没有带我去看海。

许多年后，我长大成人，大学毕业参加工作，一脸期待地跑到你曾经漂泊多年的城市，才知道那里根本没有海。当年你打工住的地方也没有空调，真实的情况是他们十多个人挤在一间逼仄狭小的房间里。

许多年后的今天，曾经把自己的足迹画在全国各地的你早已苍老。我打电话给你，说，爹，闷了就出来吧，我带你去看海。

这篇文章，从“我”的角度，写了很长很长的时间中的“父亲”的故事，以“信”为线索，通过多件事，抒写了“父亲”善意的谎言，表现了“父亲”的艰苦打工生活和对“我”的爱。全文始终在抒发着“我”对“父亲”的感激与心疼之情，结尾特别有艺术性，有感染力。

像这样在整体上运用第二人称抒情的文章，一定是写深情、写真情、写激情的；表达的是“情到最深处”的心声。在学写文章的过程中，教师不妨引导学生学一学、试一试。

62. 写好文章的第一笔

文章的第一笔，就是它的开头。对于文章的开头艺术，人们谈论得比较多的是“开门见山”的方法。“开门见山”是一个汉语成语，意思是打开门就能看见山；比喻说话或写文章直截了当地谈本题，不拐弯抹角。

人们常常说作文的开头要“开门见山”，也往往习惯性地将这四个字用于作文技法指导：“开门见山”式的开头。

但到底怎样才是“开门见山”呢，很少有例证充分、角度丰富的阐释。

其实，“开门见山”式的开头，也是很有风采的；大略有如下切入角度。

①直接入题。即扣住文章标题，下笔则点示文章所要表达的主要内容。如朱自清的散文《春》的开头：

盼望着，盼望着，东风来了，春天的脚步近了。

②直接说事。或一个句，或一个段，直接概说文中所要记叙的事件，以利于后续文字进行详细的描述。如鲁迅《故乡》的开头：

我冒了严寒，回到相隔二千余里，别了二十余年的故乡去。

又如梁衡《壶口瀑布》的开头：

壶口在晋陕两省的边境上，我曾两次到过那里。

③直接写人。如鲁迅《阿长与〈山海经〉》、杨绛《老王》的开头，最典型的莫过于朱自清《背影》的开头了：

我与父亲不相见已二年余了，我最不能忘记的是他的背影。

④直接绘景。起笔写景，或是为了表现故事的环境，或是为了让写景抒情的内容能够接着进行铺叙。如彭荆风的小说《驿路梨花》的开头，就描绘了故事发生地的崇山峻岭：

山，好大的山啊！起伏的青山一座挨一座，延伸到远方，消失在迷茫的暮色中。

⑤直接抒情。这是描叙文常用的开头方式，起笔或咏物抒情，或绘景抒情，或叙事抒情。如茅盾《白杨礼赞》的开头：

白杨树实在是不平凡的，我赞美白杨树！

如朱德《回忆我的母亲》的开头：

得到母亲去世的消息，我很悲痛。我爱我母亲，特别是她勤劳的一生，很多事情是值得我永远回忆的。

⑥直接写物。咏物的文章，以写物带起写事的文章，或者说明介绍事物的文章，往往开篇就写“物”。如冰心《荷叶·母亲》的开头：

父亲的朋友送给我们两缸莲花，一缸是红的，一缸是白的，都摆在院子里。

⑦直接入论。即文章开头就点出论题或论点，于是，全文的论证接着就要开始了。如《得道多助，失道寡助》的开头：

天时不如地利，地利不如人和。

⑧直接设境。即用比较简洁的表述，设置人物活动的情境或故事即将展开的情境，其实此时人物的活动已经开始了，故事也正在展开之中。如宗璞的《紫藤萝瀑布》的开头：

我不由得停住了脚步。

如寓言《赫耳墨斯和雕像者》的开头：

赫耳墨斯想知道他在人间受到多大的尊重，就化作凡人，来到一个雕像者的店里。

出自《列子》的《愚公移山》的开头，也有这样的韵味：

太行、王屋二山，方七百里，高万仞，本在冀州之南，河阳之北。

……

这样，我们就能够比较清晰地知晓什么样的开头是“开门见山”式的开头了。要注意的是，这种开头的方式并不全是用很简洁、很简短的语句来表达的。有时候，它就是一个很长的段。如课文《列夫·托尔斯泰》的开头便是，如课文《大自然的语言》的开头便是。

写好文章的第一笔，除了简洁明了之外，还要讲究表现文体的特点，表现表达的艺术，如说明文写作时的“情景式开头”。

下面是课文《只有一个地球》的情景式开头：

据有幸飞上太空的宇航员介绍，他们在天际遨游时遥望地球，映入眼帘的是一个晶莹透亮的球体，上面蓝色和白色的纹痕相互交错，周围裹着一层薄薄的水蓝色“纱衣”。地球，这位人类的母亲，这个生命的摇篮，是那样的美丽壮观，和蔼可亲。但是，地球又是一个半径只有6300多公里的星球，在群星璀璨的宇宙中，就像一叶扁舟。

这里的描写很漂亮，从天外写起，从宇航员观察的角度写起，简洁生动地描述了美丽的地球，表达出热爱、珍惜的情感基调，然后顺势引出“只有一个地球”的说明话题。

更有趣的是：说明文的开头，有不少的文章不是运用真实描述而是运用“假设情景”的方法。

如《蝙蝠和雷达》：

清朗的夜空出现两个亮点，越来越近，才看清楚是一红一绿的两盏灯。接着传来了隆隆声，这是一架飞机在夜航。

在漆黑的夜里，飞机怎么能安全飞行呢？原来是人们从蝙蝠身上得到了启示。

文章起笔就写一架飞机在夜航，巧妙引出“安全飞行”的话题，于是说明的内容就自然而然地展开了。

如《新型玻璃》：

夜深了，从一座陈列珍贵字画的博物馆里，突然传出了急促的报警声。警察马上赶来，抓住了一个划破玻璃企图盗窃展品的犯罪嫌疑人。你也许不会相信，报警的不是值夜班的看守，而是被划破的玻璃！这是一种特殊的玻璃，里面有一层极细的金属丝网。金属丝网接通电源，跟自动报警器相连。犯罪嫌疑人划破玻璃，碰着了金属丝网，警报就响起来了。这种玻璃叫“夹丝网防盗玻璃”，博物馆可以采用，银行可以采用，珠宝店可以采用，存放重要图纸、文件的建筑物也可以采用。

作者编写了一个情景逼真的防盗故事，不知不觉中就把读者引入对“新型玻璃”的生动介绍之中。

如《矛和盾的结合》：

发明家手持矛和盾，与朋友比赛。

对方的矛如雨点般向他刺来，发明家用盾左抵右挡，还是难以招架。在这紧张危急的关头，发明家忽然产生了一个想法：“盾太小啦！如果盾大得像个铁屋子，我钻在铁屋子里，敌人就一枪也戳不到我啦！”

可是，这样固然安全，自己却变成了只能缩在壳里保命的蜗牛与乌龟。自卫，是为了更好地进攻呀！

……

扣住文章标题，作者就展开了这个虚拟的故事，把读者慢慢引到“坦克的发明”上来。读者明明知道是假的，但仍然有兴趣读下去，就因为它是“故事”。

赏析这样的文章开头，不仅仅只是“这样写能激发读者的兴趣”，其实还应该知道：这样的开头，能够美化文章结构，能够表现生动手法。

教师可指导、告诫学生：在考场作文中要写好文章的第一笔，不管运用什么样的形式，采用什么样的角度，都要考虑与自己所写作文的关系，这就叫作“意在笔先”。

63. 写好记叙文结尾的点睛之笔

一篇记叙文的收束，可以简单平实，也可以意味悠长；可以明白如话，也可以优美动人。从阅读的审美感受来看，大多数人还是喜欢简明生动、留有余味的结尾。考场作文的写作，也需要追求这样的效果。

一般而言，人们常常说，记叙文的结尾最好运用议论、抒情的手法。这样的说法尚可，但没有说清楚细节性的要求，难以对学生进行细节性笔法的点拨。

下面就从“细节”的角度，看看哪些角度、哪些内容可以形成记叙文的“点睛之笔”。

第一种：抒发情感，意味丰美。如《散步》的结尾：

这样，我们在阳光下，向着那菜花、桑树和鱼塘走去。到了一处，我蹲下来，背起了母亲，妻子也蹲下来，背起了儿子。我的母亲虽然高大，然而很瘦，自然不算重；儿子虽然很胖，毕竟幼小，自然也轻。但我和妻子都是慢慢地，稳稳地，走得很仔细，好像我背上的同她背上的加起来，就是整个世界。

它情感深挚，抒情言志，表现家庭的和睦，突现了中年人的责任感，意味着一家人向前走、走向美好。

第二种：生发感悟，叙写心境。如《紫藤萝瀑布》的结尾部分：

花和人都会遇到各种各样的不幸，但是生命的长河是无止境的。我抚摸了一下那小小的紫色的花舱，那里满装生命的酒酿，它张满了帆，在这闪光的花的河流上航行。它是万花中的一朵，也正是一朵一朵花，组成了万花灿烂的流动的瀑布。

在这浅紫色的光辉和浅紫色的芳香中，我不觉加快了脚步。

它点示出美妙的哲理，同时表现出作者的赞美之意和亮丽心境，给读者带来美好氛围的感染。

第三种：精美议论，表达情志。如《生命　生命》的结尾：

从那一刻起，我应许自己，绝不辜负生命，绝不让它从我手中白白流失。不论未来的命运如何，遇福遇祸，或喜或忧，我都愿意为它奋斗，勇敢地活下去。

作者在这里说真话、抒真情，表达真观点，铮铮话语，直击人们的心扉。

第四种：写景写物，情深意长。如《秋天的怀念》的结尾：

又是秋天，妹妹推我去北海看了菊花。黄色的花淡雅，白色的花高洁，紫红色的花热烈而深沉，泼泼洒洒，秋风中正开得烂漫。我懂得母亲没有说完的话。妹妹也懂。我俩在一块儿，要好好儿活……

这段话着力描绘的花之美，象征着母亲的美好品格，着力点示的"好好儿活"，照应全文，精妙点题。

第五种：手法生动，意境优美。如《荷叶·母亲》的结尾：

母亲啊！你是荷叶，我是红莲。心中的雨点来了，除了你，谁是我在无遮拦天空下的荫蔽？

如《驿路梨花》的结尾：

我望着这群充满朝气的哈尼小姑娘和那洁白的梨花，不由得想起了一句诗："驿路梨花处处开"。

还有，如《陋室铭》的结尾、《木兰诗》的结尾、《诫子书》的结尾等。

它们有精致的手法，有生动的语言，有深长的情味，在优美的意境之中收束了全文，余味悠长，耐人回味。

……

这些"点睛之笔"表达的角度，都是学生可以学用的，关键是教师要在教学之中对学生进行细节化的训练，让他们将知识转化为表达的技能。

64. 将短话写长

将短话写长——中考作文复习指导中的一个重要策略。

这是因为有一小部分学生，作文的基础比较弱，下笔艰难，中考作文的字数偏少或不能完篇，达不到规定的600字左右的字数，直接影响中考语文成绩。

所以，让每位学生的中考作文都能完篇并达到规定的字数，语文教师需要细心地指导一些方法。

最简单的要求是，在文章的开头与结尾都没有问题的前提下，用心考虑“适当增加”四个字。

适当增加用词的数量或句子的长度。

适当增加一点运用修辞手法进行表达的内容。

适当增加一点细节描写的内容，如心理、对话、人物外貌、举止神态的描写。

适当增加一点自然景物、自然环境的描写。

适当增加一点具体语境中的议论或抒情。

适当增加一点议论文中的例证或讲道理的话。

适当增加一点联想、想象的内容。

甚至可以适当增加人物、情节等。

下面这篇文章，在“将短话写长”方面可以给我们一些启示。

爬天都峰

暑假里，爸爸带我去黄山，爬天都峰。

我站在天都峰脚下抬头望：啊，峰顶这么高，在云彩上面哩！我爬得上去吗？再看看笔陡的石级，石级边上的铁链，似乎是从天上挂下来的，真叫人发颤！

忽然听到背后有人叫我：“小妹妹，你也来爬天都峰？”

我回头一看，是一位白发苍苍的老爷爷，年纪比我爷爷还大哩！我不再犹豫，点点头，仰起脸，问：“老爷爷，您也来爬天都峰？”

老爷爷也点点头：“对，咱们一起爬吧！”

我奋力向峰顶爬去，一会儿攀着铁链上，一会儿手脚并用向上爬，像小猴子一样……

爬呀爬，我和老爷爷，还有爸爸，终于都爬上了天都峰顶。

在鲫鱼背前，爸爸给我和老爷爷照了一张相，留作纪念。老爷爷拉拉我的小辫子，笑呵呵地说：“谢谢你啦，小妹妹。要不是你的勇气，鼓舞我，我还下不了决心哩！现在居然爬上来了！”

“不，老爷爷，我是看您也要爬天都峰，才有勇气向上爬的！我应该谢谢您！”

爸爸听了，笑着说："你们这一老一小真有意思，都会从别人身上汲取力量！"

这篇短文很有意思：

表现出一种写作角度——我的故事。

表现出一种取材方式——写"一天"，写"一次"。

表现出一种美好结构——诗意小段。

表现出一种结尾的方法——人物话语点题法。

表现出一种写作技巧——增添人物法。

本来是自己与爸爸的爬山，但不正面写，不详细写。而是增加了一个人物"老爷爷"。由于"老爷爷"的出现，故事就主要在"我"与这个增加的人物之间展开。

这种方法的好处：第一，写出故事的微小波澜，写得有味道；第二，可以将短话写长。

我们来细细地品味一下这篇小小美文的"适当增加"。

第一段，简明扼要，一下子切入故事。

第二段，是第一次"适当增加"：穿插议论抒情，这一段的表达作用特别好，既写了山的高峻，又写了"我"的心理活动，很自然地为后续的故事情节进行了铺垫。

第三段，是第二次"适当增加"：一位老爷爷出现了，于是故事马上有了新的内容、新的情节、新的叙述角度，对话描写顺势展开。

第六段，是第三次"适当增加"：运用"一会儿"的句式，生动描述了自己爬山的细节。

第八段，是第四次"适当增加"：描写合影的细节和对话的细节。

所以，可以说《爬天都峰》运用了"增加一个人"的方法，于是很自然地增加了写作的内容。

当然，如果没有"老爷爷"的出现，也有相当多的其他内容是可以"适当增加"的，比如增加几次美好景物的描写，增加自己的感叹与感悟，都是可行的。

"将短话写长"，让学生的写作思维中有"适当增加"内容的习惯，是语文教师应该着力关注的训练内容。这其实也是教学中的一个"盲点"，需要引起语文教师的注意。

65. 有一种作文技巧叫“穿插”

精短文章的写作，有一种美妙的笔法，即将形式与内容大致相同的句段反复穿插于文中。这种句段以议论或抒情为主要表达目的，在文中起着领起一个片段或收束一个层次的作用。由于有了它们的穿插，文章的层次特别明晰；由于有了它们相互之间的彼此呼应，文章的结构又显得非常严密；由于有了它们的反复出现，文章的情感表达就十分浓郁。

看看对《白杨礼赞》构思特点的一次提炼：

白杨树实在是不平凡的，我赞美白杨树！

那就是白杨树，西北极普通的一种树，然而实在是不平凡的一种树！

这就是白杨树，西北极普通的一种树，然而决不是平凡的树！

我要高声赞美白杨树！

这四个句子都是抒情句，起笔抒情，收笔抒情，在行文过程中又穿插了两次抒情，它们彼此呼应，既关联全局，又是抒情的线索。

再看看对《安塞腰鼓》构思手法的一次提炼：

好一个安塞腰鼓！

好一个安塞腰鼓！

好一个黄土高原！好一个安塞腰鼓！

好一个痛快了山河、蓬勃了想象力的安塞腰鼓！

这几个句子穿插在文中，反复抒情议论，传达出强烈的赞美之情，又极好地显现出文章的结构层次。

有一篇新闻报道，写了一位“青海湖畔护鸟人”，文中进行了这样的穿插：

那一刻，李英华从这些鸟儿的身上看到了坚守的意义。

那一刻，李英华从这些鸟儿的身上看到了母爱的伟大。

那一刻，李英华从这些鸟的身上看到了智慧。

这三个句子，很清晰地显示了文章的记叙层次，似乎在为每一个层次的内容“点题”，同时反复地表达出作者的赞美之情。

这种在叙事、写人、绘景、议论的文章中反复穿插内容大致相同句子的手法，我们姑且称之为“穿插手法”。

就记叙文的写作来说，所谓“穿插”，就是在记叙的过程中暂时中断叙述，有目的地插进抒情、议论、说明、描写等内容。运用穿插手法，有一箭多雕的艺术效果：清晰文章思路，显现文章层次，表现诗意手法，突现抒情效果；最大的优点是强化、突出了文章的主旨。

再请欣赏一篇微型美文：

滚　铁　环

曹雷

晨光里，乡间路上，我滚着铁环朝前跑。

铁钩和铁环摩擦，发出“丝丝丝”的声音；铁环在路面上滚动，发出“丁丁丁”的声音；我追撵着铁环，脚步拍打着地面，发出“踏踏踏”的声音。这些声音像合奏着一支悦耳和谐的乐曲，跑进了刚刚醒来的早晨。

晨光里，乡间路上，我滚着铁环朝前跑。

朝霞张开绚丽的翅膀，飞来了；太阳露出笑脸，走来了；鸟儿们的歌声穿出树林，飘来了；学校摇响的清脆的铃声，迎面扑来了……

晨光里，乡间路上，我滚着铁环朝前跑。

条条乡间路在这里会合了，小伙伴们都滚着铁环跑来了。大家集合成一支铁环的队伍，一齐朝前跑，跑向霞光，跑向太阳，跑进春天的怀抱……

文中“晨光里，乡间路上，我滚着铁环朝前跑”反复出现了三次，同样显现着文章清晰的层次，表现出一唱三叹的抒情味。

在穿插内容的安排上，我们还可以进行创新，如：穿插名言警句，穿插优美诗句，穿插人物心理活动的描写短句，穿插作者自己的感悟美句，穿插微型故事……

下面是一则人物报道中穿插的四个句子：

他们，爱岗敬业，求真务实。

他们，品德高尚，淡泊名利。

他们，言传身教，桃李满天下。

他们，心系苍生，造福人类。

我们是不是可以想象到这篇文章所描述的人物的“外貌形态”了呢？

将“穿插”技巧用于中考作文，将使学生的作文层次清爽、眉目清秀——需要教师提高自己的欣赏水平并对学生进行恰切的写作指导。

66. 引用，一种高层次的表达技巧

下面几篇小小美文，开头都运用了“引用”的技巧。

《卢沟桥的狮子》：

北京有句歇后语：“卢沟桥的狮子——数不清。”

《桂林山水》：

人们都说：“桂林山水甲天下。”我们乘着木船荡漾在漓江上，来观赏桂林的山水。

《黄山奇松》：

被誉为“天下第一奇山”的黄山，以奇松、怪石、云海、温泉“四绝”闻名于世。

因为“引用”，文章起笔就别有韵味。

“引用”手法用于考场作文的写作，有很好的作用与效果：表现作者知识积累的丰富和记忆的准确，表现作者善于引用的表达技巧，给作者的文章增加美感与深度，给读者以审美的感觉等。

所以，在中考作文中，不妨运用一点“引用”的技巧。

《怀疑与学问》开头的引用：

“学者先要会疑。”——程颐

“在可疑而不疑者，不曾学；学则须疑。”——张载

《驿路梨花》结尾的引用：

我望着这群充满朝气的哈尼小姑娘和那洁白的梨花，不由得想起了一句诗：“驿路梨花处处开”。

《叶圣陶先生二三事》评价人物时的引用：

这有时使我想到《论语》上的话，一处是：“躬行君子，则吾未之有得。”一处

是:“学而不厌,诲人不倦,何有于我哉!”两处都是孔老夫子认为虽心向往之而力有未能的,可是叶圣陶先生却偏偏做到了。

《邓稼先》中抒发情感时的引用:

假如有一天哪位导演要摄制《邓稼先传》,我要向他建议采用五四时代的一首歌作为背景音乐,那是我儿时从父亲口中学到的:

中国男儿　中国男儿

要将只手撑天空

长江大河　亚洲之东　峨峨昆仑

古今多少奇丈夫

碎首黄尘　燕然勒功　至今热血犹殷红

《中国石拱桥》中映衬事物时的引用:

那时候有个意大利人马可·波罗来过中国,他的游记里,十分推崇这座桥,说它“是世界上独一无二的”,并且特别欣赏桥栏柱上刻的狮子,说它们“共同构成美丽的奇观”。

还有,在议论文中——

《无言之美》,用“引用”引出话题:

孔子有一天突然很高兴地对他的学生说:“予欲无言。”子贡就接着问他:“子如不言,则小子何述焉?”孔子说:“天何言哉?四时行焉,百物生焉。天何言哉?”

《创造宣言》,用“引用”加强论证的力度:

有人说:山穷水尽,走投无路,陷入绝境,等死而已,不能创造。但是遭遇八十一难之玄奘,毕竟取得佛经;粮水断绝,众叛亲离之哥伦布,毕竟发现了美洲;冻饿病三重压迫下之莫扎尔特,毕竟写出了《安魂曲》……

《敬业与乐业》,用“引用”增加论述的深度:

专心做一职业时,把许多游思、妄想杜绝了,省却无限闲烦恼。孔子说:“知之者不如好之者,好之者不如乐之者。”人生能从自己职业中领略出趣味,生活才有价值。孔子自述生平,说道:“其为人也,发愤忘食,乐以忘忧,不知老之将至云尔。”这种生活,真算得人类理想的生活了。

……

美不胜收的“引用”内容，能够给学生的中考作文构思以生动、深刻的启发。教师要关注这个训练点，强化学生对“引用”手法的运用；同时注意增加学生的语料积累，让学生用得上，用得准，用得好。

67. 学用“映衬”手法写人物

考场作文中，“写人”的考查可谓司空见惯。通过一件事写一个人，通过几件事写一个人，通过一件事写几个人，通过几件事写几个人，通过一件事写一个集体——是学生常用的构思方法。

怎样提升中考记事写人记叙文的质量，方法还是比较多的。如：

恰切地运用多种表达方式，特别是穿插议论与抒情；

用反复突现某一细节的方法，写出人物的性格特点或精神面貌；

在抑扬有致的情节结构中表现人物；

运用虚实结合的艺术手法抒写人物；

在点面结合的铺叙中写出人物的好品质；等等。

还有一种好方法，那就是运用“衬托”或者“映衬”手法来表现人物。

以景衬人：《驿路梨花》反复写洁白的梨花，它是文中的线索，也是以景衬人的手法。

以物衬人：《植树的牧羊人》中，写牧羊人住的结实的石房子是那样的整洁干净、井井有条，以此衬托其长期坚守奋斗的品格。

环境衬人：《丰碑》渲染了大风雪的自然环境和物质极度贫乏的战争环境，衬托了军需处长的大公无私、舍己为人的高尚品格。

以面衬点：《口技》之中，反复以众多观众的各种赞叹形式衬托表演者高超的技艺。

以人衬人：《军神》的故事中，以德国医生衬托刘伯承的刚毅坚强；《少年闰土》中，反复以“我”的惊叹来映衬能干聪慧的小闰土。

对比映衬：《清贫》写了两个国军的无比贪婪，在对比之中映衬了方志敏烈士的清贫洁白与朴素和一心为公的精神品质。

综合映衬：《周亚夫军细柳》写了真将军周亚夫的故事，文中的棘门军、霸上军、群臣、文帝以及军中氛围的描写，都对其起着映衬烘托的作用。

以上的“映衬”手法，有些可以称作“侧面映衬”。

《故乡》中写“少年闰土”时的映衬手法非常高明：

少 年 闰 土

……

我们那时候不知道谈些什么，只记得闰土很高兴，说是上城之后，见了许多没有见过的东西。

第二日，我便要他捕鸟。他说：

“这不能。须大雪下了才好。我们沙地上，下了雪，我扫出一块空地来，用短棒支起一个大竹匾，撒下秕谷，看鸟雀来吃时，我远远地将缚在棒上的绳子只一拉，那鸟雀就罩在竹匾下了。什么都有：稻鸡，角鸡，鹁鸪，蓝背……”

我于是又很盼望下雪。

闰土又对我说：

“现在太冷，你夏天到我们这里来。我们日里到海边捡贝壳去，红的绿的都有，鬼见怕也有，观音手也有。晚上我和爹管西瓜去，你也去。”

“管贼么？”

“不是。走路的人口渴了摘一个瓜吃，我们这里是不算偷的。要管的是獾猪，刺猬，猹。月亮地下，你听，啦啦的响了，猹在咬瓜了。你便捏了胡叉，轻轻地走去……”

我那时并不知道这所谓猹的是怎么一件东西——便是现在也没有知道——只是无端的觉得状如小狗而很凶猛。

“他不咬人吗？”

“有胡叉呢。走到了，看见猹了，你便刺。这畜生很伶俐，倒向你奔来，反从胯下窜了。他的皮毛是油一般的滑……”

我素不知道天下有这许多新鲜事：海边有如许五色的贝壳；西瓜有这样危险的经历，我先前单知道他在水果店里出卖罢了。

“我们沙地里，潮汛要来的时候，就有许多跳鱼儿只是跳，都有青蛙似的两个脚……”

啊！闰土的心里有无穷无尽的希奇的事，都是我往常的朋友所不知道的。他们不知道一些事，闰土在海边时，他们都和我一样只看见院子里高墙上的四角的天空。

可惜正月过去了，闰土须回家里去，我急得大哭，他也躲到厨房里，哭着不肯出门，但终于被他父亲带走了。他后来还托他的父亲带给我一包贝壳和几支很好看的鸟毛，我也曾送他一两次东西，但从此没有再见面。

这一部分内容，主要运用对话描写来展开，几乎每一次对话，都表现出“我”对少年闰土的乡村生活的感慨，以及对自己见识不多的遗憾，对少年闰土这个人物的感佩。特别是“我素不知道天下有这许多新鲜事”“闰土在海边时，他们都和我一样只看见院子里高墙上的四角的天空”的感叹，表现出鲜明的“映衬”色彩。

语文教师要善于指导与训练学生：学用“映衬”手法写人物——轻巧的一笔或几笔，就提高了自己作文的档次。

68. 观物写景，直抒胸臆

下面这篇美文《敬畏生命》，有诸多的表达之美，表现出丰富的示范作用。

敬畏生命

张晓风

那是一个夏天的长得不能再长的下午，在印第安纳州的一个湖边。我起先是不经意地坐着看书，忽然发现湖边有几棵树正在飘散一些白色的纤维，大团大团的，像棉花似的，有些飘到草地上，有些飘入湖水里。我当时没有十分注意，只当是偶然风起所带来的。

可是，渐渐地，我发现情况简直令人吃惊。好几个小时过去了，那些树仍旧浑然不觉地，在飘送那些小型的云朵，倒好像是一座无限的云库似的。整个下午，整个晚上，漫天都是那种东西。第二天情形完全一样，我感到诧异和震撼。

其实，小学的时候就知道有一类种子是靠风力吹动纤维播送的。但也只是知道一条测验题的答案而已。那几天真的看到了，满心所感到的是一种折服，一种无以名状的敬畏。我几乎是第一次遇见生命——虽然是植物的。

我感到那云状的种子在我心底强烈地碰撞上什么东西，我不能不被生命豪华的、奢侈的、不计成本的投资所感动。也许在不分昼夜的飘散之余，只有一颗种子足以成树，但造物者乐于做这样惊心动魄的壮举。

我至今仍然在沉思之际想起那一片柔媚的湖水，不知湖畔那群种子中有哪一颗种子成了小树，至少，我知道有一颗已经成长。那颗种子曾遇见了一片土地，在一个过客的心之峡谷里蔚然成荫，教会她怎样敬畏生命。

张晓风的短文《敬畏生命》，这篇近500字的精短散文曾经作为课文出现在人教社的语文教材中。它高雅的内容、流畅的思路和美丽的文笔曾经激动过许多学子的心扉。

在细细的咀嚼之中，我们可以从哪些角度来感受《敬畏生命》呢？

这是一篇睹物抒情的文章，是一篇观景抒情的文章，也是一篇咏物抒怀的文章。

这是一篇对生命现象充满了敬重、折服、赞叹、感动之情的文章。

这是一篇表达作者热爱生命、珍视生命、赞美生命的文章。

这是一篇由观察而思考，表达对生命力的感悟的文章。

这是一篇写观察时间之长和内心震撼之深的文章。

这是一篇结构自然宛转、灵巧精致的文章。第一段为“起”，第二段为“承”，第三段为“转”，第四、五两段为“合”。

这是一篇运用了多种表达手法的文章。第一段是对事件要素——时间、地点、人物、事物的叙述；第二段主要用描写的手法写“物”；第三段是在写“物”的基础之上、在叙述之中的抒情；第四、五段对事物进行议论，再抒情。

这是一篇用大量激情洋溢的词句，描写、赞美湖边之树飘送“种子”的文章：

大团大团，浑然不觉，小型的云朵，无限的云库，整个下午，整个晚上，漫天，豪华的、奢侈的、不计成本的投资，不分昼夜的飘散，惊心动魄的壮举……

这是一篇用富于情感的抒情句，表达自己内心真切感受的文章：

满心所感到的是一种折服，一种无以名状的敬畏。

我几乎是第一次遇见生命——虽然是植物的。

我感到那云状的种子在我心底强烈地碰撞上什么东西，我不能不被生命豪华的、奢侈的、不计成本的投资所感动。

这是一篇用直接抒情的语段，表达自己内心热烈感受的文章：

我至今仍然在沉思之际想起那一片柔媚的湖水，不知湖畔那群种子中有哪一颗种子成了小树，至少，我知道有一颗已经成长。那颗种子曾遇见了一片土地，在一个过客的心之峡谷里蔚然成荫，教会她怎样敬畏生命。

……

这篇美文在写作上给我们的启迪是什么呢？

①由实到虚，由描叙事物、现象到表达感受、感悟。

②集中笔力进行描写——对事物、景物进行观察或描写，集中在一个“点”上。

③集中笔力进行抒情——由事物或景物引发的抒情也集中在一个“点”上。

④在内容的表达上先后有序。先写物，先写景，再抒情或议论。

⑤写物与抒情的文字比例可以超越常规，用少量的精粹的文字进行描写，用大量的激情的文字进行抒情。

而最重要的、最值得学习的，是在全文中自始至终有作者情感的流露，自始至终袒露着作者的心情。

第一段：先是“不经意”，再是“没有十分注意”，再是“吃惊”“诧异”——这样，作者感情变化的轨迹就很清晰而有层次了。

第二段：先写“情况简直令人吃惊”，第二天又“感到诧异和震撼”——“震撼”比“吃惊”的触动更大，心里的感动更加强烈。

第三段：“满心所感到的是一种折服，一种无以名状的敬畏”——与“吃惊”“震撼”相照应，连续地写心中的感触与震动；“敬畏”又照应着文题。

“我几乎是第一次遇见生命——虽然是植物的”——直接写生命现象给自己心灵的巨大震撼，这里包含着“吃惊、诧异、震撼、折服、敬畏”等各种心理活动与情感表达。

第四段，“我感到那云状的种子在我心底强烈地碰撞上什么东西”——写震撼力之大。“我不能不被生命豪华的、奢侈的、不计成本的投资所感动”——运用双重否定句式表达强烈的情感，再一次写心理感受；这是全文的关键句。

“也许在不分昼夜的飘散之余，只有一颗种子足以成树，但造物者乐于做这样惊心动魄的壮举”——高度赞美，再写心灵上的震动。

第五段，又一次掀起抒情的波浪：“我至今仍然在沉思之际想起那一片柔媚的湖水”——事情过去了许久，还在“沉思”与“想起”。

“不知湖畔那群种子中有哪一颗种子成了小树，至少，我知道有一颗已经成长”——由实到虚，写自己心中对生命、对生命力的感悟。

“那颗种子曾遇见了一片土地，在一个过客的心之峡谷里蔚然成荫，教会她怎样敬畏生命”——生动美好的比喻，写“我”深深地“敬畏生命”；点出全文主旨。

像这样在整篇文章中都激情地表达着自己的心情，用成批的感情色彩很浓的词语和成段的饱含哲理的语句抒情的文章，我们还很少见到。

因此，它能够给学生实实在在的写作启迪。

在教师的指导下，在考场作文中，如果有机会，这些美好的启迪就能够优化学生的构思与表达。

69. 写生动的说明文

说明文写作能力的考查，长期久违于中考，这多少是一种失误。随着统编教材的使用，随着人们对学生终身受用的语文能力的关注，说明文作文能力的检测，可能会逐步增加力度。所以，在中考作文复习中，说明文的写作训练，也应该占有一席之地。

中考考场说明文的写作，最好写“生动的说明文”。它能更好地表现作者的整体构思水平、语言表达能力、修辞手法的运用能力，比写平实的说明文更显优势。

写生动的说明文，在构思上可斟酌运用如下角度、手法及写作思维。

拟人自述法。将说明对象比拟为“我”，进行生动的说明与介绍。如《光明日报》于2020年5月曾经刊载过一篇运用这种手法写的美文《嗨，我是新一代载人飞船》，对载人飞船的科研、发展经过进行了生动的说明。

导游解说法。以“导游”的身份，介绍事物，阐释历史，说明风俗，描绘风情。如《话说长江》《话说运河》的解说词，优美准确，娓娓道来。

观察笔记法。利奥波德的《大雁归来》，用富有文学色彩的笔调描述了对雁群生活习性的观察与说明，文中有作者的抒情笔法，有作者的浪漫情怀。

穿插故事法。经典的说明文课文《死海不死》，在说明死海特点的短短篇幅之中，居然两次穿插了神话传说，可谓文势起伏，内容引人入胜。

资料引用法。如《清明节溯源》《佳节又重阳》这样的说明节日节气等文化内容的文章，往往引用众多的传说、典籍记载、古代诗歌等内容，进行生动有趣的说明。

诗意小段法。如陶世龙的《时间的脚印》，文句优美，阐释深入，为我们解析了岩石记录时间的“奇异功能”，全文段落细密，大量独立成段的单句，起着提示重点内容、标示层次结构的作用。

景物描绘法。介绍山光水色、美丽景点时，常常用生动的笔墨、优美的修辞、散文式的结构、情味流露于字里行间的写法，表现出优雅的情调；如梁衡先生的名作《晋祠》。

横式结构法。有文名曰《河北古桥之趣》，依次介绍了河北省内承载历史典故的桥、架在两山之间的桥、三桥相会的桥、能发出音响的桥、“数不清狮子”的桥、造型相同的桥等诸多名胜古迹，每桥一段，匀称铺陈，文面显得格外清晰。

下面欣赏一篇精短生动的景点说明文：

黄山奇松

被誉为“天下第一奇山”的黄山，以奇松、怪石、云海、温泉“四绝”闻名于世，而人们对黄山奇松，更是情有独钟。山顶上，陡崖边，处处都有它们潇洒、挺秀的身影。

黄山最妙的观松处，当然是曾被徐霞客称为“黄山绝胜处”的玉屏楼了。楼前悬崖上有“迎客”“陪客”“送客”三大名松。迎客松姿态优美，枝干遒劲，虽然饱经风霜，却仍然郁郁苍苍，充满生机。它有一丛青翠的枝干斜伸出去，如同好客的主人伸出手臂，热情地欢迎宾客的到来。如今，这棵迎客松已经成为黄山奇松的代表，乃至整个黄山的象征了。陪客松正对玉屏楼，如同一个绿色的巨人站在那儿，在陪同游人观赏美丽的黄山风光。送客松姿态独特，枝干盘曲，游人把它比作“天然盆景”。它向山下伸出长长的“手臂”，好像在跟游客依依不舍地告别。

黄山松千姿百态。它们或屹立，或斜出，或弯曲；或仰，或俯，或卧；有的状如黑虎，有的形似孔雀……它们装点着黄山，使得黄山更加神奇，更加秀美。

它的每一段都写得好，每一段都有自己的表达作用，如果要说“此文有10美”，读者也是能够赏析得出来的。

每一位语文教师，在中考作文复习指导之中，要特别清醒地知道：写生动的说明文，是考生在中考时遇到写说明文的要求时的首选。

70. 练“一事一议”的本领

一事一议，指的是就一件事表达自己的看法。宽泛地说，就是对一件事、一个问题、一种现象、一个概念、一种观点、一股潮流、一种事物，乃至一首诗、一则寓言等，引申出自己的议论分析。它的基本特点是结构简单、中心突出、以议为主。

一事一议的文章，基本上是材料作文。读后感、观后感、时事评论、新闻短评、小评论等，都可以说是“一事一议”的写法。

关于这种文章的基本写法，教师常常告诉学生要“引、议、联、结”。即先对材料进行简洁的“引述”，然后展开自己的议论或表达自己的感受。这种说法言之有理，但语焉不详，没有指出关键性的表达技巧。

写作此类文章的一个关键的要求、关键的技巧，是要进行“立论”，即鲜明地表达出自己的观点，在此之后才能进行议论、论证。可以说，写“一事一议”的文章，需要“引、立、议、结”；有时候，在“议”之后穿插一点“联”也是可以的。

下面这篇文章，是“一事一议”的典型范例之一。

滴水穿石的启示

在安徽广德太极洞内，有一块状如卧兔的石头，石头正中有一个光滑圆润的小洞。这个小洞是怎么形成的呢？原来在这块石头的上方，有水滴接连不断地从岩缝中滴落下来，而且总是滴在同一个地方。几百年过去了，几千年、几万年过去了……水滴锲而不舍，日雕月琢，终于滴穿了石块，成为今天太极洞内的一大奇观。

水滴的力量是微不足道的，可是它目标专一，持之以恒，所以能把石块滴穿。

如果我们也能像水滴那样，还有什么事情做不成呢？

明代著名医学家李时珍，从小立志学医。他翻山越岭，走遍了大半个中国，访名医，尝药草，经过二十几年的不懈努力，终于写成了药学巨著《本草纲目》。

美国发明家爱迪生，没有受过正规教育，幼年就自谋生计，当小贩、报务员等。但他迷恋电学实验研究，毕生孜孜不倦，竟拥有白炽灯、留声机、碳粒电话筒、电影放映机等一千多项发明专利权！

现代著名书画家齐白石，在他数十年的艺术生涯中，始终没有停止过挥毫作画。他的画室里，挂着他用以自勉的条幅："不教一日闲过。"就是到了晚年，也仍然坚持每天作画三幅。正是因为白石老人坚持不懈地创作，他的技艺才达到炉火纯青的境界……

你看，古今中外所有成就事业的人，在前进的道路上，不都是靠着这种"滴水穿石"的精神，才"滴穿"一块块"顽石"，最终取得成功的吗？

我们知道，雨水是以很快的速度从高空落下来的，它的力量肯定比太极洞里的水滴大得多，但它却不能把石块滴穿。这是什么原因呢？因为它没有专一的目标，也不能持之以恒。

我们要铭记"滴水穿石"给予我们的启示：目标专一而不三心二意，持之以恒而不半途而废，就一定能够实现我们美好的理想。

这篇例文，第一段是"引"。第二段是"立"，亮出观点——我们也应该像水滴一样目标专一、持之以恒；这其实就是"立论"。第三、四、五、六段是"议"，运用例证从正面来证明自己的观点；第七段也是"议"，是从反面来说理。第八段是"结"，照应前文，收束全文。

"一事一议"的短文，在形态上千姿百态，在"引、立、议、结"这个框架下，可以进行各种表达细节的创新。

语文教师的中考作文复习指导，有一个需要突出的重点：应对中考作文，"一事一议"是必练的本领，其关键是在简叙材料之后的"立论"。

第六章

范文引路，确保教学效果

本章导读

范文引路，应该是语文教师在任何环境中进行作文教学的最基本的操作手法。在它的背后，就是务实地利用教学资源和整合教学方案的备课过程。只有这样的过程才能显现教师的既有科学性又有艺术性的课堂作文教学。本章运用6则教学资料，展示不同形式、不同角度的“范文引路”式的作文训练内容。

71. 统编教材八年级下册第五单元写作训练备课资料

余映潮

【作文训练目标】

学写游记。

【相关知识概说】

游记是一种文章体裁，记叙文的一种；游记是以真实的游览见闻和感受为题材的记叙性散文。

游记是用生动的文字将游玩、游览的内容有选择地描述出来的记“游”作品。带有游览味道的记述关于参观、访问、考察的文章也可看作“游记”。

游记往往包含两个方面的内容：一是交代游踪，通过游览的路线、踪迹记述游览的经过；二是描写景物，抒发感受。游踪串起全文，写景、写物、抒情是重点。

游踪在游记的写作中有多种表达的角度。有的文章游踪明晰，走一处写一处，这叫“移步换景”。有的文章简单交代到了什么地方，然后重点描写一景或一物，这叫“定点观察”。有的文章中既有“移步换景”的写法，也有“定点观察”的重点。还有的文章非常简略地点一下到了什么地方，然后重点写景写物，这叫“略有游踪”或“暗示游踪”。

游记在立意上有不同的情感倾向，有的写景为主，有的抒情为重，有的顺势进行议论说理。游记在表达手法上多姿多彩，凡是一般记叙文、散文的艺术手法，都可以用于游记的写作。

从阅读欣赏的角度看，游记这一体裁，涉及内容广泛，写法自由，风格多样，读来既能增广见闻，也能带来美的享受，引发心灵的共鸣。

游记阅读中，可供我们在选材、构思、语言方面进行体味的名作有：郁达夫的《西溪的晴雨》、翦伯赞的《内蒙访古》、老舍的《趵突泉》、巴金的《鸟的天堂》、汪曾祺的《岳阳楼记》、碧野的《天山景物记》、刘白羽的《长江三日》、峻青的《雄关赋》、徐迟的《黄山记》、梁衡的《晋祠》、王充闾的《读三峡》等。

另外，游记可以是记述长时间游览经历的著作，如《徐霞客游记》《马可·波罗游记》，也可以是游记体的小说，如《格列佛游记》。

【单元课文借鉴】

《壶口瀑布》，是游记散文，写景抒情。作者选择气势磅礴的壶口瀑布，着眼于通过抒写山川之美来点示深刻的哲理。其构思显现出梁衡先生散文美学的一种理念：作品要有描写的美，意境的美，哲理的美。全文文脉清晰，章法严谨而变化有致。第一段总领全文；第二段进行铺垫，略写雨季中壶口瀑布的壮阔美；第三、四段详写枯水季节里壶口瀑布的雄奇美；第五段变化角度，从“石”的角度表现水的伟大力量；第六段收束全文，议论抒情，点示哲理。文中主体部分的段落写作犹有特点：描摹精彩，叙议结合，语言精妙。

《在长江源头的各拉丹冬》写了一段时间内观赏到的雪域高原的壮美景色。特点之一是以新颖独特的选材取胜，各拉丹冬是人们少知更少见的地方。特点之二是在进行了一定的铺垫之后，主要运用“定点观察”的写法，以“砾石堆”为观察与活动的中心，反复地、多角度地描绘了“冰塔林”的鬼斧神工。特点之三是用了不少的篇幅写自己的身体状况与心理状况，既写所见，又写所感，从侧面表现了各拉丹冬自然环境的严酷和景象的神奇。文章标题显眼，文中绘景语言精美，结尾句余味悠长。

《登勃朗峰》写的是异域风情。这篇游记作品记述了作者与友人游览勃朗峰的经历，在时间顺序中层次清晰地描述了旅行中的空间变化。全文大致上分为两个部分：第一部分写上山，用散文笔法，描绘了山中奇景，引出无限感慨；第二部分写下山，以小说笔法，叙述奇人奇事，描绘惊险的旅途，富有传奇色彩。全文语言表达风格鲜明，表现出一种别样的幽默。在写作构思上给我们带来的启迪：一是其层次的美，先写景，再写人；二是描写美，写风景，奇异美好，写人物，栩栩如生。

《一滴水经过丽江》构思奇妙，视角独特，别具一格。作者化身为一滴水，以水的游踪为线索，全方位展现了丽江古城的自然风光、历史沿革和人文景观。全文运用拟人手法，由古及今，由远而近，由略到详，由概写到描写，由高山到古城，由街上到人家，由城内到田园，由白天到晚上，由玉龙雪山到金沙江畔，进行了时空跨度巨大而详略有致、重点突出的描写，抒发了浓浓的赞美之情。课文在写作上启示我们，游记的写作在手法上也可以运用奇特的想象，从虚实结合的角度来表现人文地理之美、地方风情之美、人们生活之美。

【精美作品积累】

七月的天山

碧野

朋友，你到过天山吗？天山是我国西北边疆的一条大山脉，连绵几千里，横亘在准噶尔盆地和塔里木盆地之间，把广阔的新疆分为南北两半。

七月间，新疆的戈壁滩炎暑逼人，这时最理想的是骑马上天山。

进入天山，戈壁滩上的炎暑就被远远地撇在后边，迎面送来的雪山的寒气，会使你感到像秋天似的凉爽。蓝天衬着高高矗立的巨大的雪峰。在太阳下，几块白云在雪峰间投下云影，就像白缎上绣了几朵银灰色的暗花。那融化的雪水，从高悬的山涧、从峭壁断崖上飞泻下来，像千百条闪耀的银链。这飞泻下来的雪水，在山脚汇成冲激的溪流，浪花往上抛，形成千万朵盛开的白莲。可是，每到水势缓慢的洄水涡，却有鱼儿在跳跃。饮马溪边，你坐在马鞍上就可以俯视到那阳光透射的清澈的水底，在五彩斑斓的水石间，鱼群闪闪的鳞光映着雪水清流，给寂静的天山增添了无限的生机。

再往里走，天山越来越显得优美。白皑皑的群峰的雪线以下，是蜿蜒无尽的翠绿的原始森林，密密的塔松像撑天的巨伞，重重叠叠的枝丫，只漏下斑斑点点的细碎的日影。骑马穿行林中，只听见马蹄溅起漫流在岩石上的水的声音，增添了密林的幽静。在这林海深处，连鸟雀也很少飞来，只偶尔能听到远处的几声鸟鸣。

如果说进到天山像是秋天，那么，再往里走就像是春天了。山色逐渐变得柔嫩，山形也逐渐变得柔和了，很有一伸手就可以触到嫩脂似的感觉。这里溪流缓慢，萦绕着每一个山脚；在轻轻荡漾着的溪流两岸，满是高过马头的野花，红、黄、蓝、白、紫，五彩缤纷，像织不完的丝锦那么绵延，像天边的霞光那么耀眼，像高空的长虹那么绚烂。这密密层层的成丈高的野花，花朵赛过八寸的玛瑙盘，花瓣儿赛过巴掌大。马走在花海中，显得格外矫健；人浮在花海上，也显得格外精神。在马上，你用不着离鞍，只要稍微伸一下手，就可以捧到满怀你最心爱的大鲜花。

虽然天山这时不是春天，但是有哪一个春天的花园比得过这时天山的无边繁花呢？

［赏析］

《七月的天山》节选自碧野的游记散文《天山景物记》。

该文有非常严谨的结构，文脉非常清晰：骑马上天山——进入天山——再往里走——走进天山深处。全文写景状物，文笔优美，描述生动，抒情色彩浓郁，在移步换景之中依次展现着作者笔下的景物：雪峰，溪流，森林，野花。

首尾照应的同时，文中也流露出作者的赞美之情；文中的映衬手法特别值得我们欣赏、学用。

鸟的天堂

巴金

我们吃过晚饭，热气已经退了。太阳落下了山坡，只留下一段灿烂的红霞在天边。

我们走过一段石子路，很快就到了河边。在河边大树下，我们发现了几只小船。

我们陆续跳上一只船。一个朋友解开了绳，拿起竹竿一拨，船缓缓地动了，向河中心移去。

河面很宽，白茫茫的水上没有一点波浪。船平静地在水面移动。三支桨有规律地在水里划，那声音就像一支乐曲。

在一个地方，河面变窄了。一簇簇树叶伸到水面上。树叶真绿得可爱。那是许多株茂盛的榕树，看不出主干在什么地方。

当我说许多株榕树的时候，朋友们马上纠正我的错误。一个朋友说那里只有一株榕树，另一个朋友说是两株。我见过不少榕树，这样大的还是第一次看见。

我们的船渐渐逼近榕树了。我有机会看清它的真面目，真是一株大树，枝干的数目不可计数。枝上又生根，有许多根直垂到地上，伸进泥土里。一部分树枝垂到水面，从远处看，就像一株大树卧在水面上。

榕树正在茂盛的时期，好像把它的全部生命力展示给我们看。那么多的绿叶，一簇堆在另一簇上面，不留一点儿缝隙。那翠绿的颜色，明亮地照耀着我们的眼睛，似乎每一片绿叶上都有一个新的生命在颤动。这美丽的南国的树！

船在树下泊了片刻。岸上很湿，我们没有上去。朋友说这里是“鸟的天堂”，有许多鸟在这树上做巢，农民不许人去捉它们。我仿佛听见几只鸟扑翅的声音，等我注意去看，却不见一只鸟的影儿。只有无数的树根立在地上，像许多根木桩。土地是湿的，大概涨潮的时候河水会冲上岸去。“鸟的天堂”里没有一只鸟，我不禁这样想。于是船开了，一个朋友拨着桨，船缓缓地移向河中心。

第二天，我们划着船到一个朋友的家乡去。那是个有山有塔的地方。从学校出发，我们又经过那“鸟的天堂”。

这一次是在早晨。阳光照耀在水面，在树梢，一切都显得更加光明了。我们又把船在树下泊了片刻。

起初周围是静寂的。后来忽然起了一声鸟叫。我们把手一拍，便看见一只大鸟飞了起来。接着又看见第二只，第三只。我们继续拍掌，树上就变得热闹了，到处都是鸟声，到处都是鸟影。大的，小的，花的，黑的，有的站在树枝上叫，有的飞起来，有的在扑翅膀。

我注意地看着，眼睛应接不暇，看清楚了这只，又错过了那只，看见了那只，另一只又飞起来了。一只画眉鸟飞了出来，被我们的掌声一吓，又飞进了叶丛，站在一根小枝上兴奋地叫着，那歌声真好听。

当小船向着高塔下面的乡村划去的时候，我回头看那被抛在后面的茂盛的榕树。我感到一点儿留恋。昨天是我的眼睛骗了我，那“鸟的天堂”的确是鸟的天堂啊！

［赏析］

巴金先生的《鸟的天堂》清丽流畅，线条简洁地描绘了“鸟的天堂”高雅清幽的风景画，表达了作者对大自然生命力的热爱和赞美。

全文的表达特点表现在：有清晰的结构顺序，有一早一晚的反复，有一静一动的变化，有叙事与抒情的融合，有情感的抑扬，特别有“游踪”变化之中的“定点观察”之法。第一次观察的是大榕树，第二次观察的是树上的小鸟。

它给我们显现了并非一天之内的“游记”写作的构思技巧。

五 花 海

林非

从藏马龙河沟原始森林回来的路上，我终于瞧见了五花海的美景。清晨路过的时候，早就闻名的这一片湖泊，被满天的云雾笼罩着，还未曾露出自己绝代佳人似的容颜。

为什么从这一汪迷人的碧波里，竟泛出了湛蓝的涟漪？像一粒粒璀璨的宝石，像一块块蓝得发亮的天空，给宁静和纯洁的碧波，抹上了多少神奇的色彩。在荡漾的微风里，我仔细地往湖面看去，只见那澄清的碧波，竟是深一层，浅一层，浓一块，淡一块，真正是千姿万态。而在这明澈的碧波底下，一株株躺着的树桠，像是许多雪白的珊瑚，诉说着大海里的童话故事。在这一串串珊瑚顶上，晃动着紫色的光点，粉红色的云霞和鹅黄色的树影。为什么在五花海里，蕴藏着这么多迷人的颜色呢？

当白云飘过山峦的顶端，万顷碧波中又浮动着乳白色的倒影，衬着这白茫茫的一片，旁边的碧波显得更明媚和鲜艳了。往远处望去，对岸山坡上黄杨树的倒影，在绿水中间轻轻摇荡，一簇簇浅黄色的光影，缥缈而朦胧，还有那一束束墨黛色的光柱，悄悄地竖立在里面，原来是一棵棵枞树的倒影。这一团团蓝色的光波，密密层层地凝聚在一起，竟像是从未见过的海市蜃楼，在蓝天和白云底下，不断地变幻着色彩与光泽。

当太阳冲出云围，在蔚蓝的天顶露面时，立即像一团火球掉进了碧清的湖泊中，炽热的火焰被撕得粉碎，闪烁出数不清的阵阵金光，有的像孔雀的翎毛，有的像火树银花，有的像满天的星光。我曾神往过法国的印象派绘画《日出印象》，惊叹于莫奈竟如此敏捷地捕捉住光和影瞬间的变化。比起《日出印象》凄清和迷茫的光影来，五花海的颜色简直太丰富了，太浓郁了，像多少绘画大师永远都用不完的调色板，真是变幻无穷，神秘莫测。

当我离开五花海的时候，它已经变成了一幅充满色彩的油画，永远悬挂我的心坎上了。如果有谁要问我，什么叫作色彩的美？我就可以大彻大悟地告诉他，“你上九寨沟去看五花海吧！”

（节选自人民文学出版社《中华百年游记精华》——林非《九寨沟纪行》）

［赏析］

这里的游记片段，就是一篇小小的游记。

它略略地交代了“游踪”，主要运用了“定点观察”的写法，即观察“五花海”湖面的美好变化。这种观察过程的表达，也极有顺序，先描述湖面的神奇美好的色彩，再写白云飘过时湖面色彩的变化，最后描绘、赞叹太阳冲出重围时五花海变幻无穷的色彩。

全文首尾照应，语言华美，手法生动，真情流露，美感丰富。

山中访友

李汉荣

走出门，就与微风撞了个满怀，风中含着露水和栀子花的气息。早晨，好清爽！

不坐车，不邀游伴，也不带什么礼物，就带着满怀的好心情，踏一条幽径，独自去访问我的朋友。

那座古桥，是我要拜访的第一个老朋友。啊，老桥，你如一位德高望重的老人，在这涧水上站了几百年了吧？你把多少人渡过对岸，滚滚河水流向远方，你弓着腰，俯身凝望着那水中的人影、鱼影、月影。岁月悠悠，波光明灭，泡沫聚散，唯有你依然如旧。

走进这片树林，鸟儿呼唤我的名字，露珠与我交换眼神。每一棵树都是我的知己，它们迎面送来无边的青翠，每一棵树都在望着我。我靠在一棵树上，静静地，仿佛自己也是一棵树。我脚下长出的根须，深深扎进泥土和岩层；头发长成树冠，胳膊变成树枝，血液变成树的汁液，在年轮里旋转、流淌。

这山中的一切，哪个不是我的朋友？我热切地跟他们打招呼：你好，清凉的山泉！你捧出一面明镜，是要我重新梳妆吗？你好，汩汩的溪流！你吟诵着一首首小诗，是邀我与你唱和吗？你好，飞流的瀑布！你天生的金嗓子，雄浑的男高音多么有气势。你好，陡峭的悬崖！深深的峡谷衬托着你挺拔的身躯，你高高的额头上仿佛刻满了智慧。你好，悠悠的白云！你洁白的身影，让天空充满宁静，变得更加湛蓝。喂，淘气的云雀，叽叽喳喳地在谈些什么呢？我猜你们津津乐道的，是飞行中看到的好风景。

捡起一朵落花，捧在手中，我嗅到了大自然的芬芳清香；拾一片落叶，细数精致的纹理，我看到了它蕴含的生命的奥秘，在它们走向泥土的途中，我加入了这短暂而别有深意的仪式；捧起一块石头，轻轻敲击，我听见远古火山爆发的声浪，听见时间隆隆的回声。

忽然，雷阵雨来了，像有一千个侠客在天上吼叫，又像有一千个醉酒的诗人在云头吟咏。满世界都是雨，头顶的岩石像为我撑起的巨伞。我站立之处成了看雨的好地方，谁能说这不是天地给我的恩泽？

雨停了，幽谷里传出几声犬吠，云岭上掠过一群归鸟。我该回家了。我轻轻地挥手，告别山里的朋友，带回了满怀的好心情、好记忆，还带回一路月色。

（选自1995年第6期《散文》月刊）

［赏析］

作家李汉荣的这篇文章很有意思。它是感恩大自然的写景散文，也是别具一格、形式特别的游记散文。从早晨到傍晚，作者进入山林到离开山林，有着明晰的游踪，写出了地点和景物的变化，表现出移步换景的层次之美。

全文构思新奇，富有创意。一是首尾的美好照应，二是详略的灵动处理，三是描述方位的变化，四是第二人称的写法——这是本文最奇美的地方。

【构思指导教案】

游记的几种基本构思技巧

本次作文训练：学写游记。

作文训练视点：游记的几种基本构思技巧。

（一）基础知识

1．把游览时的经历和感受写下来，就是游记。

2．写游记，要注意交代清楚游踪，通过游踪记述游览的经过。

3．写游记，要写清游览过程，要描写观览的景物，还要表达自己的感受。

4．一篇好的游记，往往还要具有知识性。

（二）课堂活动

请同学们研读下面四篇游记范文，根据要求完成每篇文章后面的思考题。

颐　和　园

北京的颐和园是个美丽的大公园。

进了颐和园的大门，绕过大殿，就来到有名的长廊。绿漆的柱子，红漆的栏杆，一眼望不到头。这条长廊有700多米长，分成273间。每一间的横槛上都有五彩的画，画着人物、花草、风景，几千幅画没有哪两幅是相同的。长廊两旁栽满了花木，这一种花还没谢，那一种又开了。微风从左边的昆明湖上吹来，使人神清气爽。

走完长廊，就来到了万寿山脚下。抬头一看，一座八角宝塔形的三层建筑耸立在半山腰上，黄色的琉璃瓦闪闪发光。那就是佛香阁。下面的一排排金碧辉煌的宫殿，就是排云殿。

登上万寿山，站在佛香阁的前面向下望，颐和园的景色大半收在眼底。葱郁的树丛，掩映着黄的绿的琉璃瓦屋顶和朱红的宫墙。正前面，昆明湖静得像一面镜子，绿得像一块碧玉。游船、画舫在湖面慢慢地滑过，几乎不留一点儿痕迹。向东远眺，隐隐约约可以望见几座古老的城楼和城里的白塔。

从万寿山下来，就是昆明湖。昆明湖围着长长的堤岸，堤上有好几座式样不同的石桥，两岸栽着数不清倒垂的杨柳。湖中心有个小岛，远远望去，岛上一片葱绿，树丛中露出宫殿的一角。游人走过长长的石桥，就可以去小岛上玩。这座石桥有十七个桥洞，叫十七孔桥；桥栏杆上有上百根石柱，柱子上都雕刻着小狮子。这么多的狮子，姿态不一，没有哪两只是相同的。

颐和园到处有美丽的景色，说也说不尽，希望你有机会去细细玩赏。

请用简洁的语言表述，《颐和园》的结构层次特点：

____

____

观　　潮

钱塘江大潮，自古以来被称为天下奇观。

农历八月十八是一年一度的观潮日。这一天早上，我们来到了海宁县的盐官镇，据说这里是观潮最好的地方。我们随着观潮的人群，登上了海塘大堤。宽阔的钱塘江横卧在眼前。江面很平静，越往东越宽，在雨后的阳光下，笼罩着一层蒙蒙的薄雾。镇海的古塔、中山亭和观潮台屹立在江边。远处，几座小山在云雾中若隐若现。江潮还没有来，海塘大堤上早已人山人海。大家昂首东望，等着，盼着。

午后一点左右，从远处传来隆隆的响声，好像闷雷滚动。顿时人声鼎沸，有人告诉我们说：潮来了！我们踮着脚往东望去，江面还是风平浪静，看不出有什么变化。过了一会儿，响声越来越大，只见东边水天相接的地方出现了一条白线，人群又沸腾起来。

那条白线很快地向我们移来，逐渐拉长，变粗，横贯江面。再近些，只见白浪翻滚，形成一道两丈多高的白色城墙。浪潮越来越近，犹如千万匹白色战马齐头并进，浩浩荡荡地飞奔而来；那声音如同山崩地裂，好像大地都被震得颤动起来。

霎时，潮头奔腾西去，可是余波还在漫天卷地地涌来，江面上依旧风号浪吼。过了好久，钱塘江才恢复了平静。看看堤下，江水已经涨了两丈来高了。

请用简洁的语言阐释，《观潮》第二段的重要性：

____

____

三亚落日

在三亚看落日真有诗意。夕阳滑落的景象美妙绝伦，一点儿也不比日出逊色。

三亚在海南岛的最南端，被蓝透了的海水围着，洋溢着浓浓的热带风情。蓝蓝的天与蓝蓝的海融成一体，低翔的白鸥掠过蓝蓝的海面，真让人担心洁白的翅尖会被海水蘸蓝了。挺拔俊秀的椰子树，不时在海风中摇曳着碧玉般的树冠。海滩上玉屑银末般的细沙，金灿灿亮闪闪的，软软地暖暖地搔着人们的脚板，谁都想捏一捏，团一团，将它揉成韧韧的面。

活跃了一天的太阳，依旧像一个快乐的孩童。它歪着红扑扑的脸蛋，毫无倦态，潇潇洒洒地从身上抖落下赤朱丹彤，在大海上溅出无数夺目的亮点。于是，天和海都被它的笑颜感染了，金红一色，热烈一片。

时光悄悄地溜走，暑气跟着阵阵海风徐徐地远离。夕阳也渐渐收敛了光芒，变得温和起来，像一只光焰柔和的大红灯笼，悬在海与天的边缘。

兴许是悬得太久的缘故，只见它慢慢地下沉，刚一挨到海面，又平稳地停住了。它似乎借助了大海的支撑，再一次任性地在这张硕大无朋的床面上顽皮地蹦跳。

大海失去了原色，像饱饮了玫瑰酒似的，醉醺醺地涨溢出光与彩。人们惊讶得不敢眨眼，生怕眨眼的一瞬间，那盏红灯笼会被一只巨手提走。我瞪大双眼正在欣赏着，突然那落日颤动了两下，最后像跳水员那样，以一个轻快、敏捷的弹跳，再以一个悄然无声、水波不惊的优美姿势入了水，向人们道了“再见”。

哦，这就是三亚的落日！

请用简洁的语言点示，《三亚落日》的描写之美：

____

山　海　关

山海关，这号称“天下第一关”的山海关！

这铮铮响的名字，我是很早很早就听到了，现在，我终于亲眼看到这思慕已久的山海关了。

啊！好一座威武的雄关！果然是名不虚传！那气势的雄伟，那地形的险要，在我所见到的重关要塞中，是没有能与它伦比的。

城楼是那么雄伟，那么坚固。那高高的箭楼，巍然耸立于蓝天白云之间；那“天下第一关”的巨大匾额，高悬于箭楼之上，特别引人瞩目。这五个大字，笔力雄浑苍劲，与那高耸云天、气势磅礴的雄关浑然一体，无比壮观。但是，最壮观的还是它形势的险要。顺着那城门左侧的台阶拾级而上，走到城墙之上，站在箭楼底下，手扶着雉堞的垛口，昂首远眺，你会情不自禁地发出一声又惊又喜的赞叹：“嗬，好雄伟的关塞，好险要的去处！”

站在这雄关之上，人的精神顿时感到异常振奋，心胸也倍加开阔。我真想顺着那连绵不断的山峦，大踏步地向着西北走去，一路上去登临那一座座屏藩要塞，烽台烟墩。从山海关、喜峰口、古北口、居庸关、雁门关，一直走到那长城的尽处——嘉峪关口。我又想返回身来，纵缰驰马，奔腾于广袤无垠的塞外草原之上，逶迤翻腾的幽燕群山之间。我还想随着那蜿蜒南去的老龙头，纵身跳进那碧波万顷的渤海，去一洗那炎夏酷暑的汗水，关山万里的风尘……

我觉得自己仿佛置身于古战场之上，身披盔甲，手执金戈，站立在这威武的雄关之上。一股慷慨悲歌的火辣辣的情感，涌遍了我的全身。

啊，雄关，我们伟大民族的英雄历史的见证人，热血沸腾、顶天立地的英雄好汉！

如今，这雄关虽已成为历史陈迹，但是它却仍以它那雄伟庄严的风貌、可歌可泣的历史，来鼓舞着人们的坚强意志，激励着人们的爱国情感。山海关，将以它那伟大的体魄、忠贞的灵魂，永远地刻在人们的心中。

请用简洁的语言概括，《山海关》告诉了我们一种游记的写法：

____

____

【教师指导点拨】

在师生研讨上述范文的对话中，教师要给学生精讲如下内容。

《颐和园》告诉我们这样写游记：

整体构思：首尾照应，移步换景。

段落写作：总提分说，层层展现。

语句表达：准确修饰，生动描写。

构思思维方式：一处一处地写。

《观潮》告诉我们这样写游记：

整体构思：定点观察，情景变化。

段落写作：写声写形，烘托渲染。

语句表达：简洁描写，生动比喻。

构思思维方式：一时一时地写。

《三亚落日》告诉我们这样写游记：

整体构思：暗示游踪，专写一景。

段落写作：反复描写，融情于景。

语句表达：色彩丰富，比拟生动。

构思思维方式：一步一步地写。

《山海关》告诉我们这样写游记：

整体构思：略有游踪，先实后虚。

段落写作：选点绘景，议论抒情。

语句表达：多用短语，激情洋溢。

构思思维方式：一叙一议地写。

【写作实践安排】

请同学们尝试、运用所学构思技巧，结合课本中的提示，完成课后“写作实践”的第二题：

我们可能都有过旅游的经历，旅途中，我们不仅观赏自然风光，了解民风民俗，同时也会有许多新奇的感受，产生很多思考和遐想。选择一处自己游览过的景点，自拟题目，写一篇游记，不少于600字。

72.《突出记叙文中心的五种方法》教学实录

余映潮

（屏幕显示）

突出记叙文中心的五种方法

作文构思指导课

师：同学们好。我们一起来上一节比较有味道的作文课，它叫“作文构思指导课”。统编教材七年级上学期第五单元的作文训练话题是“如何突出中心”，我们来学习记叙文作文的构思，而且用范文来给同学们引路。大家在课题旁边写上四个字：范文引路。发给你们的讲义上的文章就是范文。“范文引路”就是用范文告诉同学们怎样来写文章。

师：了解有关背景知识。

（屏幕显示，学生朗读）

训练内容

知晓：每篇文章都需要有一个相对集中而明确的中心。

学习运用：突出记叙文中心的五种构思方法。

（屏幕显示，学生朗读）

背景知识

围绕中心写作是作文的基本要求，为此，写作者要根据确定的中心选择合适的材料，舍弃无关的内容，并对选定的材料进行一定的剪裁和加工，安排好先后的次序。

（屏幕显示，学生朗读）

背景知识

为了突出中心，可以设置一条贯穿全文的线索。为了突出中心，还要注意安排好内容的主次和详略。有主有次、有详有略地选取材料，组织文字，中心就会突出起来。

师：我们继续了解有关的知识。

（屏幕显示，学生朗读）

背景知识

为了突出中心，可以采用一些具体的方法和技巧：开门见山，点明题旨；议论点题，卒章显旨；前后呼应，反复抒情；铺垫渲染，映衬烘托；抑扬有致，对比鲜明等。

师：请同学们赶快把这里的有关知识做好笔记；这些美妙的技巧都在我给大家带来的五篇范文中。

（学生记笔记）

师：老师观察你们的笔记做得好，现在开始范文品析。所谓的范文品析，就是你要谈一谈这篇文章给你的写作启迪。要这样说——这篇文章告诉我们，为了突出中心，它有什么样的技巧，能够让我们学到什么。请大家静静阅读第一篇范文《全神贯注》。读的时候，手中的笔也拿着。有了体会，马上写在文章旁边。开始三分钟研读，然后我们交流看法。

（屏幕显示，范文品析之一）

全神贯注

法国大雕塑家罗丹邀请奥地利作家斯蒂芬·茨威格到他家里做客。饭后，罗丹带着这位挚友参观他的工作室。走到一座刚刚完成的塑像前，罗丹掀开搭在上面的湿布，露出一座仪态端庄的女像。茨威格不禁拍手叫好，他向罗丹祝贺又一件杰作的诞生。罗丹自己端详一阵，却皱着眉头，说："啊！不，还有毛病……左肩偏了点儿，脸上……对不起，请等一等。"他立刻拿起抹刀，修改起来。

茨威格怕打扰雕塑家工作，悄悄地站在一边。只见罗丹一会儿上前，一会儿后退，嘴里叽里咕噜的，好像跟谁在说悄悄话；忽然眼睛闪着异样的光，似乎在跟谁激烈地争吵。他把地板踩得吱吱响，手不停地挥动……一刻钟过去了，半小时过去了，罗丹越干越有劲，情绪更加激动了。他像喝醉了酒一样，整个世界对他来讲好像已经消失了——大约过了一个小时，罗丹才停下来，对着女像痴痴微笑，然后轻轻地吁了口气，重新把湿布披在塑像上。

茨威格见罗丹工作完了，走上前去准备同他交谈。罗丹径自走出门去，随手拉上门准备上锁。

茨威格莫名其妙，赶忙叫住罗丹："喂！亲爱的朋友，你怎么啦？我还在屋子里呢！"罗丹这才猛然想起他的客人来，他推开门，很抱歉地对茨威格说："哎哟！你看我，简直把你忘记了。对不起，请不要见怪。"

茨威格对这件事有很深的感触。他后来回忆说："那一天下午，我在罗丹工作室里学到的，比我多年在学校里学到的还要多。因为从那时起，我知道人类的一切工作，如果值得去做，而且要做得好，就应该全神贯注。"

（学生阅读，批注）

师：我们开始交流看法，谈一谈你的见解。

生1：我知道了，在工作的时候，罗丹是全神贯注的，只有全神贯注才能做好一件事。

师：也就是说，罗丹忘记了好友还在自己的家中。作者用这件事情来表现他工作时的全神贯注；文章的材料选得好。

生2：第二自然段写了罗丹对着女像痴痴微笑，然后轻轻地吁了口气，重新把湿布披在塑像上。从这里的描写可以看到，罗丹工作时对自己的要求十分严格。

师：这位同学的观察很细心。作者在写罗丹全神贯注地工作的时候，用了细节描写的方法，表现了人物工作时的状态，那状态就是全神贯注的。

生3：我觉得文章结尾运用了对茨威格的感受的描写，表现了罗丹工作的全神贯注。

师：这叫作文章的点题好。文中最后一段写的是茨威格的看法。这里的表达技巧是用茨威格的议论来评价、映衬人物罗丹，并且表达了作者的观点。这一段，是全文的点题段。

生4：我觉得最后这个自然段也是侧面描写，通过茨威格的感受，表现了罗丹的优秀品质。

师：对。用一个人的评价来表现另外一个人，就是侧面烘托手法的运用。大家看，这篇小小的文章，给了我们这么多的写作启迪。

生5：文章的开头写得好，直接点明这篇文章是写茨威格到罗丹家里做客的所见所闻。

师：写作的角度点出来了，这是一篇通过茨威格的观察与感受写出来的文章。好吧，集中大家发言的内容，我们可以从这篇范文里提炼出突出记叙文中心的一种高妙的技巧。一起来朗读文章的最后一段。

（学生朗读）

茨威格对这件事有很深的感触。他后来回忆说："那一天下午，我在罗丹工作室里学到的，比我多年在学校里学到的还要多。因为从那时起，我知道人类的一切工作，如果值得去做，而且要做得好，就应该全神贯注。"

师：这里好像是叙述，其实是通过茨威格的感触进行议论。这种写法叫作叙议结合，卒章显旨。

（屏幕显示）

第一法

叙议结合，卒章显旨

师：请大家做好笔记。这个"章"就是"文章"；"显旨"，就是在文章的最后，把主题点出来。于是我们就知道了，在写作构思的时候先写人叙事，再议论抒情。这就叫作叙议结合，卒章显旨。我们继续看第二篇范文《牧场之国》。

（屏幕显示，范文品析之二）

牧场之国

卡尔·恰彼克

荷兰，是水之国，花之国，也是牧场之国。

一条条运河之间的绿色低地上，黑白花牛，白头黑牛，白腰蓝嘴黑牛，在低头吃草。有的牛背上盖着防潮的毛毡。牛群吃草时非常专注，有时站立不动，仿佛正在思考着什么。牛犊的模样像贵夫人，仪态端庄。老牛好似牛群的家长，无比尊严。极目远眺，四周全是丝绒般的碧绿草原和黑白两色的花牛。这就是真正的荷兰。

这就是真正的荷兰：碧绿色的低地镶嵌在一条条运河之间，成群的骏马，匹匹膘肥体壮。除了深深的野草遮掩着的运河，没有什么能够阻挡它们飞驰到远方。辽阔无垠的原野似乎归它们所有，它们是这个自由王国的主人和公爵。

在天堂般的绿色草原上，白色的绵羊，悠然自得。黑色的猪群，不停地呼噜着，像是对什么表示赞许。成千上万的小鸡，成群结队的长毛山羊，在见不到一个人影的绿草地上，安闲地欣赏着这属于它们自己的王国。这就是真正的荷兰。

到了傍晚，才看见有人驾着小船过来，坐上小板凳，给严肃沉默的奶牛挤奶。金色的晚霞铺在西天，远处偶尔传来汽笛声，接着又是一片寂静。在这里，谁都不叫喊吆喝，牛脖子上的铃铛也没有响声，挤奶的人更是默默无言。运河之中，装满奶桶的船只在舒缓平稳地行驶。满载着一罐一罐牛奶的汽车、火车，不停地开往城市。车船过后，一切又恢复了平静。最后一抹晚霞也渐渐消失了，整个天地都暗了下来。狗不叫了，圈里的牛也不再发出哞哞声，马也忘记了踢马房的挡板。沉睡的牲畜，无声的低地，漆黑的夜晚，远处的几座灯塔在闪烁着微弱的光芒。这就是真正的荷兰。

师：这是一篇非常美的描述地方风情的文章，请观察它带给我们的写作启迪。

生6：我觉得“这就是真正的荷兰”在文章中反复出现。

师：好。反复出现，而且是同一个句子。我们纵向地来看，一次、两次、三次、四次。这样，这个句子就成为本文中一条抒情的线索，而且相互照应着，同时使文章的结构显得十分严密。

生7：这里第一自然段写到，荷兰是水之国，花之国，也是牧场之国。这一句话整体地概括了全文内容，而且显示了文章的美好主题。

师：这是用总说句来统领全文，再看标题“牧场之国”四个字，也是总领全文的。

生8：文章用了三个自然段描述了牛、马和其他动物，最后一段写的是人的生活，这最后的一个自然段写得好，使全文的内容很全面，而且详略得当。

师：这是很好的发现。写景、写地方风情的文章，有一个秘诀，就是不管你怎么样写风景，最后一定要点出人物的活动。比如《春》，描写了春草图、春花图、春风图、春雨图，最后就描写了“春早人勤”，老老少少都出来了，因为一年之计在于春。这一笔就使整篇文章的立意高雅起来；如果纯粹写风景而没有写到人，那就缺少美的精神内核。

师：这位同学给我们带来的话题很好。看文章的最后一段，它不仅描写了人们的活动，还有一个调整，就是由动到静，描写了静态的、节奏舒缓的生活。这也是写作角度的变化。

师：我们还可以看出来，“这就是真正的荷兰”这个句子，它在文中也是有变化的。有时候出现在段尾，有时候出现在段首。这是为什么呢？避免行文的单调。于是，变化之美就表现出来了。七年级的课文《安塞腰鼓》，反复穿插了“好一个安塞腰鼓”句，这个句子即使反复，也是在变化之中的。八年级的课文《白杨礼赞》，反复穿插了“我赞美白杨树”这样的句子，同样关注了这个句子的变化。这些都是给我们的写作启迪。

师：《牧场之国》中“这就是真正的荷兰”一句的反复出现，也让这篇文章表现出“夹叙夹议”的表达艺术，我们再用8个字来概括一下这篇文章的写作技法。

（屏幕显示）

第二法

夹叙夹议，反复强化

师：请同学们做好笔记，再阅读第三篇范文。

（屏幕显示，范文品析之三）

“飞天”凌空

——跳水姑娘吕伟夺魁记

夏浩然　樊云芳

她站在十米高台的前沿，沉静自若，风度优雅，白云似在她的头顶飘浮，飞鸟掠过她的身旁。这是达卡多拉游泳场的八千名观众一齐翘首而望、屏息敛声的一刹那。

轻舒双臂，向上举起，只见吕伟轻轻一蹬，就向空中飞去。一瞬间，她那修长美妙的身体犹如被空气托住了，衬着蓝天白云，酷似敦煌壁画中凌空翔舞的“飞天”。

紧接着，是向前翻腾一周半，同时伴随着旋风般的空中转体三周，动作疾如流星，又潇洒自如，1.7秒的时间对她似乎特别慷慨，让她从容不迫地展示身体优美的线条，从前伸的手指，一直延续到绷直的足尖。

还没等观众从眼花缭乱中反应过来，她已经展开身体，像轻盈的、笔直的箭，“哧”地插进碧波之中，几串白色的气泡拥抱了这位自天而降的仙女，四面水花则悄然不惊。

“妙！妙极了！”站在我们旁边的一名外国记者跳了起来。这时，整个游泳场都沸腾了，如梦初醒的观众用震耳欲聋的掌声和欢呼声，来向他们喜爱的运动员表达由衷的赞赏。

吕伟精彩的表演，将游泳场的气氛推向了高潮。她的这个动作“5136”，让几位裁判亮出了9.5分。

这位年方十六的中国姑娘，赢得了金牌。

当一个印度观众了解到这个姑娘是中国跳水集训队中最年轻的新秀时，惊讶不已。他说：“了不起，你们中国的人才太多了！”

师：《“飞天”凌空》是八年级的课文，你们还没有学过。这是一篇精美的新闻特写，有很多地方值得我们学习。比如，“这是达卡多拉游泳场的八千名观众一齐翘首而望、屏息敛声的一刹那”“妙！妙极了”“当一个印度观众了解到这个姑娘是中国跳水集训队中最年轻的新秀时，惊讶不已”等，都表现出了写作手法、表达技巧。现在请同学们观察这篇范文。

师：我们开始交流看法。

生9：从第五自然段我了解到，其他人的语言或者动作的描写，能够表现运动员的跳水跳得非常棒。

师：从其他人的语言中，从其他人的动作中，从其他人的神态中，可以看出吕伟的跳水技艺高超。其实这就是四个字的手法——侧面烘托。

生10：文章最后一个自然段也是侧面烘托的手法，用了外国记者的语言、动作描写表现了吕伟跳水的精彩。

师：这种用别人的语言、动作来侧面表现运动员的高妙技巧，在本文中是反复出现的。

生11：我品析的是第一自然段。文章开始就写跳水运动员，很快地让读者也进入这个比赛的情景里。

师：开门见山，把活动的地方点出来，把活动的场景点出来。第一段有一个非常重要的地方，就是写观众。写八千位观众一片寂静，等待着，很紧张；这叫渲染氛围。

生12：第四自然段运用了细节描写，表现吕伟跳水的动作是多么优雅。

师：看文中的描写，“几串白色的气泡拥抱了这位自天而降的仙女，四面水花则悄然不惊”。这是什么手法呢？高台跳水，跳到水中，连声音都没有，只有很小的悄然不惊的水花，这也是侧面手法。通过写水花很小很小，来间接地表现吕伟跳水技艺的高超。

师：这篇文章最美的手法，其实是文中的最后一段话。一位印度观众说“了不起，你们中国的人才太多了”，这既是侧面描写，也是用人物的话语来点题。

师：这篇文章带给我们的写作启迪，我们也用8个字来概括。请大家做笔记。

（屏幕显示）

第三法

正面描述，侧面衬托

师：我想，你们开运动会的时候，或者你们参加某一项活动的时候，可以用这种方法来突现文章中心——正面描述，侧面衬托。

师：我们来品析第四篇范文。

（屏幕显示，范文品析之四）

白桦林的低语

刘心武

从大兴安岭回来以后，我一直怀念着你。

那森林边的草地上，野牡丹和野百合开过了，现在是什么样的野花在怒放？我的思念越过蜿蜒曲折的小溪，升到高高的冈峦上，在塔亭般的瞭望楼里，我要同你一起倚窗外望……

窗下是茫茫林海，随着山峦起伏，绣出层层叠叠、浓浓淡淡的绿浪。紧靠着瞭望楼的是一片白桦林。银白的树干、灰绿的树冠，随着阵阵山风，摇曳着身躯和手臂，仿佛在向我们低吟浅唱……

看林人啊，我的兄长，我们在那瞭望楼上只相聚了几个小时，但林业工人那颗纯洁的心，却永远涤荡着我灵魂中的浮躁与狂妄。

你有烟瘾，但在岗位上，你的口袋里绝没有一撮烟草、一根火柴棒。不错，你怀里揣着一小瓶酒，但你给自己规定：每两小时喝一口，绝不违章。你不带书报，不是你不爱看，而是你的双眼必须随时注意四周的情况——哪怕是一缕淡淡的细烟，也不能忽略轻放！你带了一台半导体收音机，但除了收听天气预报，你甚至不去收听你最喜爱的歌曲，因为你的双耳必须随时捕捉远近异常的音响——哪怕有人偷伐一棵小树，你也不能将他原谅！

我问你："寂寞吗？"你笑了，笑得那么爽朗，那么豪壮。你教我从各种鸟鸣中听出旋律，你教我从各种树姿中产生联想。你对我说："森林是大地的绿毯，我们要把这厚厚的绿毯，一直铺到北京城的边上！"

怀念你啊，看林人！自从分别后，我又走过了那么多地方，你却日复一日，同你的伙伴们倒班守望在那同一塔亭上。四面风来时，塔亭里发出轰轰的震响。你一定还在睁大双眼，警惕着邪火出现的征象。在默默的思念中，我激励自己要有你那样的胸怀，你那样的目光……

白桦林该还在向你絮絮低语，你该还在用专注的神情同他们倾诉衷肠。在白桦林的低语中，愿你听到我的声音——我还要到大兴安岭去，如一滴雨，如一片雪，充满渴望地投向森林和你们的胸膛！

师：这是著名作家刘心武先生的作品，表达了他对一位绿色卫士的牵挂和赞叹。这一篇文章有着怎样的突出中心的手法呢？我们继续发现。大家再读、感悟、批注。

生13：第一自然段中的"我一直怀念着你"和后面出现的"怀念你"，就是前后呼应的手法。

师：第一自然段运用了开门见山的开头方法，文中的内容一直围绕着"怀念"来展开；"怀念"两个字，也把文章的主旨凸显了出来。

生14：我觉得这篇文章的第二自然段和第三自然段，用白桦林的美丽来侧面烘托看林人的奉献精神。

师：这篇文章刚刚入题就开始写景。"未成曲调先有情"，这种手法叫"以景衬人"。

生15：大家看第五自然段，详写了人物对自己的严格要求，写出了看林人的忠于职守，用具体的事迹表现了人物的品质。

师：说得好，写一个人，如果没有具体的事例，人物的特点就表现不出来。这种描写也带有作者的情感倾向。我现在读几个句子，你们感受一下：我一直怀念着你；我要同你一起倚窗外望；你有烟瘾，但在岗位上，你的口袋里绝没有一撮烟草……这些句子中有一个共同的字，你们听出来没有？

学生：你。

师：你呀你呀你，这叫手法吗？什么手法呢？对，第二人称抒情手法；这是突出文章中心的一种极好的手法。于是我们习得了第四法，叫作第二人称，反复赞美。

（屏幕显示）

第四法

第二人称，反复赞美

师：大家看，多有趣啊。一篇小小的文章，同样带给我们以丰富的写作启迪，包括它开门见山的开头，包括“怀念”一词贯穿全文，包括先写景以衬托人物，包括作者运用第二人称反复描述人物的事迹等，都是美妙手法的运用。

师：好，最后看非常有味道的一篇文章，第五篇范文《十二次微笑》。这是一篇小说，也是一篇记叙文。

（屏幕显示，范文品析之五）

十二次微笑

飞机马上就要起飞了，广播里播完乘客注意事项，全体乘务员也回到了服务舱。突然，有位乘客向她们招手示意，一位空姐走了过去，面带微笑地问：“先生，我能为您做点儿什么？”

乘客说：“请给我一杯水，我要吃药。”

空姐很有礼貌地说：“先生，为了您的安全，请稍等片刻，等飞机升空平稳飞行后，我立刻把水给您送过来。好吗？”

飞机渐渐进入了平稳飞行状态。突然，乘客服务铃急促地响了起来，空姐猛然意识到：糟了，由于太忙，忘记给那位乘客倒水了！空姐连忙来到客舱，见按响服务铃的果然是刚才那位乘客。她小心翼翼地把水送到那位乘客跟前，面带微笑地说：“先生，实在是对不起，由于我的疏忽，延误了您吃药的时间，非常抱歉！”这位乘客抬起左手，指着手表说道：“怎么回事？有你这样服务的吗？你看看，都过了多久了?”无论空姐怎么解释，这位乘客都不原谅她的疏忽。

接下来的飞行途中，空姐为了补偿自己的过失，每次去客舱给乘客服务时，都会特意走到那位乘客面前，面带微笑地询问他是否需要水，或者别的什么帮助。然而，那位乘客余怒未消，摆出一副不合作的样子，不理睬她。

临到目的地前，那位乘客要求空姐把留言本给他送过去。很显然，他要投诉这名空姐。空姐虽然心里很委屈，但还是很有礼貌地把留言本交给乘客，并面带微笑地说:“先生，请允许我再次向您表示真诚的歉意，无论您提出什么意见，我都将欣然接受。”那位乘客脸色一变，想说些什么，却没有开口。他接过留言本，在上面写了起来。

飞机安全降落了，所有的乘客陆续离开后，空姐打开了留言本，她惊奇地发现，那位乘客在本子上写下的并不是投诉信，而是一封热情洋溢的表扬信。信中写道:“……在整个过程中，你表现出真诚的歉意，特别是你的十二次微笑，深深打动了我，使我最终决定将投诉信写成表扬信。你的服务质量很高。下次如果有机会，我还将乘坐你们的这趟航班!”

师：看课文，谈看法。本文写了一位乘客和一位空姐的矛盾冲突。乘客老是不满意这个空姐，就因为她的一次小小的疏忽；但是后来乘客居然给空姐写了表扬信。这真是美妙的构思呀。

生16：这个故事以“微笑”为线索，贯穿全文。而且通过描写乘客的一些心理变化，从讨厌到欣赏，来侧面表现空姐的品质。

师：这位同学说得好，“微笑”贯穿全文，凸显了人物的性格和她的职业特点，所以这篇文章的细节描写是很生动的。

生17：我认为这篇文章也用了点题手法，用乘客对这个空姐的表扬信来点示主题。

师：说得好，也是用人物的话题来点题。而且，这个点题有比较长的描述及赞美的文字，是大段的议论和抒情。

师：提示大家，这位乘客老是不满意，老是不满意，但他后来一下子满意了；美妙的手法就在这里。

生18：这种美妙的手法应该是“对比”。

师：再提示一下，作者运用了先什么后什么的手法。

生19：应该是先抑后扬。

师：先抑后扬，转折有力。文中最后那一笔，就像很意外地来到读者的面前，用乘客的评论凸显出空姐的优雅素养，于是就特别感人。抑扬之中，对比的力度是很大的，文章的中心就能够更好地突现出来。

师：请大家记笔记。

（屏幕显示）

第五法

先抑后扬，转折有力

师：同学们，这一节课我们领会了五种突出中心的方法，一起来回味一下，回顾一下，大家把这五种方法一起读一读。

（屏幕显示，学生齐读）

突出记叙文中心的五种方法

叙议结合，卒章显旨

夹叙夹议，反复强化

正面描述，侧面衬托

第二人称，反复赞美

先抑后扬，转折有力

师：大家看看课文中的写作要求，我们下节课写作文。

亲爱的同学，你一定有走出校园的经历：或参观，或访问，或考察，或旅游，或做志愿者……其间的一幕场景、一个细节、一件物品、一段对话或一首民谣都可能触动过你的内心，引发过你的思考。请以“走出校园”为话题，自拟题目，自定立意，写一篇作文。不少于500字。

师：我很高兴把这些美妙的知识传达给你们，谢谢可爱的同学们，下课。

学生：谢谢老师，老师再见。

（整理：杜燕）

73.《记叙文结尾的一种技法训练——亮出自己的感悟》备课

余映潮

【技法点拨】

写“感”，就是在作文中写出自己的感受和感悟。

一般来讲，人们主要是在记叙类文章中表达对生活、对人生的感受与感悟。

它们精致的语言，精美的表达，在很多时候能够让作者笔下的文章锦上添花。

那么，什么是“感悟”呢？

感悟，就是对事物有所感触而领悟到的某种道理、某种哲理、某种诗化了的思想。

那么，什么是作文中的感悟呢？

作文中的感悟，就是通过对人、事、景、物与生活现象的抒写来表现、表达自己的领悟。由于感悟类文章注重对文章思想内容的深化——理性的升华，所以它有时会更有深度，更富情致，更有动人心弦的作用。

请看下面的短文：

有只小虫子，误落水杯中，已经挣扎了两天。它总是一个劲地往下钻或左冲右突，希望找到或是撞开一个缺口逃出去。累了，就浮上水面透一口气，休息一会，再往下钻。它已经精疲力竭了。

其实，杯子口并未盖上，小虫很容易从杯口逃掉。

有时候，转个方向，往往海阔天空。

文中“有时候，转个方向，往往海阔天空”这句话，就是作者通过叙说故事而表达出来的一种“感悟”，这句话一出来，立即让我们觉得文章意味丰富。

让我们欣赏寓言《大鱼和小鱼》：

小鱼问大鱼道：“妈妈，我的朋友告诉我，钓饵上的东西是最美的，可就是有一点儿危险。要怎样才能尝到这种美味而又保证安全？”

“我的孩子，”大鱼说，“这两者是不能并存的，最安全的办法就是绝对不去吃它。”

“可它们说，那是最便宜的，因为它不取任何代价。”小鱼说。

“这可完全错了，”大鱼说，“最便宜的很可能恰好是最贵的，因为它希图别人付的代价是整个的生命。你知道吗，它里面裹着一只钓钩？”

“要判断里面有没有钓钩，必须掌握什么样的原则呢？”小鱼又问。

“那原则其实你都说了。”大鱼说，“一种东西，味道最美，又最便宜，似乎不用付任何代价，钓钩很可能就藏在里面。”

这篇寓言的最美之处就是用文中“人物”之口，表现作者对生活的感悟。一句“一种东西，味道最美，又最便宜，似乎不用付任何代价，钓钩很可能就藏在里面”，表现出巨大的警示力量，震动着读者的心弦。

让我们回忆美文《散步》的结尾：

这样，我们在阳光下，向着那菜花、桑树和鱼塘走去。到了一处，我蹲下来，背起了母亲，妻子也蹲下来，背起了儿子。我的母亲虽然高大，然而很瘦，自然不算重；儿子虽然胖，毕竟幼小，自然也轻。但我和妻子都是慢慢地，稳稳地，走得很仔细，好像我背上的同她背上的加起来，就是整个世界。

“我背上的同她背上的加起来，就是整个世界”，这是作者的深刻感悟，也是全文内容的深化和情感的升华。它表达精美，含义丰富，意境高远，激动着读者的心灵，给人留下了反复回味的余地。

再让我们看看课文《故乡》的结尾：

我想：希望是本无所谓有，无所谓无的。这正如地上的路；其实地上本没有路，走的人多了，也便成了路。

极简短的一句话，表达的是作者对人生的感悟。它寄托着作者的心志，表达出警策性很强的哲理，让人们去思索社会和人生，去得到战斗的鼓舞，去吸取奋斗的力量。

由此，我们可以感受到“感悟类”作文的表达特点：

或叙说一个事件，

或讲述一个故事，

或叙写一种现象，

或描述一种景物，

或引用一种传说，

或吟咏一类物品，

然后“亮”出一个精美的、闪光的道理，抒发一种带有独特感受的情感。

也就是说，写此类文章——

要有清晰的文章结构：先细细地叙说，再精粹地点示。

要注意升华文章主题：诗化点题，精妙议论，升华哲理。

要注意语言的优美表达：有一点情感，有一点诗意，有一点写句技巧，有一点哲理显现。

感悟类文章是“随心”的作品，它重在创意，各种作文题型都适用于感悟类文章的写作，关键在于“感悟”的抒发。

一般来说，我们可以写生活中的事件，对此进行感悟。即使是小小的生活片段，也是可以让我们心生感悟的，例如，愉快的登山旅游，深夜之中完成了小论文的写作，严冬过去春天给人带来喜悦等。在这些内容中点缀一点细节，紧扣文题去点化意境和主题，同样耐读耐看。而且，让我们有感而发的，并不一定都要求是事件，不一定都要求是故事，生活现象同样让人思绪激荡，如对萤火虫，对大风，对冬天，对时间，对流水，对雪花，对树根……都能让我们有所感想，进而生发出带有哲理意味的“感悟”。

作为一种常用写作模式，写“感”也有它“有弊”的一面，最大的“弊”就是，为追求“显现”一番所谓的“志”而无病呻吟，给人以画蛇添足之感。所以在作文时，要在框架构思、语言表达、主题显现、情感抒发、意境创造、角度变化等诸多因素中，选取几个点进行认真、艰苦的揣摩，力求自己的“感”自然一点，新鲜一点。

【美文展示】

落花生

许地山

我们家的后园有半亩空地。母亲说：“让它荒着怪可惜的，你们那么爱吃花生，就开辟出来种花生吧。”我们姐弟几个都很高兴，买种，翻地，播种，浇水，没过几个月，居然收获了。

母亲说："今晚我们过一个收获节，请你们的父亲也来尝尝我们的新花生，好不好？"母亲把花生做成了好几样食品，还吩咐就在后园的茅亭里过这个节。

那晚上天色不大好。可父亲也来了，实在很难得。

父亲说："你们爱吃花生吗？"

我们争着答应："爱！"

"谁能把花生的好处说出来？"

姐姐说："花生的味儿美。"

哥哥说："花生可以榨油。"

我说："花生的价钱便宜，谁都可以买来吃，都喜欢吃。这就是它的好处。"

父亲说："花生的好处很多，有一样最可贵：它的果实埋在地里，不像桃子、石榴、苹果那样，把鲜红嫩绿的果实高高地挂在枝头上，使人一见就生爱慕之心。你们看它矮矮地长在地上，等到成熟了，也不能立刻分辨出来它有没有果实，也必须挖起来才知道。"

我们都说是，母亲也点点头。

父亲接下去说："所以你们要像花生，它虽然不好看，可是很有用。"

我说："那么，人要做有用的人，不要做只讲体面，而对人没有好处的人。"

父亲说："对。这是我对你们的希望。"

我们谈到深夜才散。花生做的食品都吃完了，父亲的话深深地印在我的心上。

技法点评：这篇美文，立意美，构思美，记叙顺序美，对话描写美，表现手法美，篇末点题美；既是叙事，也是咏物，又是说理；叙事简明，视点集中。全文描述了一家人吃花生、议花生的短暂瞬间，形成一个结构完整的小小故事，在结尾部分反复点示"你们要像花生，它虽然不好看，可是很有用""人要做有用的人，不要做只讲体面，而对人没有好处的人"的美好哲理，它们朴实生动，含意深刻，激起了我们心中的共鸣。

梦结束的地方

栖云

有人做过统计，迄今为止，大约有五百人成功地登上了珠穆朗玛峰顶，亦大约有五百人在攀登过程中献出了宝贵的生命。无论这个统计数字属实与否，都不折不扣地表明，攀登珠峰生死系于一线，代价极其残酷。

因攀登珠峰而遇难的勇士阎庚华去世后，笔者走进他独居的家，目睹的是一个痴迷的登山者的世界：墙上贴满了登山明星照、珠峰风景画，挂满了登山爪、登山靴、滑雪杆。他用13年的漫长岁月做准备，为此放弃了婚姻，离开了心爱的女儿，甚至不惜失去生命。

无限风光，惟有触天者才领略得到吧！一位朋友成功地登上了海拔6400米的一座山峰，我问他，那种高处不胜寒的峰巅之感一定惊魂动魄吧？没有一丝尘埃的繁星，广袤深邃如宝石样的天宇，还有洁白无瑕的冰雪，一定让人的肺腑都透明了！朋友却一本正经地摇头道："完全不是这样，冰天雪地的山头上能有什么吸引力？天幕、繁星、晶莹的冰雪，那是诗人塑造的仙境。当时的情形根本不浪漫，巨大的风裹着彻骨严寒，满眼白茫茫的，就这些。"

真就这些，这么令人失望吗？答案如此肯定。那么，为什么要登山呢？不要命地登那么高的山，想证明什么？英雄气概？挑战极限的能力？我费解而焦急地望着朋友。朋友悠悠地说："那一刻，我只觉得一颗心从喉咙里咯噔一下回到胸膛里去了，就像做了一个痛苦而漫长的梦，我终于可以释怀。"

那是梦结束的地方，高耸入云。这梦牵扯着生命的脚步，一路跋涉，万水千山，赴汤蹈火。无论那座山叫什么名字，在地壳上，在实验室中，还是在书本里，都充满了诱惑。

明白了吗？生命原来是梦想的一架梯子，可以一直延伸到梦想成真的那一刻，只要你永不放弃。

（摘自《花季·雨季》）

技法点评：文章的内容、顺序非常漂亮。第一段说的是一批人，第二段略说一个人物，第三、四段比较详细地写一个人的故事，但如果说文中仅仅是叙说了这样一些内容，那还没有什么味道。有味道的就是文中后面两段，那点示的哲理使文章内容顿然升华，那思想的闪光就像一股涓涓细流，美美地沁入了人们的心中。原来，第一至四段是文章的第一部分，它的反复渲染，都是为了第二部分——哲理性感悟的点示。这，就是美好的构思。

【新题演练】

①回忆往事，可以带来甜蜜的遐思，可以带来深深的沉思，可以带来颇有意味的反思。请以“刚上初中的时候”为题，写一篇表达生活感受的六七百字的文章。

构思提示：回忆性的文章往往注重对“开头”的推敲。或叙说，或抒情，或议论；或是开门见山，或是设置悬念，或是景物描写；或是一句简单的话，或是几个动情的句子，或是一个角度精巧的小段。文章的主体部分，要集中笔力写好一个或几个生活的片段，在记叙之中做到正面或侧面地流露自己的情感。结尾部分，要注意到文题导语中的“遐思”“沉思”“反思”的暗示，运用抒情或议论的方式来表达自己的感受与感悟，从而表达情感、点化主题，增加文章意蕴。

②题目：每个人都有一个____________的世界

世界上没有两片完全相同的叶子，世界上也没有绝然相同的两个人。生活是丰富多彩的，但每个人都会有自己的世界。请仔细揣摩文题，写一篇六七百字的作文，文体不限。

构思提示：“每个人都有一个__________的世界”，这句话本身的意味就值得咀嚼。所以，在审题时要充分品味“世界”一词的含义。在具体的语境中，它可说每个人都有自己特定的生活环境，每个人都有自己的兴趣爱好，每个人都有自己的憧憬向往，每个人都有自己的特别经历等。这是一个很宽泛的题目，我们的写作思路、取材思路也应尽量放开。可从顺利成长的角度、从幸福生活的角度、从亲情美好的角度来取材，也可从挫折的角度、从吃苦的角度、从经历风吹雨打的角度、从独立奋斗的角度来抒发情怀。在文章的点题处，要充分突现“世界”一词的特别含义，要兼有议论与抒情，做到读后让人玩味再三。

74.《学写一个“说明”段》教学实录

余映潮

（屏幕显示）

学写一个“说明”段

师：今天我们来上一节有趣有用的课——学写一个“说明”段。老师安排这次训练活动，不仅为写作，也为趣味，为提炼，为发现。在这节课上，我要求同学们能够连续发现，大胆命名。大家先把这两段话读一遍——

（屏幕显示，学生齐读）

①发现，是一种能力；连续发现，更是思维方法与能力的结合。连续发现，需要由第一次发现展开联想，需要对未发现的内容进行穷根究底的探索。

②对某种语言现象，你完全可以创造一种全新的说法——这种说法不仅闪耀着创造的光焰，而且能更加理性地指导着你的读写实践。

师：同学们，语言现象的发现与命名，会给你留下非常深刻的印象，因为事物内在的规律也就被你发现了。比如说山上有一块好看的石头，起先它本身只是一块石头，但是人们通过想象，给它起了漂亮的名字，于是这石头就成了景点。我们的语言现象其实也是一种发现，也是一种景点。这个景点在我们给它命名之后，它就别有意味，特别容易懂，特别容易学用；这时候的语言现象就不是简单地摆在那里，而是把它内部的奥妙和意蕴展示在了你面前。

师：其实描述性的文章也好，说明性的文章也好，都讲究一些笔法。下面看看你们手中材料的第一段文字。

（屏幕显示）

紫禁城的城墙10米多高，有四座城门：南面午门，北面神武门，东西面东华门、西华门。宫城呈长方形，占地72万平方米，有大小宫殿70多座、房屋9000多间。城墙外是50多米宽的护城河。城墙的四角上，各有一座玲珑奇巧的角楼。|故宫建筑群规模宏大壮丽，建筑精美，布局统一，集中体现了我国古代建筑艺术的独特风格。（选自《故宫博物院》）

师：这是《故宫博物院》中的一个片段，老师在这段文字中加了一条竖线。这个段介绍了紫禁城的高度、形态，然后介绍了城门的方位、里面的房屋、城墙的四角等，介绍完毕之后，又写了一句话："故宫建筑群规模宏大壮丽，建筑精美，布局统一，集中体现了我国古代建筑艺术的独特风格。"想一想，老师为什么加一道竖线？通过这条竖线你发现了什么？

生1：后面的是对前面的总结、概括。

师：对，概括一下，评赞一下。这个段分为两个层次，语言表达的风格也不同——第一层是说明，第二层是评价，所以这段话的层次就很有逻辑性，很讲究表达的顺序。老师给第二层的表达艺术命了一个名——

（屏幕显示）

赞一笔：用评说、评介、点示性的语言进行评赞，点出事物的意义，揭示事物的价值。

（生做笔记）

师：下面咱们就进行连续发现，刚才老师已经给大家示范了"赞一笔"，剩下的就由你们自己去发现了。材料中还有七个说明文的语段，各有什么样的一笔呢？需要你们去发现，去大胆地命名。好，开始活动，同学们可以互相商量。

（学生认真探究，教师巡回观察学生的探究情况，并做适当指导，约8分钟）

师：好！自由发言。先看第二则。

（屏幕显示）

由皇家大画家、装潢家勒勃兰和大建筑师孟沙尔合作建造的镜廊是凡尔赛宫内的一大名胜。它全长72米，宽10米，高13米，联结两大厅。长廊的一面是17扇朝花园开的巨大的拱形窗门，另一面镶嵌着与拱形窗门对称的17面镜子，这些镜子由400多块镜片组成。镜廊的天花板上是勒勃兰的巨幅油画，挥洒淋漓，气势横溢，展现出一幅风起云涌的历史画面。| 漫步在镜廊内，碧澄的天空、静谧的园景映照在镜墙上，满目苍翠，仿佛置身在芳草如茵、佳木葱茏的园林中。（选自《凡尔赛宫》）

师：这段中的一条竖线加在这里——"漫步在镜廊内，碧澄的天空、静谧的园景映照在镜墙上，满目苍翠，仿佛置身在芳草如茵、佳木葱茏的园林中。"这一笔应该是什么样的一笔呢？

生2：抒一笔，抒发的“抒”。主要是写了作者的感受。

师：这位同学的命名可以，作者抒发的是一种观景感受。我们对一个事物进行正面描写之后，再来一个侧面的烘托，有没有这样的意味？

生3：品一笔，通过自己独特的视觉感受来显示景物的美。

师：用自己的感受来写景物的美，很好。我觉得刚才两位同学的命名都很好，但老师的命名不同。看老师的命名——

（屏幕显示）

衬一笔：写出感受，写出人们的喜爱，从侧面表现事物的美好、精致、迷人。

（生做笔记）

师：其实这个说法和刚刚两位同学说的一样。作者写自己的感受，从心理感受的角度来表达对景物之美的赞叹，就是一种侧面表现的手法。有了侧面的烘托，就比单纯地描写这个景物，表现得更为透彻。来看第三则材料。

（屏幕显示）

多么令人向往的威尼斯啊！一到罗马，意大利朋友热情地对我说：“没有到过威尼斯，就不算来过意大利。她是世界上最有魅力的城市，亚得里亚海滨的一串明珠。”｜果真，明珠正迎着人们闪闪发光哩！118个岛屿，177条大小河道相互沟通，由401座各式各样的桥梁串连缀接而成的“水都”，就像一串颗颗珍珠连缀起来的瑰宝。入夜，灯光映着碧水，明月照亮大海，泛舟在亚得里亚海滨像进了水晶宫一般，真是人间奇景。（选自《蓝蓝的威尼斯》）

师：多么令人向往的威尼斯啊！这个段落的表达技巧很有艺术性——“一到罗马，意大利朋友热情地对我说……”，然后就详细地描述威尼斯的港湾。这个段的两个层次中，前面的这一笔叫什么“一笔”呢？

生4：点一笔，用人家的话来点示景物的价值。

师：引用人家的话语来点示它的价值、它的地位、它的美。

生5：叹一笔。“感叹”的“叹”。

师：“感叹”的“叹”。首先感叹一下，然后进行说明、描述。

生6：引一笔。我觉得是引入人们的说法来表现事物的特点和价值。

师：说得多好！看看老师是怎么说的——

（屏幕显示）

引一笔：引入人们观感、诗句、说法等方面的原文，以表现事物突出特点和观赏价值。

师：哇！老师和同学们的见解一样。这儿的引一笔，就是表达的技巧。

（生做笔记）

师：其实这个“引”可以在前面，也可以在后面，放在哪个位置都可以，但是有了这样的一句，思路就显得开阔，手法就显得灵动。

师：好！再看第四则。

（屏幕显示）

青海湖的蓝，蓝得纯净，蓝得深湛，也蓝得温柔恬雅。青海，在蒙语里被叫作“库库诺尔”，在藏语里，它被叫作“错温布”，都是“青颜色的大海”之意。为什么要叫作“青色的海”，而不叫作“蓝色的海”呢？莫不是出于“青出于蓝而胜于蓝”的古语？|其实，青海湖水所以如此湛蓝，因为湖面高出海面3197米，比两个泰山还高，湖水中含氧量较低，浮游生物稀少，含盐量在0.6%左右，透明度达到八九米以上，因而，湖水就显得更晶莹明澈，难怪青海湖水蓝得那么美，那么醉人！（选自《青海湖，梦幻般的湖》）

师：《青海湖，梦幻般的湖》，后面这一层是说明，前面是什么“一笔”？

生7：我认为是“问一笔”。我觉得它先是有了一个问题，再回答这个问题。

师：你的说法不错，就是问一下，但是问一下的作用是什么呢？引起我们的注意，是吧？还有没有其他的说法？

生8：解一笔。“解释”的“解”。后面内容是对前面内容的解释。

师：你的解释也是合理的。前面是提问，后面就是解释，一问一答的方式。咱们如果关注前面的话，其实那位同学的“问一笔”是完全正确的，但是老师使用了另外一个词——

（屏幕显示）

悬一笔：先设置悬念，再对事物进行说明，以生动地表现事物的原理、原因。

师：（念屏幕显示文字）为什么用“悬一笔”呢？“悬一笔”比“问一笔”雅致，

有韵味。

（生做笔记）

（屏幕显示）

坐落天坛东路与南外二环、南护城河交会处的玉蜓立交桥，更加壮美。它由桥群组成。8座跨河桥，6座匝道桥，4座通道桥，3座铁路箱涵，组成一个庞大的桥的系统，建桥总面积是三元桥的两倍多。它造型别致，一座座桥，组成一只巨大的振翅欲飞的蜻蜓，仿佛是刻意创作的超大型艺术雕塑。| 加上桥下静静的流水，桥区棵棵绿荫晃动的国槐、白杨，片片流翠的草坪，团团姹紫嫣红的月季，构成一幅巨大的工笔画“玉蜓图”。（选自《北京立交桥》）

师：这一段也是两个层次。第二层是什么“一笔”呢？前面的文字都是说明，但是作者后面还要用“加上”再写一段话，作者意犹未尽啊！

生9：添一笔。加上了一些内容。在说明前面事物的前提下，再增添一些事物，使文章显得更加生动。

师：说得好。你也可以当老师了。

生10：点一笔。我说的是“刻意创作的超大型艺术雕塑”。这一句起到了画龙点睛的作用，使前面这个描写显得更加具有巧夺天工之美。

师：特别是后面的“构成一幅巨大的工笔画‘玉蜓图’”，点出了整个立交桥的造型之美。

生11：描一笔。用外围的景致更加全面地描写出立交桥的美。

师：对，描写，也不错。

师：看看老师写的是什么。

（屏幕显示）

补一笔：补说与事物有关的另外事物，以增加事物的立体感、完美感。

师：（念屏幕显示的内容）

（生做笔记）

师：大家的发现能力是多么的强啊！咱们继续。

（屏幕显示）

自碑亭再往北，地势陡然高峻，由此上至祭堂前平台，全部砌以宽大的石阶。

石阶分为8段，每段30余步至50余步不等，共290级。石阶尽处，就是宽135米、深30米的大平台，中央则矗立着陵园的主体建筑——祭殿。平台是全陵的制高点，与入口处石坊的垂直高度差超过70米。|这里视野辽阔，气象万千，既便近观，又宜远眺。当阳光灿烂时，远处方山如屏，秦淮似带；近处村舍相望，田圃纵横，道路津梁，行人车马，无不纤细入微，仿佛眼前展开了一轴工笔长卷……（选自《巍巍中山陵》）

师：这个段的第二层，如果不用“描一笔”来说，它是什么样的“一笔”呢？

生12：充一笔。

师：补充说明，补充描述。因为前面没有那么细致，所以后面把远景更加细致地描写一番。

生13：润一笔。

师：你的答案和老师的答案非常相近，有水平！为什么用“润一笔”？你解释一下理由。

生14：前面是介绍了一番景物，但好像是画了一幅画没有上色，再把远处的景物进行介绍，这样就好像是把这幅画添上了颜色，染上了一层深色。

师：啊！你会画画吧？

生14：会！

师：看，这位同学是用绘画的语言来表达看法的。了不起。老师这样说——

（屏幕显示）

渲一笔：尽情地渲染事物周围的景色，以表现景物与众不同的突出特点。

师：渲染，跟这位同学的“润一笔”是一样的。尽情渲染，表现出景物的与众不同。

（生做笔记）

师：还有哪些美妙的笔法呢？

（屏幕显示）

园中的许多小品，也极具匠心。比如有一座假山，山上一挂细泉垂下，就在下面立着一个汉白玉的石雕小和尚，光光的脑门，笑眯眯的眼神，双手齐肩，托着一个石碗接水。那水注在碗中，又溅到脚下的潭里，总不能盛满碗。再如清清的小溪

旁，有一只石雕大虎，两只前爪抓着水边的石块，引颈探腰，嘴唇刚好没入水面，那气势好像要吸尽百川似的。|历代文人墨客都喜爱晋祠这个好地方，山径旁的石壁和殿廊的石碑上，留着不少名人的题咏，词工句丽，书法精湛，为湖光山色平添了许多风韵。（选自《晋祠》）

师：这里的第二层是什么样的笔法？它好像是衬一笔，又好像是补一笔；好像是描一笔，又好像是渲一笔，都好像是……究竟是什么样的“一笔”呢？

生15：随一笔。

师：随一笔，随着再多写一点，这也说得过去。

生16：应一笔。

师：“应和”的“应”，是不是？也可以，这个词用得好。

生17：论一笔。

师：议论它，评论它，也算得上一种说法吧。老师告诉大家新知识，它是宕开一笔，在景物描写的基础上再宕开，拓开一点，写到文化、写到历史方面去了。

（屏幕显示）

宕一笔：宕开一笔，写到文化方面去，以表现事物的悠久历史和观赏价值。

师：宕开，这个字读dàng，宕开一笔，以表现事物的悠久历史和它的观赏价值。

（生做笔记）

（屏幕显示）

苏州园林栽种和修剪树木也着眼在画意。高树与低树俯仰生姿。落叶树与常绿树相间，花时不同的多种花树相间，这就一年四季不感到寂寞。没有修剪得像宝塔那样的松柏，没有阅兵式似的道旁树：因为依据中国画的审美观点看，这是不足取的。有几个园里有古老的藤萝，盘曲嶙峋的枝干就是一幅好画。开花的时候满眼的珠光宝气，使游览者感到无限的繁华和欢悦，可是没法说出来。（选自《苏州园林》）

师：看最后一个段落，注意选段中加横线的内容。

生18：我觉得是品一笔，在每个画卷的前一层次都是在描写事物，而在每一个画卷之后都进行了品味。

师：品评一下，很好。从结构形式来看，我们还可以有新的说法。

生19：评一笔。

师：评一笔，对，边写边评，这个说法好。大家看看——

（屏幕显示）

插一笔：插进作者的观点，进行议论，以点示、评说事物的艺术效果，增加说明的深度。

师：“插进作者的观点”，可不是插一笔吗？“以点示、评说事物的艺术效果，增加说明的深度”，多有意思的笔法啊；咱们祖国的语言多么生动，多么活泼。

师：这节课很有意思，咱们班的同学，上了一节从来没有上过的课，就是发现说明文语段的表达规律，而且给它命名。老师的评价是，你们班学生的语文水平很高。

师：大家的作业是，每位同学写一则200字左右的说明文片段，来实践今天的学习所得；然后告诉大家你运用什么样的“一笔”，好不好？

生：好！

师：再看老师赠给同学们的三句话，要不要？

生（齐）：要！

（屏幕显示）

赠给同学们的话：

①有七彩的视野，便有晶莹的文章。

②发现与提炼语言表达的规律，就是一种创造。

③构思的时候要理性地思考，写作的时候要诗意地表达。

师：好，这节课咱们可以结束了吧？第一，谢谢同学们！第二，老师等待着你们的微文写作成果。

师：下课！

（整理：汪俊华）

75.《学一点中考记叙文构思小技巧》教学创意

余映潮

教学理念：范文引路

课型设计：构思指导课

教学内容：中考作文复习构思指导

具体目标：中考记叙文的形态美

活动方式：引导学生研读范文，提炼表达技巧或规律

【研讨活动一】

引导学生研读范文《钓鱼的启示》。

钓鱼的启示

那一年，我刚满11岁。

有一天，像往常一样，我随着父亲去新汉普斯湖中的小岛上去钓鱼。

那是鲈鱼捕捞开放日的前一个傍晚，我和父亲分别放好鱼饵，然后举起鱼竿，把钓线抛了出去。

晚霞辉映的湖面上溅起了一圈圈彩色的涟漪。不一会儿，月亮升起来了，湖面变得银光闪闪。

过了好长时间，鱼竿突然剧烈地抖动了一下，一定是个大家伙上钩了。我小心翼翼地一收一放，熟练地操纵着。也许是鱼想摆脱我的鱼钩，不停地跳跃着并甩动尾巴，湖面上不时发出“啪啪”的声音，溅起了不少水花。我等到那条鱼挣扎得筋疲力尽了，迅速把它拉上岸来。啊，这样大的鱼！我还从来没有见过，还是条鲈鱼。我和父亲得意地欣赏着这条漂亮的大鲈鱼，看着鱼鳃在银色的月光下轻轻翕动着。

父亲划着了一根火柴，看了看手表，这时是晚上10点，距离开放捕捞鲈鱼的时间还有两个小时。父亲盯着鲈鱼看了好一会儿，然后把目光转向了我：“孩子，你得把它放回湖里去。”

“爸爸！为什么？”我急切地问道。

“你还会钓到别的鱼的。”父亲平静地说。

“可是不会钓到这么大的鱼了。”我大声争辩着，竟然哭出了声。

我又抬头看了一下四周，到处都是静悄悄的，皎洁的月光下看不见其他任何人的影子，我再次把乞求的目光投向了父亲。

尽管没有人看到我们，更无人知道我是在什么时候钓到这条鲈鱼的，但是，从父亲那不容争辩的声音中，我清楚地知道，父亲的话是没有商量的余地的。我慢慢地把鱼钩从大鲈鱼的嘴唇上取下来，依依不舍地把它放回到湖里去。大鲈鱼有力地摆动着身子，一转眼便消失在湖水中了。

转眼间34年过去了，当年那个沮丧的孩子已是纽约一位著名的建筑设计师了。我再没有钓到过像34年前那个夜晚钓到的那样大的鱼。但是，在人生的旅途中，我却不止一次地遇到了与那条鲈鱼相似的诱惑人的“鱼”。当我一次次地面临道德抉择的时候，我就会想起父亲曾告诫我的话：道德只是个简单的是与非的问题，但是实践起来却很难。要是人们从小受到像把钓到的大鲈鱼放回湖中这样严格的教育的话，就会获得道德实践的勇气和力量。

34年前的那个月光如水的夜晚，在我的脑海中留下了永久的回忆和终生的启示。

研讨话题：说说这篇范文带给自己的构思启迪。

学生静读、思考、发言。

教师点示：这篇范文给我们的构思启迪是——叙议结合。即，内容集中地记叙一件事，然后大段议论或者抒情。

学生做笔记。

教师出示课文中“叙议结合”的例证。

《背影》的大段议论抒情式结尾。

《散步》的大段叙事抒情式结尾。

《邓稼先》：用了课文的一个部分“永恒的骄傲”作为全文的议论抒情式结尾。

【研讨活动二】

请同学们研读范文《滴水之恩》。

滴水之恩（节选）

秦文君

现在我已到“而立”之年，有一次我在闹市与金龙相遇。此时，他已是个沉稳、温和的父亲了。看到金龙，我的脑海中浮现出我们初中生活的情景……

我们当时的班里，有个名叫金龙的男生。此人的名字起得富丽堂皇，可品行却是一塌糊涂。他爱打架，谁冒犯他，他就抡拳头。

有一次班里排练大合唱，准备国庆节全体上台演出，并且规定个人准备白衬衣蓝裤子，可金龙说他不参加。知情的人说，他没有白衬衣。到了演出那天，大家都觉得少一个人不好，于是我就出去向邻班的男生借了一件白衬衣交给金龙。金龙先是推让，最后还是接受了。

演出散场后，金龙将衬衣还给我。他居然把衬衣叠得工工整整，就像一个非常斯文的男生。这令我非常惊喜，忽然觉得他并不是那么可憎。

记忆像潮水一般涌了出来……。

我说起当年初中的生活，他忽然说：“你的名字在我的名单册里……”

我几乎叫出声来：“为什么？”

他说他至今还保留着那个名单册，那里记的是帮助过他的人名。

人与人骨子里也许都是记情的。

由此我想到了另一个我认识的女孩，也是家境贫寒到眼看要挨不过去了，后来社会送来了关怀，她的同学也慷慨捐款捐物。她将同学们的赠物放在箱中，舍不得动用，说是每天打开箱子看一遍，想到周围有那么多的关怀、爱心，就忍不住喜极而泣。她要永久保存它们，这是一生最宝贵的精神财富。

还有一位学音乐的年轻人，怀才不遇，四处碰壁。有一次他遇上一位音乐大师，大师认为他有天赋，就给了他一张名片，并在上面写满赞扬的话。那年轻人从此敲开了音乐殿堂的大门，步入成功。后来，他无论走到哪里，总把那张名片带在身边，一来表示永不忘知遇之恩，二来提醒自己要成为一个仁爱的、关怀他人的人。

世界因为这大大小小、绵绵不断的人与人的关怀而变得永恒，事实就是如此。

研讨话题：品析《滴水之恩》的取材技巧。

学生研读范文、思考，相互交流，师生对话。

教师点示：这篇范文给我们的构思启迪是——“三”的思维。即，“三”是一种写作思维，它运用广泛，变化多姿。

学生做笔记。

教师出示课文中“‘三’的思维”的例证。

《精神的三间小屋》：标题已经是例证。

《我为什么而活着》中的“三”：对爱情的渴望，对知识的追求，对人类苦难不可遏制的同情心……

【研讨活动三】

指导同学们研读范文《美丽的小兴安岭》。

美丽的小兴安岭

我国东北的小兴安岭，有数不清的红松、白桦、柞树……几百里连成一片，就像绿色的海洋。

小兴安岭的树海，一年四季都是美丽的、诱人的。

春天，树木抽出新的枝条，长出嫩绿的叶子。山上的积雪融化了，雪水汇成小溪，淙淙地流着。几只小鹿在溪边散步，它们有的低下头喝水，有的侧着脑袋欣赏自己映在水里的影子。河里涨满了春水。一根根原木随着流水往前漂，像一支舰队在前进。

夏天，树木长得葱葱茏茏，密密层层的枝叶把森林封得严严实实，挡住了人们的视线，遮住了蓝蓝的天空。早晨，雾从山谷里升起来，整个森林浸在乳白色的浓雾里。太阳出来了，千万缕利剑一样的金光，穿过树梢，照射在工人宿舍门前的草地上。草地上盛开着五颜六色的野花，红的、白的、黄的、紫的，真像个美丽的大花坛。

秋天，白桦和柞树的叶子变黄了，松树显得更加翠绿了。秋风吹来，落叶在林间飞舞。这时候，森林向人们献出了酸甜可口的山葡萄，又香又脆的榛子，鲜嫩的蘑菇和木耳，还有人参等名贵药材。

冬天，雪花在空中飞舞。树上积满了白雪。地上的雪厚厚的，又松又软，常常没过膝盖。西北风呼呼地刮过树梢，紫貂和黑熊不得不躲进各自的洞里。紫貂捕到一只野兔当美餐，黑熊只好用舌头舔着自己又肥又厚的脚掌。松鼠靠秋天收藏在树洞里的松子过日子，有时候还到枝头散散步，看看春天是不是快要来了。

小兴安岭真是一座巨大的宝库，也是一座美丽的大花园。

研讨话题：发现《美丽的小兴安岭》的结构技巧。

学生细读范文、品析，思考；师生对话。

教师点示：这篇范文给我们的构思启迪是——“总分总”的形态，“春夏秋冬”的写作思维，“横式结构”的章法之美；写景抒情，表现美好的生活。

学生做笔记。

教师出示中小学语文教材中“春夏秋冬”写作思维的例证。

《四季之美》：典型的“春夏秋冬”写作思维，横式结构的形态特征。

《雨的四季》：“总分总”的结构形态，“春夏秋冬”的横式结构的写作思维。

【研讨活动四】

指导同学们研读范文《钟楼读书》。

钟楼读书（节选）

郭风

我念书的学校，叫凤山小学，是在一座古寺的旧址上建起来的。现在这里还有一座古老的木塔和一座钟楼。

这座钟楼，现在是我们的阅览室，四面都是玻璃窗。楼上有很多书架和书。

——我非常喜欢我们学校的阅览室。

有一天，我看到一本书，上面画着一座大森林，不一会儿，走出一位熊猫阿姨来，她戴一副眼镜，穿着围裙，在森林的草地上办一所幼儿园。我赶紧把书翻下去，这下看见好多小朋友：小刺猬弟弟、小白兔弟弟、小青蛙弟弟，都坐在幼儿园的小椅子上了；我赶紧把书再翻下去，看见小松鼠弟弟背起书包，从澳洲大沙漠跑来了；随后，看见长颈鹿小弟弟从非洲坐一条独木舟来了……

——我非常喜欢我们学校的阅览室，它原是一座钟楼。

有一天，我看到一本书，里面有一幅一幅的画。我看见有一幅画，上面画着一大片北冰洋的雪景，所有的山，都是冰山，山下有村落，那屋顶和长方形的烟囱都盖着雪。我仔细一看，那村落前面的雪地上，停着好多雪橇，几只小猎犬在那里跑来跑去……

——真的，我非常喜欢我们学校的阅览室，它以前是一座钟楼，现在楼上放着好多书架和书。

有一天，我看到一本书，它给我讲丹麦的老爷爷安徒生的故事；书里有照片和画……

我好像听见有一阵车轮滚动的声音从书里传出来了。这时，我看见安徒生坐在一辆马车上，他戴一顶礼帽，领上系着蝴蝶结，从他的故乡奥登塞出发了。他要出去做客么？他要到一个幼儿园里去给小朋友讲故事么？我要到非洲去旅行么？

——我非常喜欢我们学校的阅览室。在很久以前，它是一座钟楼，有一口铜钟。

这座钟楼，现在四面都是玻璃窗，从玻璃窗里，我们能看到木塔和远处的荔枝林；越过荔枝林，能看到我们家乡的大海和兴化湾，那里有许多船。有一天，我忽然想起来了，我要是能够从兴化湾乘船出发，到安徒生老爷爷的故乡奥登塞去看看，有多么好！接着，我就从奥登塞再出发，向北航行，去看看爱斯基摩人的渔村；到了晚上，便住在他们用雪盖的屋子里，说不定能够从窗口看到美丽的北极光呢！

我念书的学校，有一座钟楼，现在是我们的阅览室……

研讨话题：发现《钟楼读书》的特别表达技巧。

学生细读范文，品析、思考；师生对话。

教师点示：这篇范文给我们的构思启迪是——穿插手法。即“抒情句”反复穿插，形成线索，严密结构，强化主题。

学生做笔记。

教师出示课文中“穿插手法”的例证。

《牧场之国》：“这就是真正的荷兰”的反复穿插。

《安塞腰鼓》：“好一个安塞腰鼓”句的反复穿插。

《白杨礼赞》：“白杨树实在是不平凡的，我赞美白杨树”句式的反复穿插。

【研讨活动五】

引导同学们研读范文《我的老师》。

我的老师

魏巍

最使我难忘的，是我小学时候的女老师蔡老师。

现在回想起来，她那时只有十八九岁，是一个温柔美丽的人。

她从来不打骂我们。仅仅有一次，她的教鞭好像要落下来，我用石板一迎，教鞭轻轻地敲在石板边上，大伙笑了，她也笑了。

我用儿童的狡猾的眼光察觉，她爱我们，并没有真正要打的意思。孩子们是多么善于观察这一点啊！

在课外的时候，她教我们跳舞，我现在还记得她把我打扮成女孩子表演跳舞的情景。在假日里，她把我们带到她的家里和女朋友的家里。在她的女朋友的园子里，她还让我们观察蜜蜂；也是在那时候，我认识了蜂王，并且平生第一次吃了蜂蜜。

她爱诗，并且爱教我们读诗。直到现在我还记得她教我们读诗的情景，还能背诵她教我们的诗：

圆天盖着大海，黑水托着孤舟，远看不见山，那天边只有云头，也看不见树，那水上只有海鸥……

今天想来，她对我的接近文学和爱好文学，是有着多么有益的影响！像这样的老师，我们怎么会不喜欢她，怎么会不愿意和她接近呢？我们见了她不由得就围上去。即使她写字的时候，我们也默默地看着她，连她握笔的姿势都急于模仿。

每逢放假的时候，我们就更不愿离开她。我还记得，放假前我默默地站在她的身边，看她收拾这样那样东西的情景。

蔡老师！我不知道您当时是不是察觉，一个孩子站在那里，对你是多么的依恋！至于暑假，对于一个喜欢她的老师的孩子来说，又是多么漫长！

记得在一个夏季的夜里，席子铺在屋里地上，旁边点着香，我睡熟了。不知道睡了多久，也不知道是夜里的什么时候，我忽然爬起来，迷迷糊糊地往外就走。

母亲喊住我："你要去干什么？"

“找蔡老师……”

我模模糊糊地回答。“不是放暑假了么？”

哦，我才醒了。看看那块席子，我已经走出六七尺远。母亲把我拉回来，劝了一会儿，我才睡熟了。我是多么想念我的蔡老师啊！至今回想起来，我还觉得这是我记忆中的珍宝之一。一个孩子的纯真的心，就是那些在热恋中的人们也难比啊！

什么时候，我能再见一见我的蔡老师呢？

研讨话题：对本文的写作进行妙点揣摩。

学生品析范文，批注、思考；师生对话。

教师点示：这篇范文给我们的构思启迪是——小段叙事。即，多事一人，小段叙事；巧妙引用，夹叙夹议；直接抒情，变化人称……

教师出示课文例证。

《老王》：多事一人，逐层推进。

《阿长与〈山海经〉》：典型的多事一人，厚重铺垫……

五次研讨活动之后，教师小结——

这五篇范文给我们的构思启迪是：

叙议结合，夹叙夹议

三的思维，稳定形态

四季思维，横式结构

穿插手法，强化主旨

多事一人，小段叙事

它们都有助于形成考场作文的形态美。

最后，请同学们选题构思：

①______________让我的内心充满______________

②成为一颗美丽的种子

③读书的故事

④梦想已经出发

76. 专项研究——我发现的作文“五笔”技法

余映潮

（一）

中学生作文训练，需要重点关注写作思维训练和写作技法训练。此二者相辅相成，是科学而扎实地进行作文训练的良方；而最能表现思维规律与示例写作技法的，就是经过精心挑选的“范文”，特别是名家的精美短文。

2007年，我在河南《中学生阅读》上开设了《读课文学作文》专栏，第一篇文章介绍的就是莫怀戚先生的经典散文《散步》。

我在文章中进行了如下的阐释。

现在让我们从学写作文的角度来解析莫怀戚的美文《散步》。

我们在田野散步：我，我的母亲，我的妻子和儿子。

这一段是文章的开头，是“倒叙”，是“开门见山”，也可以说是“轻轻地点一笔”。其作用是用极简洁的语言写出事物的一种结果，或者显现一个生活的画面；于是故事就开始叙述了。

母亲本不愿出来的。她老了，身体不好，走远一点就觉得很累。我说，正因为如此，才应该多走走。母亲信服地点点头，便去拿外套。她现在很听我的话，就像我小时候很听她的话一样。

这一段话在文章中的作用，是回过头来对文章第一段所叙写的事件进行一下补说、解释，可以说是“交代一笔”，或“解说一笔”。

天气很好。今年的春天来得太迟，太迟了，有一些老人挺不住。但是春天总算来了。我的母亲又熬过了一个严冬。

这南方初春的田野，大块小块的新绿随意地铺着，有的浓，有的淡；树上的嫩芽也密了；田里的冬水也咕咕地起着水泡。这一切都使人想着一样东西——生命。

这两段离开事件叙述的主线，笔触主要指向时令与景物的描写，用景物来烘托一家人散步的美好背景，表现人物的心情。这可以叫作“穿插一笔”。

我和母亲走在前面，我的妻子和儿子走在后面。小家伙突然叫起来："前面也是妈妈和儿子，后面也是妈妈和儿子。"我们都笑了。

这一段回到故事的主线上来，开始出现"镜头"，略写一家人的"散步"，这叫作"简叙一笔"。

后来发生了分歧：母亲要走大路，大路平顺；我的儿子要走小路，小路有意思。不过，一切都取决于我。我的母亲老了，她早已习惯听从她强壮的儿子；我的儿子还小，他还习惯听从他高大的父亲；妻子呢，在外面，她总是听我的。一霎时，我感到了责任的重大。我想一个两全的办法，找不出；我想拆散一家人，分成两路，各得其所，终不愿意。我决定委屈儿子，因为我伴同他的时日还长。我说："走大路。"

但是母亲摸摸孙儿的小脑瓜，变了主意："还是走小路吧。"她的眼随小路望去：那里有金色的菜花，两行整齐的桑树，尽头一口水波粼粼的鱼塘。"我走不过去的地方，你就背着我。"母亲对我说。

这两段笔锋一转，写的是散步过程中的"分歧"，由于"分歧"，散步中就有了"故事"情节，就有了文中"波澜"，文章就有了"故事味"。这叫作"详写一笔"。

这样，我们在阳光下，向着那菜花、桑树和鱼塘走去。到了一处，我蹲下来，背起了母亲，妻子也蹲下来，背起了儿子。我的母亲虽然高大，然而很瘦，自然不算重；儿子虽然很胖，毕竟幼小，自然也轻。但我和妻子都是慢慢地，稳稳地，走得很仔细，好像我背上的同她背上的加起来，就是整个世界。

这一段，既抒发情感，又表达感受，画龙点睛，深化主题。这叫作"深化一笔"。

所以，从学写作文的角度看，《散步》在文章构思上给我们这样的启迪：

轻点一笔——概说事件

交代一笔——解释原委

穿插一笔——烘托点染

简叙一笔——略写事件

详写一笔——写出波澜

深化一笔——抒情议论

这就是记叙文的一种规范的表达形式，如果再简化一下，可以暂时不要求学生实践其中的“穿插一笔”，于是下面的“五笔”就是一种极能表现记叙文表达规律的美妙笔法：

轻点一笔——概说事件

交代一笔——解释原委

简叙一笔——略写事件

详写一笔——写出波澜

深化一笔——抒情议论

“五笔”的说法，也可以有内容相近的不同表述，如“交代一笔”，就可以说成“解说一笔”等。

为了证明这种“笔法”在写作中的有效性，我将“记叙文的‘五笔’技法训练”设计成作文教学方案，组合多篇表现出“五笔”技法的美文，进行了反复的教学尝试，其中不乏中考作文的技法指导，都受到了师生的欢迎。

（二）

“五笔”技法的魅力，其关键是表现出人们在写作中的共同思维规律，因此行文自然流畅、详略有致、结构完美。这最为美妙的地方就是“规律”。有了规律，就有了规矩，有了形态，有了技巧，就有了训练的效率。

“五笔”技法的魅力，最通俗的解释就是，在绝大多数的范例中，它往往并不是“五段”。正是因为往往不是“五段”，所以运用“五笔”思维的文章，其外在的形态可以千姿百态，而内在的骨架却是大体相近的；这就表现出了“思维规律”的美妙。

在经典的散文作品特别是中国文人的作品中，有不少表现出“五笔”技法的精彩例证。

朱自清的《背影》表现出来的是“五笔”的思维规律：

第一段，轻点一笔，平实简洁地点示“我最不能忘记的是他的背影”的写作对象；

第二段，紧扣第一段，解说原委；陈述故事的背景——“那年冬天”“正是祸不单行的日子”；

后续几段，略写一笔，叙述“父亲”在如此艰难的境况中送“我”到南京；

第六段，详写“父亲”穿过铁道，爬上那边月台，给“我”买来了橘子；

最后一段，深化一笔，用一个很大的段落，抒发了作者心中的深情。

《背影》内在的“骨架”，与《散步》一模一样。

杨绛的《老王》表现出来的是“五笔”的思维规律：

第一段，轻点一笔，开始写故事——“我常坐老王的三轮”“一路上我们说着闲话”；

第二段，解说一笔，用“据老王自己讲”引出对“老王”的介绍，解说“老王”；

后续几段，略写一笔，叙述“我家”与“老王”的交往；

接着几段，详写一笔，描述了“老王”给“我”送香油、送鸡蛋的动人故事；

最后一段，深化一笔，表达“我”的深深“愧怍”。

《老王》内在的“骨架”，与《散步》《背影》一模一样。

魏巍的《我的老师》与杨绛的《老王》一样，表现出来的也是“五笔”的思维规律。

连鲁迅先生的作品中，也有表现“五笔”思维规律和写作技法的精彩片段。如：

阿长与《山海经》（节选）

鲁迅

我又在渴慕着绘图的《山海经》了。

（轻点一笔，概说事件）

这渴慕是从一个远房的叔祖惹起来的，他是一个胖胖的，和蔼的老人。

我在他的书斋里，看见过陆玑的《毛诗草木鸟兽虫鱼疏》，还有许多名目很生的书籍。我那时最爱看的是《花镜》，上面有许多图。他说给我听，曾经有过一部绘图的《山海经》，画着人面的兽，九头的蛇，三脚的鸟，生着翅膀的人，没有头而以两乳当作眼睛的怪物，……可惜现在不知道放在那里了。

（交代一笔，解释原委）

我很愿意看看这样的图画，但不好意思力逼他去寻找。问别人呢，谁也不肯真实地回答我。压岁钱还有几百文，买罢，又没有好机会。有书买的大街离我家远得很，我一年中只能在正月间去玩一趟，那时候，两家书店都紧紧地关着门。

玩的时候倒是没有什么的，但一坐下，我就记得绘图的《山海经》。

（简叙一笔，略写事件）

大概是太过于念念不忘了，连阿长也来问《山海经》是怎么一回事。这是我向来没有和她说过的，我知道她并非学者，说了也无益；但既然来问，也就都对她说了。

过了十多天，或者一个月罢，我还很记得，是她告假回家以后的四五天，她穿着新的蓝布衫回来了，一见面，就将一包书递给我，高兴地说道：

"哥儿，有画儿的'三哼经'，我给你买来了！"

我似乎遇着了一个霹雳，全体都震悚起来；赶紧去接过来，打开纸包，是四本小小的书，略略一翻，人面的兽，九头的蛇，……果然都在内。

（详写一笔，写出波澜）

这四本书，乃是我最初得到，最为心爱的宝书。

这又使我发生新的敬意了，别人不肯做，或不能做的事，她却能够做成功。她确有伟大的神力。

书的模样，到现在还在眼前……

（深化一笔，抒情议论）

这些名作中的"五笔"现象，都不能说是巧合，都只能说是思维规律的具体表现。而且，如果不从思维规律的角度去提炼，我们也许并不会有这样微妙动人的发现。

王蒙先生于2015年7月10日在《光明日报》上发表《怀人二章》署名文章，下面一篇就表现出规范的"五笔"思维形式。

庆 炳 千 古

童庆炳先生去世的噩耗传来时，我的第一个反应是：他是在学生当中去世的吧？

（轻点一笔）

我听他在公众场合讲过，他的愿景是，某一天，在课堂上，他倒下了，他走了。这是大美，这是大善，这是他的期待。因为，他热爱教学工作，他爱学生，爱讲台，爱教室。

（解说一笔）

他永远老老实实，尊重文学，尊重教育，尊重同行，尊重学子。他没有文人惯有的那种夸张与自恋。他从来没有过自吹自擂、张牙舞爪、轻薄为文哂未休的表现。他从来不搞什么酷评，什么骂倒一切，什么自我作古，什么爆破恐吓，什么装腔作势，什么迎合与投其所好。近几十年，那样的文艺评论“家”早就不罕见了。

（略写一笔）

但是老童亦有“牛”态：他曾经表示，所有中文系课程，他都教过，他都能开课。我在中国海洋大学旁听过他的《文心雕龙》课程，获益匪浅。

我还多次听到过童老师的倡议，他希望小学语文课本的第一课改为《论语》上的话：“己所不欲，勿施于人。”他说起这个话题，有一种如今少有的诚笃与认真。在我们的交往中，我体会到他的君子风范，诚恳、善意、克己复礼。包括在家中，他与妻子曾恬也是恩爱有加，令人感动。

（详写一笔）

他走了，不是在课堂上，如同在课堂上，听说是与学生们一起登山之时。他会有一种满足，与学子们一起，与青年人一起，与攀登的愿望一起。

孔子的伟大离不开他的弟子七十二贤人，童老师的学生阵容也令人赞叹。而他本人是黄牛一样地耕耘着，坚持着，谦虚着与进展着。他的去世引起了很大的响动，当然不是偶然。

（深化一笔）

这又是具有实证力量的美妙的一例，让我们觉得赏心悦目。

（三）

行文的规律有一定的普适性。

“五笔”技法，在文人作品里并不鲜见，在一般的记叙中也是有生动的例证的。

如课文《搭石》：

搭　　石

我的家乡有一条无名小溪，五六个小村庄分布在小溪的两岸。

小溪的流水常年不断。每年汛期，山洪暴发，溪水猛涨。山洪过后，人们出工、收工、赶集、访友，来来去去，必须脱鞋绾裤。进入秋天，天气变凉，家乡的人们根据水的深浅，从河的两岸找来一些平整方正的石头，按照二尺左右的间隔，在小溪里横着摆上一排，让人们从上面踏过，这就是搭石。

搭石，构成了家乡的一道风景。秋凉以后，人们早早地将搭石摆放好。如果别处都有搭石，唯独这一处没有，人们会谴责这里的人懒惰。上了点年岁的人，无论怎样急着赶路，只要发现哪块搭石不平稳，一定会放下带的东西，找来合适的石头搭上，再在上边踏上几个来回，直到满意了才肯离去。

家乡有一句“紧走搭石慢过桥”的俗语。搭石，原本就是天然石块，踩上去难免会活动，走得快才容易保持平衡。人们走搭石不能抢路，也不能突然止步。如果前面的人突然停住，后边的人没处落脚，就会掉进水里。每当上工、下工，一行人走搭石的时候，动作是那么协调有序！前面的抬起脚来，后面的紧跟上去，踏踏的声音，像轻快的音乐；清波漾漾，人影绰绰，给人画一般的美感。

经常到山里的人，大概都见过这样的情景：如果有两个人面对面同时走到溪边，总会在第一块搭石前止步，招手示意，让对方先走，等对方过了河，俩人再说上几句家常话，才相背而行。假如遇上老人来走搭石，年轻人总要伏下身子背老人过去，人们把这看成理所当然的事。

一排排搭石，任人走，任人踏，它们联结着故乡的小路，也联结着乡亲们美好的情感。

从“五笔”的规律来看《搭石》，它明显地表现出了规范美好的“五笔”技法。

再看原人教版小学三年级的课文《给予树》：

给予树

圣诞节快到了，该选购圣诞礼物了，孩子们热烈地讨论这个话题，互相试探对方的心意，希望送出最真诚的祝福，收到最甜蜜的笑容。让我担心的是，家里并不宽裕，我只攒了一百美元，却要由五个孩子来分享，他们怎么可能买到很多很好的礼物呢？

（这一段点示一笔）

圣诞节前夕，我给了每个孩子二十美元，提醒每人至少准备四份礼物。接着，我把他们带到一个商场，分头去采购，约定两个小时后一起回家。

（这一段解说一笔，承上启下）

回家途中，孩子们兴高采烈。你给我一点儿暗示，我让你摸摸口袋，不断让别人猜测自己买了什么礼物。只有八岁的小女儿金吉娅沉默不语。透过塑料口袋，我发现，她只买了一些棒棒糖——那种五十美分一大把的棒棒糖！我有些生气：她到底用这二十美元做了什么？

（这里略写一笔，设置了悬念）

一回到家，我立即把她叫到我的房间，打算和她好好谈谈。没等我问，金吉娅先开口了："妈妈，我拿着钱到处逛，本来想送给您和哥哥姐姐一些漂亮的礼物。后来，我看到了一棵援助中心的'给予树'。树上有许多卡片，其中一张是一个小女孩写的。她一直盼望圣诞老人送给她一个穿着裙子的洋娃娃。于是，我取下卡片，买了洋娃娃，把它和卡片一起送到了援助中心的礼品区。"金吉娅说话的声音很低，显然在为没能给我们买到像样的礼物而难过。"我的钱就……只够买这些棒棒糖了。可是妈妈，我们有这么多人，已经能得到许多礼物了，而那个小女孩却什么也没有。"

（这是全文的重点段，详写一笔）

我紧紧地拥抱着金吉娅。这个圣诞节，她不但送给我们棒棒糖，还送给我们善良、仁爱、同情和体贴，以及一个陌生女孩如愿以偿的笑脸。

（文章的结尾段，抒情，深化一笔）

《给予树》，它的叙事内容的"骨架"，就是"五笔"技法。

（四）

从思维规律与表达规律的角度而言，既然说是"规律"，那么"五笔"式思维就一定不能只是囿于精短记叙文的表达，它应该有普遍的适用性。

事实证明确实如此。

下面是一篇时评，运用的是"五笔"思维：

校训是优秀传统文化的集中体现

徐梓

《光明日报》（2014年08月06日）

校训是学校的灵魂，是学校精神的表征，体现了特定学校的特定性格和气质。一则个性鲜明、恰切允当、具有强大感召力和生命力的校训，一方面在于它生动地传达了一所学校的教育理念和办学风格，另一方面则在于它根植于民族文化的沃土，从丰厚的传统文化中吸取了养料。

（这里点示一笔）

经典是一个民族的根基所在，魂魄所系，它承载着这个民族的文化基因，守护着这个民族的历史传统。而《四书五经》对于我们中华民族来说，就具有这样的意义。它不仅是为我们民族文化奠基的著作，是塑造我们民族性格和风貌的著作，而且哺育了一代又一代中国人，对于我们民族的语言和思想，都具有示以准绳、匡其趋向的意义。

（这里解说一笔）

正因为如此，很多校训都取材于《四书五经》。如中山大学的“博学、审问、慎思、明辨、笃行”十字校训，即取材于《中庸》的为学之道：“博学之，审问之，慎思之，明辨之，笃行之。”香港中文大学的校训“博文约礼”，则出自《论语》中颜渊对孔子的赞叹：“夫子循循然善诱人，博我以文，约我以礼。”大家熟悉的清华大学的校训“自强不息，厚德载物”，则出自《周易》。由于源自于经典，这些校训不仅根扎得深，言近旨远，辞约义丰，文化意蕴深厚，而且借助经典的力量，传播得也广，为人们喜闻乐道，读起来亲切自然。

（这里例说一笔）

也有不少校训出自其他历史文献，同样是在漫长的历史过程中，经过了反复的锤炼，语句的凝练生动和意蕴的悠远丰厚也不遑多让。这一类校训中，最为人们津津乐道的是北京师范大学“学为人师，行为世范”的校训。这一校训虽然是启功先生在1996年夏天最早提出来的，但这简短的八个字，可以看作是中国优秀教育传统的厚积薄发，可以看作是一代又一代中国教师的誓言。

对学与行的强调和追求，是中国教师的优良传统，也是传统师德的核心内容。

中国传统文化对教师学和行的一贯强调，结晶出众多形式整齐、简洁明快的句式，如“言为士则，行为世范”“学为人师，行为世表”“经为人师，行为世范”“经为人师，行为仪表”，等等。南宋时期，高宗赵构为孔子及七十二贤一一制作了赞词，其中关于颜无繇的赞词就有“行为世范，学为人师”。这可以看作是北京师范大学校训的直接渊源。

（这里详析一笔）

总之，我国众多的校训立足于传统，来源于传统，我们民族优秀的传统文化是它们丰沛的源泉和不竭的动力。正因为根植于传统的沃土，有赖于民族文化的养分，它才得以根深叶茂，弥久常青。同时，这些校训又进一步培植了传统，提炼了传统，以优良的校风为载体，使得传统得以传承下去，并接纳时代的因子，进而更加茁壮。

（这里深化一笔）

从我收集的短文资料来看，新闻报道、人物简讯、科学说明文、咏物抒情文章等，都可以运用“五笔”式思维与技法来进行写作。

细细品味，“五笔”式技法所表现出来的思维特点，其实就是很多人在写作时自然地表现出来的一种符合逻辑的习惯思维，就像人们常常喜欢说“三点看法”一样；既是习惯的，又是合乎逻辑和富于条理的，于是就能表现出“思维规律”。如同朱自清的《背影》、莫怀戚的《散步》、王蒙的《庆炳千古》，它们的内容与外形决然不同，但“内在”的“骨架”却是一致的。

正是因为合乎规律，所以这种美妙的行文笔法一经“点破”，学生就能够学习与运用；语文教师的作文教学，也就有了“训练”的色彩。

语文教师在作文教学上需要突破一个重要的关节，那就是要对学生进行规范的写作技法训练。如果语文教师善于利用已有的作文教学资源，又能追求自己别有创意的探索与发现，那就是作文教学研究的幸事。